高等职业学校旅游管理专业教材

旅游心理学

Tourism Psychology

丁国华　王玉霞　主　编
王雪梅　李建春　杨　刚　副主编
胡　月　石　朋　陈　菡　参　编

中国轻工业出版社

图书在版编目（CIP）数据

旅游心理学 / 丁国华，王玉霞主编. — 北京：中国轻工业出版社，2020.12
高等职业学校旅游管理专业教材
ISBN 978-7-5184-3160-1

Ⅰ. ①旅… Ⅱ. ①丁… ②王… Ⅲ. ①旅游心理学—高等职业教育—教材 Ⅳ. ①F590-05

中国版本图书馆CIP数据核字（2020）第161646号

责任编辑：史祖福　贺晓琴　　责任终审：李建华　　整体设计：锋尚设计
策划编辑：史祖福　　　　　　责任校对：晋　洁　　责任监印：张　可

出版发行：中国轻工业出版社（北京东长安街6号，邮编：100740）
印　　刷：三河市国英印务有限公司
经　　销：各地新华书店
版　　次：2020年12月第1版第1次印刷
开　　本：787×1092　1/16　印张：15.5
字　　数：346千字
书　　号：ISBN 978-7-5184-3160-1　定价：45.00元
邮购电话：010-65241695
发行电话：010-85119835　传真：85113293
网　　址：http://www.chlip.com.cn
Email：club@chlip.com.cn
如发现图书残缺请与我社邮购联系调换
190414J2X101ZBW

前言

21世纪是中国由旅游大国向旅游强国进军的世纪。在旅游业迅速发展的大背景下，我国旅游高等职业教育的发展也迎来了新纪元。全国80%的高职院校开设了旅游类专业，为我国旅游业的快速发展和建设世界旅游强国培养、储备了数以万计的高素质、应用型的旅游专业人才。

教材建设是旅游人才教育的基础。将具有规范性、示范性和指导性的精品课程通过教材的形式，进行推广与应用，使精品课程的示范、指导作用能更有效地渗透到专业课程教学中。本书是编者在多年教学和实践积累的基础上，根据高职高专教育旅游类专业技能型人才培养的要求和内在规律，吸收学界和业界最新成果编写而成。本书从旅游行业发展和旅游教育教学的实际出发，结合高职院校学生个性特点和学习规律，融合旅游心理学最新理论研究成果和旅游行业最新实践经验，总结编者长期教育教学实践经验，注重内容和形式、理论与实际的有机结合，既致力于增强学生的认知能力，又致力于提升学生分析和解决问题的能力，理论体系完整，逻辑结构严密，观点鲜明，内容翔实，形式多样，既有理论的先进性和独创性，又有实践的实用性和操作性。

本书共分为16章，除绪论外，内容包括：旅游知觉、旅游者的需要、动机及旅游动机、旅游者的态度、旅游者的人格、旅游者的情绪情感、旅游服务、导游服务心理、饭店服务心理、旅游服务中的人际关系及旅游企业员工的心理保健等。每一章最后还提供了案例分析及拓展训练题，以协助教师进行实训启发式互动教学活动，达到“实践—理论—再实践”的实战培训式教学效果。本书既可作为应用型本科院校、高等职业学校、继续教育院校的旅游管理专业教材，也可作为旅游企业员工培训教材和专业人士的参考读物。

本书由四川宜宾职业技术学院丁国华、王玉霞担任主编，负责组稿、编写框架、内容布局以及统稿和定稿工作；王雪梅、李建春、杨刚担任副主编，负责对教材内容的审核，李建春主要负责后期统稿，编排及校对工作。教材各章节编写分工如下：第一章、第十一章由宜宾职业技术学院王雪梅编写；第二章、第十五章由宜宾职业技术学院胡月编写；第三章、第十章、

第十二章由宜宾职业技术学院杨刚编写；第四章、第五章、第十六章由宜宾职业技术学院丁国华编写；第六章、第十四章由宜宾职业技术学院石朋编写；第七章、第九章、第十三章由宜宾职业技术学院王玉霞编写；第八章由宜宾职业技术学院陈菡编写。

本书参考了国内外学者大量的旅游学、心理学、社会学、行为学研究成果；难以计数的旅游企业管理者、学生、同事提出了有益的意见。在此，一并表示衷心的感谢！

由于编者时间有限，书稿中还有很多不完善的地方，只求抛砖引玉。日后有机会吸收同行及读者、学生之为见，再予提高。

编写组

2020年5月

目录

第一章 心理学及旅游心理学概述

学习目标

1. 了解心理学的基本概念及研究对象。
2. 掌握旅游心理学的基本内容与研究方法。
3. 掌握学习旅游心理学的重要意义。

案例导入

兑现承诺，一切为客人着想

上海某家五星级酒店为进一步拓展业务，搞好服务，决定开通免费预订电话线路。这是酒店的一件大事，酒店邀请了社会名流、有关管理专家和新闻媒介代表前来参加极富西方情调的鸡尾酒会。会上酒店总经理路贝乐先生郑重宣布线路开通，赢来阵阵掌声。

鸡尾酒会举行抽奖活动。上海某研究所一位副研究员姜先生幸运地抽到了一张免费在首尔某连锁酒店住宿两夜和享受美式早餐的大奖。姜先生不抽到奖也就算了，现在让他千里迢迢赶到韩国首尔，只为不付钱在豪华套间住两整天，这怎么行？光办签证、护照之类的手续就够他麻烦了（是否能办成还是一个问题），机票的费用谁负责？显然，去首尔领这份奖是得不偿失。他考虑良久，决定用英文给路贝乐先生写封信，把获奖后的苦衷告诉他。他在信中说，他想酒店搞这次幸运抽奖活动是诚心诚意的，但抽奖的结果却没有给幸运者以实惠，反而增添了烦恼。此刻放在桌上的这张来之不易的幸运卡似乎是在嘲笑他，而不是祝贺他，因此他觉得还不如没抽到奖。

一个星期后，姜先生接到酒店公关部来电，告诉他酒店总经理路贝乐先生有一封重要信件给他。第二天，姜先生如约来到酒店大堂，从公关小姐那儿接到路贝乐先生给他的那封信。他拆开一看，共两张纸。第一张纸是总经理亲笔签名的信，他在信中表达了他诚挚的歉意。为表示他的真情实意，他愿意给姜先生真正的实惠。为此他建议把"免费在首尔某酒店豪华套房住宿两夜"的地点改为上海的这家酒店。在信的末尾他再次为给姜先生因中奖而添麻烦一事道歉。另一张纸是总经理签署过的同意免费在本店住宿两夜的证明函。

姜先生收到此信后十分欣慰，他给路贝乐先生复信，感谢他的诚意，并告诉总经理他打算把这次奖作为给女儿的结婚礼物，使全家不忘记酒店总经理的深情厚谊。

第一节 心理学概述

一、什么是心理学

心理学一词的英文Psychology来源于希腊文，意思是关于灵魂的科学。希腊文中，灵魂代表气体或呼吸的意思，也就是说生命依赖于呼吸，倘若呼吸停止，生命就完结了。最早的关于人类心理的研究是从研究灵魂开始的，代表人物是柏拉图和亚里士多德。柏拉图把灵魂分为理性、意志和情欲三部分；而亚里士多德则认为灵魂具有两大功能，一是认识功能（感觉、记忆、想象）；二是动求功能（欲望、意志、情感）。当然随着心理学历史进程的发展，心理学中的“灵魂”一词也逐步改变为“心灵”。

（一）心理学的基本概念

那么到底什么才是心理学的概念？以“我”学，是研究认识自我；以“大脑”学，是研究人类大脑。人是生物，是动物，是最高级的生物，是最高级的高等动物，人之所以为人，是因为人有自我意识，能运用大脑学，也拥有复杂的心理活动，而这是人与动物最根本的区别。所以归根结底，心理学就是对人的研究。

所有的研究之中，总的任务是研究“人”，也就是研究人的普遍心理，而研究“我”则是研究个体心理，是心理学的具体任务，更是主要任务。但这一主要任务又是依靠对“大脑”的研究来实现的，因此心理是由大脑产生的，没有大脑就没有心理。这是门极其深刻的科学，也是极其深奥的科学。研究心理始终离不开人，因此近年来，心理学研究已发展成为人体科学的研究。

总结起来，心理学就是一门研究心理现象（或心理活动）及其发生规律的科学，是研究人和动物心理活动与行为表现的一门科学，兼有自然科学和社会科学的性质，是门边缘科学。

（二）心理学的历史发展

无论在国内还是在国外，人们很早就开始研究心理现象，力图揭示心理活动的奥秘。古代许多人，包括不少有名的学者，都把人的言行归结为一种特殊的实体也即灵魂的主宰。

1. 心理学的历史起源

我国上古奇书《黄帝内经》的作者元阳真人即提出“生之来谓之精，两精相搏谓之神，随神往来者谓之魂”；而古希腊哲学家柏拉图（Plato，公元前427—公元前347）则指出，在理智、意志和情欲三个灵魂部分，其中理智是智慧的，起着指导作用；激情服从它，是它的助手；欲望占据最大部分，它贪得无厌，必须受到理智和激情的控制。再至罗马帝国的基督教思想家、教父哲学的主要代表圣奥古斯丁（Saint Augustine，354—430）又进一步认为，通过对意识的内省（指被试者的内部反省或自我观察、自我报告）可以接近和了解灵魂。

尽管人们研究心理学可谓有着相当漫长的一段过去，但严格来说心理学其实“只有简短的历史”。原因是，在19世纪中叶以前，心理学一直都只是被包括在哲学的母体之内，仅用思辨的方法来描述人的心理现象，所以它的发展是极其有限的。这个时期的心理学还是属于哲学范畴。只是到了19世纪末叶，自然科学蓬勃发展，对早期的心理学家也产生了重大影响，人们逐渐开始重视科学实验方法的广泛采用。在前人工作的基础上，1860年，德国科学家费希纳（Fechner Gustav Theodora，1801—1887）开创心理物理学，成为心理学的创始人；德国著名心理学家艾宾浩斯（Hermann Ebbinghaus，1850—1909）开创记忆的实验研究；德国生理学家、哲学家冯特（Wilhelm Wundt，1832—1920）于1879年在原联邦德国的莱比锡大学建立了世界上第一所真正的心理学实验室，标志着科学心理学的诞生，心理学由此开始从哲学中分离出来，逐渐发展成为一门独立的科学。其后的100多年，心理学门派纷争高度发展，学科体系也进一步完善。1900年，弗洛伊德发表《梦的解析》一书，标志着现代心理学建立。所以说心理学是一门既古老又年轻的学科。

2. 心理学在我国的发展史

心理学在我国的发展，其实也有400多年的历史了。但是心理学在我国不是由我国古代心理学思想直接演化来的，而是由西方心理学传入后逐步形成和发展起来的。

大约在明代末期，16世纪末至17世纪初，新航路发现以后，西欧殖民国家的基督教再次传入我国（在唐代和元代曾传入过两次）。由这些传教士入华后，带来了很多包含西方古代和中世纪的心理学思想的书籍，这也是最早传入我国的西方心理学思想。

1902—1903年清末政府改革旧教育，“废科举，兴学堂”，仿效日本的新学制，在师范学校中设立心理学课程，翻译了日本的心理学，并开始参考日本心理学的内容自编我国的心理学书籍。与此同时，近代著名学者王国维直接翻译了西方的《心理学概论》。该书吸收了当时科学的新成果，明确提出“心理学必须是一门独立的学科，而不可成为哲学的一部分”。后来著名教育家蔡元培，直接推动了心理学系和心理学研究所的设立。他主张把心理学的实验法应用于教育学，认为“从前心理学附入哲学，而现在用实验法应列入理科”，这种思想对后来我国的心理学发展是有深远影响的。

1949年中华人民共和国成立以后，我国心理学进入了一个新的发展时期。随着经济建设和科学事业的发展，很快地设置了心理学研究机构，重建了中国心理学会，心理学的教学、科学研究和培养新生力量的工作都逐步开展起来，为心理学的发展打下新的基础。这时对心理学基本上完成了机构、人员调整和心理学科规划的制定。

20世纪80年代末90年代初，心理学各方面的工作也进行了一系列的改革，科研和教学工作逐步稳定发展。近20多年来，我国心理学的发展逐步与国际接轨，有了巨大的进展和变化。

（三）心理学的主要流派

自从心理学经历长期的发展史后，整个心理学界就出现了激烈的学术研讨，各种各样、大大小小的心理学派上百个。这些学派分布广泛，遍布世界各地。有从内在的意识研究，有从外在的行为研究；有从意识的表层研究，有从意识的深层研究；有从静态研究，有从动态研究；还有从生物学、数理学、几何学、物理学、民族学、文化学等其他不同角度去研究的。这百余年来心理学发展的速度以及研究成果，远远超过人类历史上对心理研究成果的所有总和，对心理现象探索研究的深度和广度，也都达到了前所未有的程度。自然而然，这就出现了很多有代表性的流派学者。

1. 构造主义心理学主要代表人物铁钦纳（E. B. Titchener，1867—1927）

构造主义心理学的主要代表人物其实是实验心理学之父冯特和他的学生铁钦纳，是自心理学独立后的第一个心理学派。该学派于1899年产生于德国，后来在美国得到发展，铁钦纳用其毕生致力于这一流派的研究。构造派是心理学史上第一个应用实验方法系统研究心理问题的派别。在他们的示范和倡导下，当时西方心理学实验研究得到了迅速传播和发展。但它的理论基础为纯粹经验论，把心理学看成一门纯科学，只研究心理内容本身，研究它的实际存在，不去讨论其意义和功用，所以极为狭隘。20世纪30年代以后渐趋衰落。

2. 行为主义心理学主要代表人物华生（J. B. Watson，1878—1958）

行为主义学派（又称早期行为主义学派）于1913年产生于美国，创始人是华生。这一学派不认同心理学探讨意识，认为心理学是行为的科学，心理学的目的应是寻求预测与控制行为的途径。他们认为心理学应当研究“客观观察所能获得的并对所有的人都清楚的东西”，也就是人的行为，并提出“刺激—反应”（S—R）的行为公式。行为主义主张客观的研究方向，有助于摆脱主观思辨的性质，更多从实验研究中得出结论。但他们无视行为产生的内部过程，反对研究意识，引起不少人的非难与反对。而美国心理学家斯金纳创立了“强化学说”，是“新行为主义”心理学家的代表。新行为主义强调客观的实验操作，冲击了内省心理学，促进了心理学的广泛应用和程序教学的开展，但陷入了还原论和机械论的境地。

3. 格式塔学派主要代表人物考夫卡（K. Koffka，1886—1941）

格式塔学派又称完形学派，主要创始人和发言人是美籍德裔心理学家考夫卡，最早向美国心理学界介绍了格式塔心理学，对格式塔心理学的对象、方法等问题做了详尽地阐述，使格式塔心理学系统化。和其他创始人韦特海默、苛勒、后期代表勒温组成西方现代心理学的主要流派之一。考夫卡根据苛勒对黑猩猩的学习实验，认为对于新情境的适应和新问题的解决，在于能对旧的格式塔进行改造，而建立一个新的格式塔，要建立一个新的格式塔便有赖于智慧或顿悟。此派反对构造主义的元素主义和行为主义的S—R公式，主张心理学应该研究意识的完形或整体结构，并认为整体不等于部分之和，意识不等于感觉、感情的元素的总和，行为也不等于反射弧的集合，思维也不是观念的简单联结。他们这种重视整体的观点和强调各部分之间动态的联系以及对创造性思维的认识，对后来心理学的发展起到了积极的推动作用。但该学派否认过去经验的作用，陷入唯心主义先验论的境地。

4. 精神分析学派主要代表人物弗洛伊德（S. Freud，1856—1939）

精神分析学派又称心理分析学派，产生于1900年，创始人是奥地利精神病医师、心理学家弗洛伊德。这一学派的理论在20世纪20年代广为流传，颇具影响。弗洛伊德把人格分为本我、自我、超我三部分，其中本我与生俱来，包括着先天本能与原始欲望；自我由本我分出，处于本我与外部世界之间，对本我进行控制与调节；超我是“道德化了的自我”，包括良心与理想两部分，主要职能是指导自我去限制本我的冲动。三者通常处于平衡状态，平衡被破坏，则导致精神病。这一流派重视潜意识与心理治疗，扩大了心理学的研究领域，并获得了某些重要的心理病理规律，但局限是泛性论的倾向、生物化倾向和理论的主观色彩浓厚。

5. 认知学派主要代表人物奈瑟尔（U. Neisser，1928—2012）

认知心理学起始于20世纪50年代中期，60年代后迅速发展。1967年美国心理学家奈瑟尔的《认知心理学》一书的出版，标志着这一学派理论的成熟，被称为“认知心理学之父”。他倡导用生态的方法来认知研究，把人的认识发展看成是一种建构的过程，并仔细研究这一过程的发展阶段。这一学派反对行为主义理论，认为不一定必须在搞清心理的生理基础后，才能研究心理现象。他们把人看成计算机式的信息加工系统，认为人脑的工作原则与计算机的工作原则相同，因而可以在计算机和人脑之间进行类比。承认人的主观能动性、意识的能动作用，强调对人的认知过程进行整体综合分析。认知心理学派的理论含有辩证法的因素，对反对行为主义的机械论、弗洛伊德主义的非理性主义有积极的意义，对扩大心理学的研究方法、促进心理学的现代化、发展人工智能和计算机科学等均有贡献，而且成为当前心理学研究的主要方向。但他们把人的心理看成是计算机的信息加工系统加以研究，在心理学界依然存在争论。

6. 人本主义心理学主要代表人物罗杰斯（C. Rogers，1902—1987）

人本主义心理学在20世纪五六十年代兴起于美国，是美国当代心理学主要流派之一，由美国心理学家罗杰斯和马斯洛（Maslow，1908—1970）创建。他们既反对精神分析学派贬低人性、把意识经验还原为基本趋力，又反对行为主义学派把意识看作是副现象，认为人不是“较大的白鼠”或“较缓慢的计算机”，主张研究人的价值和潜能的发展。为此，他们从探讨人的最高追求和人的价值角度出发，认为心理学应改变对一般人或病态人的研究，而成为研究“健康”人的心理学，揭示发挥人的创造性动机、展现人的潜能的途径。人本主义方法论不排除传统的科学方法，而是扩大科学研究的范围，以解决过去一直排除在心理学研究范围之外的人类信念和价值问题。该学派与精神分析学派和行为主义学派分道扬镳，形成心理学的第三思潮，被称为心理学的第三势力。当然，现在人本主义心理学是一门尚处于发展中的学说，其理论体系还不完备，他们对人的一些研究还停留在关于人性的抽象议论上，因而不能揭示人的心理本质规律。

二、心理学的研究对象

（一）心理现象及其结构

心理学实质上就是研究人的心理现象，研究心理现象具体内容的发生、发展和形成的一个过程。所以首先是研究心理的形成过程。社会上的人必然是要产生各种各样的联系，所以当人在发生、发展形成、完善的心理过程之中，也就开始了个性心理的发生和发展完善过程。

所谓心理，简单地说就是人的感觉、记忆、情绪、意志、思维和想象。“情”是最简单和最原始的心理，刚出生的婴儿，就具有情。在高级哺乳动物中也具有原始的情。意念、思维、想象则是高级的心理，人在具备最基本的心理活动基础上，就会产生高级心理活动，升华到一定阶段后，就开始了个性心理的发生、发展，最终形成了千姿百态、形形色色、各具特色的个性、性格，也就是我们所谓的人的共性与个性。

从另一方面而言，在“情”变成具体的心理过程前，较“情”还要早一步产生的是“知”。婴儿一出娘胎首先接触了光线，当然还有声音，但声音在娘胎中也早已听到过，不过出生后听到的要更直接和更亲近。接着发生了皮肤的接触，感知了与待在子宫内相比更多的物质和物体。这些感觉、知觉全部需要通过自身的感官：眼、耳、鼻、皮肤（分别被称为：视觉器官、听觉器官和嗅觉器官等感觉器官）所接受，然后再通过传入神经输送到大脑接纳、储存（记忆）、综合、分析形成感觉，最后变成知觉。

所以，心理实质上是人和动物共有的一种生活、生存的精神现象。

（二）心理现象的构成

心理现象其实是心理活动的一种表现形式，心理现象包括心理过程和个性心理。也就是说，人的心理活动一共分为个性心理特征与心理过程两种形态，但这两者均是以心理状态为依托相辅相成，因此在研究心理现象的构成时，我们首先要谈的是心理状态。

1. 心理状态

心理状态是指心理活动在一段时间里出现的相对稳定的持续状态，即人在某一时刻的心理活动水平是联系心理过程和个性心理的过渡（中间）阶段。比如：某人在某个特定时期里是积极向上还是悲观失望，是紧张、激动还是轻松、冷静等。心理状态犹如心理活动的背景，心理状态的不同，可能使心理活动表现出很大的差异性，心理状态是联系心理过程和心理特征的过渡阶段。心理状态是介于心理过程和个性心理特征之间的，既有暂时性、又有稳固性，是心理过程与个性心理特征统一的表现。

心理特征是人在认知、情绪和意志活动中形成的那些稳固而经常出现的意识特性，主要包括能力、气质和性格。人的心理特征表现出稳定特点。如有的人观察敏锐、精确，有的人观察粗枝大叶；有的人思维灵活，有的人思考问题深入；有的人情绪稳定、内向，有的人情绪易波动、外向；有的人办事果断，有的人优柔寡断等。这些差异具体表现在人的个性倾向性、个性心理特征和自我意识三个方面。

2. 心理过程

心理过程在一定的心理状态的背景中进行，心理活动发生、发展的过程，也就是人脑对现实的反映过程，实质上是心理操作的加工程序。它包括认知过程、情绪情感过程和意志过程三个方面。

（1）认知过程　个体认识客观世界的活动中所表现的各种心理现象并获取知识和运用知识的一个过程，包括感觉、知觉、记忆、思维、想象和语言等。认知过程是人脑接受外界输入的信息，经过头脑的加工处理转换成内在的心理活动，进而支配人的行为的过程。

人脑在客观刺激的直接作用下，对个别属性的反映就形成了感觉，一般常说的外感包括视觉、听觉、味觉、嗅觉和肤觉；内感包括机体觉、运动觉和平衡觉。当人脑对客观事物直接作用下的形状、大小、方位、深度产生反映，就出现了知觉，随着物体空间和时间的位移，就进一步产生运动知觉。这样就会慢慢加深对事物的注意力，无意或有意识地产生记忆，印象深则记忆深刻，渐渐就形成了思维、判断与推理，从而做出一系列的行动。

（2）情绪情感过程　是人们对客观事物经过认识过程之后在大脑中所产生的一种内心体验过程，可以分为情绪、情感和情操三个层次，是人在认知输入信息的基础上所产生的满意、不满意、喜爱、厌恶、憎恨等主观体验。经受外界刺激作用后，人对客观事物会产生是否符合其需要的态度体验。认识是产生情绪的前提和基础，情绪又对认识有动力作用。通过人内脏器官活动的变化以及脑电和皮肤电的变化，人的情绪不由自主地产生，带来肢体、面部和语言的表情变化，从而达到排解或发泄的目的。

（3）意志过程　人在行动过程中，为实现预定的目标，产生的一种努力进取的心理状态。是推动人的奋斗目标并且维持这些行为的内部动力。人通常需要维持个体和社会生存发展的必要事物在人脑中的反映，作为个体积极性的源泉，这时就要有激起和维持个体活动的并朝某一目标推进的内部动力，就会形成需求与动机。为达到目的，人会想方设法利用其技能和能力去完成。

此三者的关系体现在心理过程着重探讨人的心理的共同性。认知过程是个体整个心理活动的开端和基础，影响着情绪情感和意志过程的进行；情绪情感和意志过程又促进和强化认知过程的发展和变化；情绪情感过程制约着意志过程的发生，意志过程又调节和支配着情绪情感过程的变化。知、情、意不是孤立的，是互相关联的一个统一的整体，它们相互联系、相互制约、相互渗透。

3. 个性心理特征

个性心理特征实质上是在人的心理特征基础上延伸出来的一种特性。表现在人身上最主要的特点就是：能力、气质和性格。个性心理特征在个性结构中并非孤立存在，它受到个性倾向性的制约。例如，能力和性格是在动机、理想等推动作用下形成、稳定或者再变化，也需要依赖于动机和理想等动力机制才表现出来。二者相互制约、相互作用，使个体表现出时间上和情景中的一贯性，体现的是个体行为。

（1）能力　能力是使人能成功完成某项活动所必须具备的心理特征，必须通过活动才能体现出来，当然活动中也会体现出性格和气质方面的差异，但完成该项活动所必须和必备的心理特征才是能力。例如，完成一幢建筑物的设计需要具备空间想象与色彩鉴别能力、形象思维能力等不同能力的有机组合。需要注意的是，能力并不等同于知识和技能，知识是信息在头脑中的储存，技能是个人掌握的动作方式。比如，解一道数学题时，所用的定义和公式属于知识，解题过程中的思维灵活性和严密性则属于能力。学会游泳是一种技能，而掌握该技能的过程中体现得灵活性、身体平衡性则是一种能力。

（2）气质 气质是个人生来就具有的心理活动的动力特征，可以指个人的性情或脾气，也可以指个人心情随情境变化而随之改变的倾向，也即个体的反映倾向。气质与生俱来，会随环境和自我控制机制的影响而变化。

（3）性格 性格是个人对现实的稳定的态度和习惯化了的行为方式。例如，一个人在任何场合都表现出对人热情、与人为善，这种对人对事的稳定的态度和习惯化了的行为方式表现得心理特征就是性格。但一个人偶尔表现得特点不是性格的表现。性格主要是后天在与环境的交互作用中形成的。

我们举例试想一下：你在散步，发现前面有个东西向你移动（感觉），很快你就意识到这是个人，并认出是你最喜欢的那个女孩（知觉），她聪明、活泼、开朗、有主见（性格）。根据她的表情举止，你可以判断她心情很好（思维）。追她好久都不理睬你，今天一定要抓住机会（意志）。于是，你约她一起吃饭（动机行为）。席间，相谈甚欢，原来有很多共同话题（价值观）。临了，还约她周末一起看电影。人逢喜事精神爽（情绪）。回去的路上，满脑子都是美好的回忆（记忆）和憧憬（想象）。回到家以后很久才平静下来。因此心理现象的发生起始于感、延伸为知，然后就有了情和意，最后慢慢形成个性心理。

归根结底，个性心理特征其实是人格的体现。人格是构成一个人思想、情感和行为的特有模式，它包含了一个人区别于另一个人的稳定而统一的心理品质。其特点有独特性、稳定性、整合性和功能性。往往是通过人的气质（即人心理活动的动力特征）和性格（即人对现实的态度以及与此相应的行为方式）表现出来。气质能影响性格形成的速度并赋予某种色彩，性格能改变气质，但气质受生理影响大，相对稳定，特征出现较早，无谓好坏；而性格受社会影响大，可塑性强，特征出现较晚，有优劣。

三、人的心理活动源泉

人的各种认知活动，包括知觉、记忆和思维等内容，反映的是客观事物的各种特性及事物之间的联系或关系；情绪和情感活动的内容，反映的是客观事物与人的需要之间的关系；意志活动的内容，则是人对自己行为目的的认识及为达到预定的目的而克服各种困难的态度。因此，心理活动的源泉是客观现实，但其依托条件是社会环境中的实践活动，而人的心理活动恰好是人对外部刺激的回应，这些刺激包括人的感官所能感受的一切，这些信号通过神经传入大脑，引起的所有大脑内部的活动就是神经活动与学习活动的结合。与生物学上的反射弧极其类似。只是人大脑的神经元非常丰富，有的时候可能你搞不懂自己为什么会有这样的想法，但是你的大脑里面肯定存在产生这样心理的一条由多个神经元相互连接构成的一个回路。例如：你吃鱼时被刺卡了，于是大脑里面就会产生一个对吃鱼会卡刺的反射，下次看到鱼，你就会有不想吃或者小心翼翼吃鱼的心理。

因此，人常常会通过大脑活动思考事物的因果关系，根据生存需求做出价值评判，同时又伴随着喜、怒、哀、乐等情感体验，并针对事物的品质特性以及每一品质特性对于自己的价值，考虑如何对它采取正确的处理措施，以便能够充分有效地利用事物的价值特性。古语道："人心不同，各如其面。"人们在处理各种事物的过程中，会表现出各自不同的心理特征。心理是脑的机能，是人脑对客观现实的反应。心理活动具有客观源泉，其源泉包括物质环境和社会环境，还包括人类自己。人类的各种心理活动无论是简单还是复杂，都可在客观现实中找到它的源泉。例如：医生对病人的诊断依据是顾客的症状、体征以及在疾病过程中的各种病理表现的相互关系。即使是科幻、神话中的虚构形象，其原始材料也同样来自客观现实。但从心理学的研究来看，社会环境对人的心理具有特别重要的作用。因此社会环境是人类心理活动最主要的源泉。

知识链接

情绪实验

古代阿拉伯学者阿维森纳，曾把一胎所生的两只羊羔置于不同的外界环境中生活：一只羊羔随羊群在水草地快乐地生活；而在另一只羊羔旁拴了一只狼，它总是看到自己面前那只野兽的威胁，在极度惊恐的状态下，根本吃不下东西，不久就因恐慌而死去。医学心理学家还用狗做嫉妒情绪实验：把一只饥饿的狗关在一个铁笼子里，让笼子外面另一只狗当着它的面吃肉骨头，笼内的狗在急躁、气愤和嫉妒的负面情绪状态下，产生了神经症性的病态反应。实验告诉我们：恐惧、焦虑、抑郁、嫉妒、敌意、冲动等负面情绪，是一种破坏性的情感，长期被这些心理问题困扰就会导致身心疾病的发生。一个人在生活中对自己的认识与评价和本人的实际情况越符合，他的社会适应能力就越强，越能把压力变成动力。

第二节　旅游心理学的研究对象和任务

随着社会的进步和科学技术的日益发展，心理学研究的领域和范围越来越广，发挥的作用也越来越大，分支学科也越来越多。近年来，旅游业作为一门新兴的产业，取得了突飞猛进的发展，无论国外还是国内，旅游的发展过程中旅游文化、旅游区域、旅游者紧紧联系在一起，组成一个独特的小商区，也就产生了许多与人息息相关的旅游心理动机与需求，有必要对其涉及的旅游活动进行人与物的心理研究，于是在社会实践中产生和发展了一门新的学科——旅游心理学。和其他学科一样，旅游心理学有它特定的研究对象和任务。

一、旅游心理学的研究对象

（一）旅游与心理学的结合

作为旅游业的管理，归根结底是对人的管理，而心理学正是研究人的行为和心理历程的科学，旅游心理学是从心理学角度专门研究旅游和旅游业方面的一门新型学科，主要是研究旅游活动中人的行为规律的科学，包括旅游消费行为、旅游服务行为和旅游消费心理倾向等，有助于旅游业寻求激励人心理和行为的各种途径和方法。

国外学者对这一领域的研究始于20世纪70年代末期，我国学者也随后在80年代中期开始了旅游心理学的教学与科研。

国外学者对旅游心理学的研究有两种思路。一种是以旅游消费者为研究对象，研究旅游者消费行为的一般规律；另一种是研究旅游工作者和旅游者的互动关系。前者以美国学者小爱德华·J·梅奥和兰斯·P·贾维斯的著作《闲暇旅行心理学》为代表，以旅游企业如何有效地进行市场营销为出发点，详细地分析了知觉、学习、人格、动机、态度等心理因素以及角色与家庭、参照群体、社会阶层、文化和亚文化等社会因素对旅游者消费行为的影响。后者以相互作用分析为理论基础，对旅游接待业中的人际关系进行了深刻的分析。

（二）旅游心理学的研究对象

旅游活动所涉及的人主要包括旅游者、潜在的旅游者及旅游行业中各个服务领域中的从业人员；旅游活动中涉及的客观物体主要包括与旅游相关的商业小社区，在这个过程中，人都有不同的心理活动，都可以表现出不同的行为，其行为的结果是由客观物体即“旅游产品”体现出来。因此，旅游过程中旅游者、服务者、商业小社区都是相互关联、相互作用、相互影响的，所以旅游心理学的研究对象就是旅游参与者与其旅游所形成的小社区之间，人与人、人与空间物体互动过程中所表现出的心理和行为现象与规律。自然而然，旅游心理学的研究对象为旅游者心理、旅游工作者心理、旅游服务心理、旅游管理心理、旅游地居民心理、旅游活动中的人际关系、旅游资源开发及设施等方面。我们通常主要划分为三大方面来进行研究：一是旅行者的需要、动机及心理变化规律；二是旅游从业人员的心理，包括研究如何成为优秀服务员和旅游职业经理人，其服务质量及管理的好坏与服务人员和管理者有着极大的关系；三是旅游服务心理。由于旅游活动过程就是一个小社区，是通过旅游者和旅游从业人员共同的积极活动实现的，而联系他们的恰好是服务这一纽带，服务的标准、程序、旅游者多样化需求以及相互作用中产生得心理活动变化的规律和特点，更是旅游心理学的研究对象。

例如：餐厅服务中要想让每个客人都满意是很难的，一般是不可能的，即使你尽力也不能使每个人都满意。从客人一进来入座，服务人员就要开始用心了。根据客人的点菜行为、所点菜的价位、言谈举止来揣摩客人是什么消费档次，来吃饭的目的，哪位是结账的客人，哪位是这桌客人的贵客等，以及如何能使饭店的利益在获得最佳情况下又能使客人满意。

当然，在席间服务中也要注意很多，观察每一个客人能做到在他心中所想但还没开口时先做到。比如：根据客人吃菜的情况从而判断他们的口味，如果要再加菜或点主食时，可以投其所好……这些都是旅游心理学要研究的个性心理。

二、旅游心理学的研究任务

（一）旅游心理学在中国的研究背景

旅游业随着多年的发展，已成为以旅游为主的国家的朝阳产业，对经济增长、就业渠道扩大起到了关键性作用。比如我国的旅游市场规模稳步和持续增进，随着旅游目的地的不断扩大，境内和出境旅游迅猛增长。但是相比较而言，我国国内旅游业发展的广度和深度都远远不能适应经济发展以及人民生活水平提高的需要。随着市场经济的发展和国人收入水平的进一步提高，国人对旅游消费的需求也越来越大，国内旅游业在国民经济中的地位和作用显得尤为重要。在这个发展过程中，随着旅游产业的蓬勃发展，人们对这一行业的服务要求也越来越高，服务起着关键性的桥梁作用，因此对旅游心理学的探究就提出了更高的要求。

（二）旅游心理学的主要研究任务

1. 研究旅游者的心理动机

旅游者要去旅游是有各种各样旅游动机的。心理学中动机是人行为的内驱力，而动机是由需要引起的。旅游者有自己的需求，其心理表现在旅游过程中具有其特殊性，也相当复杂。决定旅游者的心理需求有客观和主观两类因素，最主要的还是旅游者自己的动机和需求，故而对这个方面进行研究，有利于更好地了解他们，以便在他们整个旅游过程中能恰到好处地提供服务。

2. 研究旅游者心理与旅游活动

无论是异国他乡旅游还是国内旅游，由于各地生活环境、文化风俗和生活节奏的不同与变化，旅游者的心理活动也随之变化。他们始终怀有群体心理、求安全心理、求新求奇心理和懒散心态，旅游者的上述心理活动实际上存在于旅游活动的全过程，只是在不同阶段有所侧重而已。所以，在各个阶段根据旅游者的心理活动规律安排独特的旅游活动，就会满足旅游者不同层次的心理需求。

3. 研究旅游从业人员的心理

世界旅游组织1994年提出“高质量的服务，高质量的员工，高质量的旅游”的口号表明，高速、持续发展的旅游业在呼唤高素质的旅游从业人员。而服务质量的高低与从业人员的心理素质有很密切的关系。只有提高旅游从业人员的素质，才能提高旅游服务质量，游客才能在整个旅游活动中获得高质量的美的享受。所以旅游从业人员在工作中保持良好的心境是十分重要的，其服务心理的健康研究一直是旅游心理学中的重要课题。当然这里面更包括对旅游行业领导者的管理行为及应具有的心理品质研究。

4. 研究服务过程中的服务心理

旅游者的心理活动虽有普遍性，但不同生活情趣的人在旅游活动各阶段的心理特征不尽相同，旅游行程中的主观与客观因素也在潜移默化地影响每个人，导致每个人的情绪产生变化，这为服务从业人员向游客提供心理服务加大了难度。所以这就要求服务员做个有心人，切实了解游客的心理状况，比如：哪些是游客的正常心理需求，哪些是游客的异常心理需求和特殊心理需求，只有“对症下药”，才能在旅游者的旅游过程中提供适合其心理需求的针对性优质服务，从而获得双赢局面。

知识链接

刺猬法则

两只困倦的刺猬，由于寒冷而拥在一起。可因为各自身上都长着刺，于是它们离开了一段距离，但又冷得受不了，于是凑到一起。几经折腾，两只刺猬终于找到一个合适的距离：既能互相获得对方的温暖而又不至于被扎。

刺猬法则主要是指人际交往中的“心理距离效应”。

第三节　研究旅游心理学的意义及方法

一、研究旅游心理学的意义

正因为旅游心理学是研究旅游活动中人的行为规律的科学，着重从心理学、社会学、管理学及人类学等学科的角度解释旅游行为，探讨旅游市场营销策略和旅游者行为的关系。研究在不同的动因驱动下旅游者的心理特点及接待技巧，及时发现个别游客的情绪，做到及时安抚。同时又能从研究旅游行业员工的心理特点、人际关系、心理健康方面引导旅游市场的健康发展，所以旅游心理学的研究意义非凡。

（一）有助于旅游事业的发展和旅游服务质量的整体提高

我国旅游业的迅猛发展，旅游饭店、旅行社、旅游交通等逐步得到发展和完善，人们对旅游越来越重视。但是还有很多不尽如意的地方，建设的硬件规模上去了，但软件服务上却很不到位，职业经理人缺乏，服务人员素质参差不齐，令游客颇为不满，投诉很多。而旅游心理学的研究正好可以指导旅游企业的管理，全面提升服务质量。

（二）有助于旅游从业人员根据旅游消费者的心理需求提供针对性服务

旅游者中既有外国人、华侨、我国港澳同胞，也有国内各层次的人民群众，他们的国籍不同、民族不同、职业不同、文化背景不同、生活习俗不同、年龄和性别及性格也不同，因此旅游者在同一路线上的需求是不一样的，所以旅游从业人员需要根据旅游者的行为认真探究、分析和了解其不同的心理活动，就必然要针对于此提供个性化的服务。旅游服务质量提高一方面体现在服务技能上；另一方面又体现在服务人员的服务意识。员工是企业形象的代表，旅游服务是通过服务人员与旅游者面对面的方式来完成的，服务人员必须有娴熟的技能和规范的言行，才能为顾客提供规范化的服务，因为服务是满足顾客需求的。这就要求服务人员必须提高服务意识，时刻牢记和做到：其一，客人就是上帝。其二，客人永远都是对的。其三，永远不要对客人说“不”。也只有旅游者享受了这样的待遇，才愿意在旅游行业里支付他们的时间与金钱，充满信任地享受快乐。一名优秀的旅游行业服务者，必须要求具有很严格的心理素质和过硬的职业技能，才能让被服务者身心愉快，觉得消费物有所值，进而达到与企业共赢的局面。

（三）有助于提高旅游企业的经营和管理水平

企业的成功基本上取决于对市场动态的了解，以及针对其行动的策划，还有就是身为领导者对企业内部的管理。所以说只有透彻了解旅游心理学，才能紧紧扣住问题的关键，综合众多旅游者的心理，了解旅游者的旅游动机，激发企业制定出接近完善的方案，才能组织成一个相对而言比较合理且安全的旅游团队。

（四）有利于科学合理地开发旅游资源和安排旅游设施

旅游者是旅游活动的主体，旅游业的发展命脉是掌握在旅游者手中的，只有研究旅游者的行为规律，有目的地做出策划，不断创新和发展，研发安全又适合的旅游项目，并且了解和预测旅游者行为，合理开发旅游资源才能找准旅游业发展的主方向。

二、研究旅游心理学的方法

旅游心理学的研究必然要遵循一定的原则和方法，才能为提高服务质量、提高旅游业科学管理的水平嫁接良好的心理学依据。

（一）旅游心理学研究遵循的基本原则

1. 客观性原则

客观性原则就是对任何心理现象必须按它的本来面貌加以研究和考察，不附加任何主观意愿，采取实事求是的态度去研究事物的原则。人的心理虽是在头脑里进行的活动，但它是客观现实的反映，一切心理活动都是由内外刺激引起的，并通过一系列的生理变化，在人的外部活动中表现出来。研究旅游者的心理，就是要从这些可以观察到的、可以进行检查的活动中去研究。旅游者共性的心理活动无论如何复杂或做出何种假象与掩饰，都会在行动中表现出来或在内部的神经生理过程中反映出来。因此，在旅游心理学的研究中切忌采取主观臆测和单纯内省的方法，同样也应根据客观事实来探讨人的心理活动规律。

2. 发展性原则

世界上一切事物都是运动、变化和发展的。旅游者的心理现象也是如此。这就要求旅游心理学的研究也要从心理史前发展、意识发展、个性心理发展以及环境和教育条件变化等不同方面，揭示旅游者的心理发生和发展的规律。

3. 联系性原则

人生活在极其复杂的自然环境和社会环境之中，人的心理现象的产生都要受自然和社会诸多因素的影响和制约，人们对某种刺激的反映，在不同的时间、环境和主体状况下，反应往往不相同。因此，在对人的某种心理现象研究和实验中，要严格控制条件。不仅要考虑与之相联系的其他因素的影响，而且要在联系和关系中探讨心理活动的真正规律，要求理论联系实践，从实践中来，研究成果既为实践服务又要接受实践检验。而旅游者外出旅游过程中同样会面临很多问题，对他们的心理研究也必须遵循这一原则。

（二）旅游心理学研究的主要方法

旅游心理学作为心理学科的分支之一，由于心理现象的复杂性，使得其心理学研究的方法也是多种多样，但基本研究方法主要还是观察法、实验法、心理测量法、调查法四种。

1. 观察法

观察法是指观察者直接察看、了解和分析他人言谈举止等外部表现以探求其心理活动及其规律，再通过感官或仪器按顺序进行系统观察记录并分析的一种研究方法。其优点在于直接、便行，涉及相当广泛的内容，观察材料更接近于现实生活；缺点在于只能表面观察，难以揭示现象背后的本质或因果规律。

2. 实验法

实验法分为实验室实验法和自然实验法。实验室实验法是在专门的实验室内用能动的各种仪器来进行观察，特点是精确，但也失去了一定真实性和普遍性，而且在旅游研究中使用起来难度较大，一般很少使用。

自然实验法是在日常生活条件下，研究者有目的地对一些条件加以控制和改变，从而进行研究的一种方法，在比较自然的条件下结合经常性的业务来进行。特点是可控性强，兼有观察法和实验室实验法的优点，因此比较具有主动性和严密性，所得到的结果也比较准确。

3. 心理测量法

心理测量法是用量表测量人在某一方面的心理特征的方法。能力测验、性格测验、人才测评等，都是旅游心理学中常用的心理测量法。特点是标准化程度高。这种方法往往用于对旅游业工作人员的心理测试上，用以研究其心理事实与服务行为的关系，对研究旅游企业员工心理价值比较大。

4. 调查法

调查法是通过收集被调查者的有关材料，间接了解其心理活动的研究方法。它包括访谈调查法和问卷调查法，其中问卷调查法的应用最为广泛。问卷调查法是通过被调查者根据个人情况填写事先拟定好的表格、问题等形式来研究其心理的一种方法。特点是能够同时进行群体调查，快速收集大量资料，简易的问题也方便人们回答。比如：酒店宾客意见征求卡，就是事先放在客房内，让客人自主填写，然后归纳分析研究客人的心理。

访谈调查法是用口头语言收集被试心理和行为资料的方法。特点是互动性强。缺点是不大适用于针对行为，而且对涉及态度的问题回答也未必真实，故而所得材料的价值要打折扣。

总之，旅游心理的研究方法是多种多样的，例如，个案研究法、评价法等。由于旅游心理现象的特殊性和复杂性，在进行研究时，不应孤立地采用一种方法，而应根据研究的需要综合采取各种方法，或者以某种方法为主，辅之以其他方法，这样才能获得全面、准确、客观的数据资料，以利对旅游心理做出一个完整的评定。

本章小结

旅游心理学的研究对于旅游学科的建设和发展，以及对于旅游行业的发展都有着十分重要的意义。从心理学的基本概念着手，了解其分支之一的旅游心理学研究方法与意义，不断深入和拓宽，更能为后续章节的知识点做出良好的开端铺垫。

思考与练习

1. 什么是心理学？试谈谈其历史发展进程。
2. 试述研究人的心理活动有何重要性。
3. 研究旅游心理学的重要意义是什么？
4. 选择两种研究旅游心理学的方法进行其优缺点的比较。

案例分析

尴尬的“高明”点子

一位很有身份的西欧女士来华访问，下榻于北方一家豪华大酒店。酒店以VIP（重要客人）的规格隆重接待，这位女士很满意。陪同入房的总经理见西欧女士兴致很高，为了表达酒店对她的心意，主动提出送她一件中国旗袍，她欣然同意，并随即让酒店裁缝量了尺寸。总经理很高兴能送给尊敬的西欧女士这样一份有意义的礼品。几天后，总经理将做好的鲜艳、漂亮的丝绸旗袍送来时，不料这位女士却面露愠色，勉强收下。几天后女士离店了，她把这件珍贵的旗袍当作垃圾扔在酒店客房的角落里。总经理大惑不解，经多方打听，才了解到客人在酒店餐厅里看见女服务员多穿旗袍，而在市区大街小巷，时髦女士却无一人穿旗袍，因此她误认为那是侍女特定的服装款式，故生怒气，将旗袍丢弃。总经理听说后啼笑皆非，为自己当初想出这么一个“高明”点子懊悔不已。

分析：服务工作能否做到游客的心窝里，不在于你的服务是否热情、周到，而在于你所提供的服务是否符合游客的需要。

请运用心理学知识对上述案例进行评析。

拓展训练

谁是胜者

N学院想组织一批教师旅游，于是找来三家旅行社洽谈业务。如果你是三家旅行社中的一家，你将如何撰写一份旅行方案提交给N学院，才能从三家旅行社中脱颖而出，请拟定出方案并模拟演绎此情景。

第二章 旅游知觉

学习目标

1. 掌握旅游知觉的概念、特征。
2. 分析影响旅游知觉的因素。
3. 掌握有关知觉的心理原理，熟悉旅游者对旅游条件的知觉。
4. 正确理解旅游者知觉是如何影响其旅游决策及旅游行为的。

案例导入

感觉剥夺实验

1954年加拿大麦吉尔大学的心理学家赫布和贝克斯顿进行了感觉剥夺实验。实验过程如下：征募一些大学生为被试者，他们每忍受一天的感觉剥夺就可以获得20美元的报酬。

被试者每天24小时躺在有光的小房间里极其舒服的床上，除了吃饭的时间、上厕所的时间外，任何感觉输入都被严格控制。

实验中给每个被试者戴上半透明的眼罩，可以透进散射光，但图形视觉被阻止了；手和胳膊套上用纸板做得袖套和手套，以限制触觉，房间中充斥着单调的空调的嗡嗡声，以限制被试者的听觉。

实验结果：被试者出现情绪紧张、忧郁、记忆力减退、判断能力下降，甚至各种幻觉、妄想，最后难以忍受，不得不要求停止实验。

实验说明：人们在日常生活中漫不经心接受的刺激以及由此而产生的感觉是多么的重要。丰富的感觉刺激对维持人的生理、心理功能的正常状态是必需的。由此可见，人的认识活动都是从感觉开始的。

第一节　旅游知觉概述

感知觉是人的心理活动的开始，人们通过感觉，可以反映客观刺激物的各种反映，也可以反映自身所发生的变化，还可以左右自己的行为。我们对客观世界的认识，是从感知觉开始的，对旅游者的认识也是，也只能从感知觉开始。

一、感觉与知觉

感觉是人脑对直接作用于感觉器官的刺激物的个别属性的反应。感觉是一种简单的、日常生活随处可见的心理现象。如看到某种颜色，闻到某种气味以及感觉饥饿、口渴等。一切较高级、较复杂的心理现象，都是在感觉的基础上产生的。

知觉是较为复杂的另一个层次，是直接作用于感受器官的客观事物的整体属性的反映。知觉的产生离不开客观事物的直接作用，它反映的是客观事物的各种属性或整体形象。如一个人有身高、体重、肤色等多个属性，将这些属性综合起来，我们就得到了对这个人的印象，即知觉。

知觉是我们对客观事物的简单认识，也是我们进行各种心理活动的基础。我们对客观事物的记忆、思维、想象以及进一步的创造都是从知觉开始。知觉能使人们产生需要，从而产生行动的动机，并为满足需要进行实践活动。在旅游活动中，旅游者只有对某种旅游产品形成相应的知觉，才可能进一步通过思维去认识旅游产品，同时随着对旅游产品知觉度的提高，形成对产品的主观态度，从而确定相应的购买决策，实施购买行为。

感觉和知觉都是客观事物直接作用于人的感受器官而产生的直接反映，但是又有区别。一方面，感觉是对客观事物个别属性的反映，而知觉反映的是客观事物的整体属性，是对事物各种不同属性、各个不同部分及其相互关系的综合反映；另一方面，任何事物都是由许多个别属性所组成的，没有反映事物个别属性的感觉，就不可能有反映事物整体的知觉，因此，感觉与知觉联系紧密，知觉以感觉为基础，只有对事物个别属性感觉越全面、丰富，对事物的知觉才会越完整、越准确。当然，感觉作为知觉的组成部分，也不会孤立的存在。

二、感觉与知觉的种类

（一）感觉的种类

根据感觉的内涵与概念，可以将感觉分为两类：一类是外部感觉；一类是内部感觉。

1. 外部感觉

外部感觉是外界客观事物个别特性的反映，包括视觉、听觉、嗅觉、味觉和触觉。

（1）视觉　视觉是人对光的反映，由光波作用引起。由于我们所面对的世界总是五颜六色的，因此，视觉也就是色觉。世界上的颜色大致可以分为两大类：一种是无彩色；另一种是彩色。黑、白、灰都属于无彩色，颜色深浅不同的赤、橙、黄、绿、青、蓝、紫均属于彩色。

（2）听觉　听觉是由外部所传递的各种声音所产生的，即是由外部声波作用而产生，如鸟叫声、音乐、汽笛声等，均会使个体产生知觉。

（3）嗅觉　嗅觉是通过某种气味而产生，主要反映作用于个体鼻腔的各种物质的气味特征，如花香味等。

（4）味觉　味觉主要是由能溶于水或唾液中的有味道的物质作用而产生。个体主要是通过舌头上的味蕾来辨别各种不同的味道，如酸、甜、苦、辣等。

（5）触觉 触觉主要是通过皮肤表层来反映不同物质的感觉，包括冷、暖、痛等。

2. 内部感觉

内部感觉主要反映个体的不同身体部位的运动或状态，包括运动觉、平衡觉、机体觉。运动觉主要反映个体的运动状态和身体位置状态的变化。平衡觉主要反映头部的位置和身体的空间姿态。机体觉主要是个体内部器官在不同刺激状态下的感觉和状态，如饥饿、口渴、饱腹、作呕等感觉。

（二）知觉的种类

知觉一般可以分为两类：一类是一般知觉；另一类是复杂知觉。

一般知觉主要包括视知觉、听知觉、味知觉、嗅知觉、触知觉、运动知觉等，知觉是由多种感觉综合活动产生的，在不同的场合和状态下，不同感觉活动通常会扮演不同的角色，在某一联合活动中，往往有某一种感觉活动会起到主导作用。

复杂知觉通常分为时间知觉和空间知觉，主要反映客观事物的时间和空间属性特征。空间知觉一般包括对事物形状、大小、距离和方位等的知觉。时间知觉则是反映人脑对客观现象的延续和顺序的反映，如时间长短、先后、快慢等。

三、旅游知觉的基本特征

（一）旅游知觉的选择性

旅游者在游览过程中的环境是复杂而多样的，面对各种刺激，旅游者不能感知一切事物，只能对在意的旅游对象加以选择，因此，旅游知觉具有选择性或选择性注意的特性。比如有句古语说道：“仁者乐山，智者乐水”，这就说明古人了解乐山或乐水取决于人们对山水选择性注意的知觉。

旅游者知觉的选择性使旅游者能够把注意力集中到少数重要的旅游刺激或者刺激的重要方面，排除次要旅游刺激的干扰，使旅游者更好地接受旅游客体，产生良好的旅游知觉，获得旅游乐趣。

（二）旅游知觉的理解性

旅游者对旅游刺激物的感知是一个主观的筛选过滤过程。在选择过程中，人们往往根据以前的知识经验和知觉时的兴趣动机来理解、觉察刺激，并进行取舍和加工，用一定的形式理解客观事物的含义，从而形成整体的知觉印象，这便是旅游知觉中的理解性特征。

经验会对旅游者的知觉产生影响，已有经验使人容易注意到熟悉的对象而忽视不熟悉的对象。比如一个旅游者和一个生物学家同在一片原始森林中，旅游者知觉为森林风光；生物学家关注的则是地质地貌条件、动植物种类等。经验还可以影响我们对知觉对象的理解，比如一个在朴素宁静的乡村里长大的人，对城市的繁华和喧闹环境，可能会产生城市人无法理解的不安全感。

另外，旅游者了解知觉对象时，在心理上倾向于避免理解和接受与自己的经验、态度、价值观等过去的信息相矛盾冲突的信息。如在解释信息时会放大某些特征，或缩小另一些特征。这就会产生“知觉失真”或者“知觉歪曲”现象，使刺激的含义背离客观实际而被曲解。“知觉曲解”是旅游活动中的普遍现象，旅游者常常根据具体的状况，有选择地感知理解旅游产品的各种信息和旅游广告等刺激。例如，旅游者常常通过景观特色来感知理解旅游地，而忽视旅游设施旅游管理等状况。

（三）旅游知觉的恒常性

恒常性是指当旅游条件发生一定程度的变化时，旅游者对旅游对象的知觉仍然保持相对不变的特性。例如旅游者从黄山归来，黄山雄伟秀丽的印象仍然保留在他们的感知中，因为刺激的信息可能被保持一段时间。人们选择新的记忆并保留与他们心理倾向相关的信息。这种选择性保持，使得只有被保留下来的旅游知觉，才能对后续的旅游行为产生影响。这是因为人们总是在已有知识经验的基础上理解认识（知觉）客体，并按已有的印象理解当前变化的客体。

（四）旅游知觉的整体性

人们对旅游活动中的刺激进行筛选时并不是杂乱无章的，而是有选择地把有关刺激组成一个对旅游者来说具有某种意义的整体来知觉，这就是知觉的整体性。这种整体性会对旅游者的行为产生影响。这是因为旅游刺激物和各个部分的属性，总是以一个整体作用于旅游者，构成一个整体刺激物。当旅游刺激的个别属性或者个别部分作用于旅游者时，也常常受过去知识经验的影响产生旅游刺激物的整体印象。

国内有学者通过对旅游者的地理空间认知过程研究发现：旅游者的认知具有过程的完整性、目的的选择性、对象的兴趣性、时间的短暂性和程序的连续性。

四、影响旅游知觉的主要因素

知觉的形成虽然有赖于来自感觉的信息，但是知觉的过程并不是感觉的延伸。个体对于感觉器官所获得的外来刺激都要加以主观的解释和组合，才能形成知觉。心理学目前的研究表明影响知觉的诸多因素可分为刺激因素和个体因素两类。

（一）刺激因素

刺激因素，即刺激本身所具有的特点，如大小、颜色、声音、结构、形状和环境等。人们不是孤立地对待一种刺激，而是倾向于从刺激与其他事件、感觉或形象的关系中对待它。许多知觉原理都描述了刺激是如何被察觉并被组织的。

这些原理建立在完形心理学（Gestalt Psychology）的基础上。完形心理学派坚持认为，人们是从一系列刺激的整体而非从任何个别刺激得出含义。德文词“完形”的含义大致是整体、模式或轮廓，用一句话可以最准确地说明这种观点：“整体大于其各部分之和。”完形心理学派提出以统一整体方式来分析知觉：即当事人观察某一对象时，实为观察一个结构形式“完形”。完形心理学家提供了与刺激组织方式相关的许多原理，这里仅介绍四种原理，或称为四种知觉倾向。

1. 闭合原理

闭合原理（Principle of Closure）暗示人们倾向于将不完整的图形想象成完整的，即人们倾向于根据以往的经验填补空白。

这个原理解释了为什么大多数人都能够轻而易举地将不完整的信息补充完整。在人们仅听到部分的广告短歌或主题时，闭合原理也起作用，例如“上有天堂，下有苏杭”这句话已为人们所熟悉，只要说出上半句，人们自然会想到下半句。对于一个旅行社或饭店来说，如果他们电视广告中的一句关键的竞争口号被人们所熟悉之后，只要提到上半句，观众自然就会想到下半句话。

闭合原理在营销策略中的运用是鼓励消费者参与，增加人们处理信息的机会。

2. 相似原理

相似原理（Principle of Similarity）是指人们在感知各种刺激物时，容易将具有相似自然属性的事物组合在一起。即将相似的物体集成系列，从而产生一个统一的整体。

同样，许多旅游者倾向于把江西的庐山、安徽的黄山和浙江的天目山视为同一类型的旅游地，尽管这三个地方有其独特之处，但人们还是认为它们同是高山避暑胜地；有些人往往容易把美国人、加拿大人、英国人混为一谈，也是因为他们的长相、语言举止很相似的缘故。

3. 图形—场地原理

图形—场地原理（Figure—ground Principle）是指刺激的一部分居于主位（图形），而其余部分退为背景。只要想一想，一幅照片中间的焦点物体（图形）总是清晰明确，居于主导地位，一眼就可以看见，那么就很容易理解这个概念。轮廓部分是被视为图形，还是背景，会随个人及其他因素的不同而不同。

在设计营销信息时，应用图形—场地原理，就可以将刺激依需要设计成信息的中心，或是陪衬焦点信息的背景信息。

4. 接近原理

接近原理（Principle of Proximity）是指在感知各种刺激物时，彼此相互接近的刺激物比彼此相隔较远的刺激物更容易组合在一起，构成知觉的对象。这种接近既可以是空间上的接近，也可以是时间上的接近。

同样，人们倾向于把彼此地理位置接近的旅游地点如杭州、上海、苏州、无锡、南京等视为一个游览区。

5. 其他刺激因素

人们习惯于自己周围世界的某种刺激物的大小、形状、声音、色彩、运动等，当其他一些刺激因素出现时，如果这些刺激因素和人们所预料的差别较大就容易引起人们的注意而成为知觉的对象。例如，大的刺激物比小的刺激物容易引起人们的注意。人们游览苏州虎丘时，首先注意到的就是高耸的虎丘塔，而下面的奇石异景就成了知觉的背景。震撼的音响、高昂的声调、强烈的色彩，比轻微的响动、低沉的声调、轻描淡抹的色彩更能引人注目。例如，一个颜色醒目的广告要比色彩平淡的广告更引人注意，运动的刺激物要比静止的刺激物更有吸引力，贵州的黄果树瀑布要比山间的一个平静湖面更引人注目。

（二）个体因素

1. 需要与动机

能满足人们需要、符合人们动机的事物，往往会首先成为知觉对象。在同个旅游区，会有多种类型的旅游者，如观光型、健身型、疗养型、商务型等，由于各种类型的旅游者具有不同的旅游需要和旅游动机，他们感知的范围、具体的对象以及对旅游区的整体印象都是多种多样的。

2. 知识和经验

人们过去的知识和经验也会对知觉的选择性有很大的影响。凭借以往的知识和经验，旅游者可以很快地对知觉对象做出理解与判断，从而节约感知时间，扩大知觉范围获得更多、更深的知觉体验。如景观是否具有独特性和观赏性，是否具有满足心理需要的吸引力；旅游设施是否安全方便；旅游服务是否礼貌、周到等。旅游实践表明，旅游者获得旅游目的地的信息主要来源于个人及周围亲朋好友过去旅游的知识和经验，再结合个人不同的知识和经验等，从而选定不同的旅游目标。

3. 兴趣和爱好

人与人之间兴趣和爱好各不相同，兴趣和爱好的差异决定了人们知觉的选择性，促使人们把不感兴趣的事物排除到知觉的背景中去，集中注意于感兴趣的事情。比如旅游城市南京，民间有说法是“虎踞龙盘”，但旅游者的知觉印象却不一定符合这种评价，对历史感兴趣的旅游者可能更多的感知到南京的“六朝古都、十朝都会”，对自然风景感兴趣的旅游者更多注意的是南京的平原、江湖。

4. 情绪和情感

情绪和情感是人对客观事物态度的一种反映。在旅游活动中，旅游者对时间的估计通常受旅游活动中自身的情绪和情感影响，如遇见态度良好的导游，热情的当地人，旅游者的心情也会很好，他们会觉得这个地方山好、水好、人也好，时间过得也很快；如果遇见许多不顺心的事情，使旅游者心情不好，他们会觉得旅游地一般，风景没特色，时间过得很缓慢。

5. 阶层意识

在我国现阶段，由于人们价值观念、生活方式、经济收入、受教育水平等的差异，形成了不同的社会阶层。旅游活动中，不同社会阶层的人们在旅游方式、时间、地点目的、消费方式等方面是有很大差别的。旅游者的阶层差异使他们的旅游知觉表现出一定的差异性，同时同一阶层也表现出一定的共性。处于社会上层、文化层次较高、品位较高的旅游者，大多严谨、持重，更多关注能体现其社会地位、文化修养和品位的旅游活动，比如打高尔夫、高档温泉、历史遗迹等旅游项目，而一般旅游者可能关注带有普遍性的社会问题及当前的热门话题。

知识链接

皮埃尔·马蒂诺在《社会阶级和消费行为》一文中，列举了美国社会中等收入阶层和低收入阶层之间的主要情况对比，如表2-1所示。从表中可看出这两个阶层的态度和价值观念是怎样影响知觉的。

表2-1 美国不同社会阶层的价值观念与行为模式

中等收入阶层	低收入阶层
1. 面向未来	1. 面向现在和过去
2. 有长远的眼光	2. 生活上和思想方法上目光短浅
3. 多为城市人	3. 多为乡下人
4. 强调理性	4. 基本上是非理性的
5. 对世界的认识清晰而完整	5. 模糊而条理不清
6. 眼界开阔，毫无限制	6. 目光短浅、局限
7. 有较强的选择意识	7. 选择意识局限
8. 自信、乐于冒险	8. 对安全极为关注
9. 思想方法非物质化和抽象化（重视思想的）	9. 思想方法具体化和直觉化（重视物质的）
10. 感到与国家大事休戚相关	10. 世界围绕家庭小天地转动

6. 其他个体因素

影响旅游知觉的个体因素除了上述几个方面外，还包括人口统计方面的因素如收入、年龄性别、职业家庭结构、国籍、民族、种族，还有态度、信仰、心境和记忆等。

年龄对旅游知觉起着重要作用。比如，年龄较大的中等收入阶层成员对旅游的感受，就和以前与孩子生活在一起的时候有所不同。现在，经济上已经有了保障，自己一生的奋斗目标也许已经达到，或变得不那么重要了，因此，就以新眼光来看待旅游了。

第二节　旅游中的社会知觉

一、社会知觉的含义与类型

（一）社会知觉的含义

社会知觉是个体在生活实践的过程中对个人、群体以及对自己的知觉，是人们在社会旅游活动中对人、对己、对群体进行认识的心理过程。社会知觉是影响人际关系的建立和活动效果的重要因素，是个体对社会刺激加以综合的过程，是人所特有的高级知觉形式，是一种最基本的社会心理现象，是人的社会行为的基础。

（二）社会知觉的类型

旅游活动中的社会知觉，主要包括对人的知觉、人际知觉和自我知觉。

1. 对人的知觉

对人的知觉是指旅游者通过对他人外部形态和行为特征的知觉，进而借以了解其心理特征和心理活动的过程。对人的正确知觉是建立正常的人际关系的依据，是有效开展活动的首要条件。旅游者对人的知觉主要包括以下三个方面。

（1）对他人表情的知觉　包括面部表情、言语表情和身段表情等。

（2）对他人性格的知觉　是指旅游者对他人性格特征的知觉，包括他人的个性倾向、生活方式、气质类型等。

（3）角色知觉　是指旅游者对人们所表现的角色行为的知觉。社会角色是个体在社会上所处地位、从事职业承担的责任以及与此有关的一套行为模式。人们在角色扮演过程中常常会产生矛盾、障碍，甚至遭遇失败，这就是角色失调。常见的角色失调有：角色冲突、角色不清、角色中断及角色失败。

2. 人际知觉

人际知觉就是人与人之间相互关系的知觉。这种知觉主要是在人际交往中发生，以各种交际行为为知觉对象。

任何一个社会人都必须与他人发生联系，形成人与人之间的不同关系，表现为接纳、拒绝、喜欢、讨厌等各种亲疏远近的态度，因此对这种关系的正确知觉，是顺利进行人际交往的依据。旅游工作者一方面要尽快了解旅游团体的人际关系状况，另一方面也要洞悉自己与游客之间的人际关系状况，以便利用这种关系搞好旅游接待工作。

3. 自我知觉

自我知觉是指一个人通过对自己行为的观察对自己心理状态的认识，是旅游者对自身及其与外界关系的知觉。个体的自我知觉水平的发展一般遵循着“生理的自我—社会的自我—心理的自我”这一进程。

生理的自我阶段主要表现为对自己身体、衣着、家庭以及对自己所有物的判断，从而表现为自豪或自卑的自我体验。社会的自我阶段主要表现为对自己在社会上的荣誉、地位和社会中他人对自己的态度等方面的判断，从而表现出自尊或自卑的自我体验。心理的自我阶段主要表现为对自己能力、智慧、情商、道德水平等方面的判断，表现出优越感等自我体验。

二、影响社会知觉的因素

（一）第一印象

第一印象（First Impression）是在首次接触时所留下的印象，将影响人们以后对同样的人和事的看法。牢固的“第一印象”影响甚至决定着今后双方的关系，在社会知觉中起着重要作用。第一印象只能作为对人的知觉的起点，而不能作为终点。

影响第一印象的主要因素有两个方面：一是对方外部特征的直接影响；二是有关对方的间接信息的间接影响。

在旅游服务业，服务人员与游客接触时间短，双方还来不及进一步了解就要离开，所以，作为旅游工作者，一定要时刻注意自己的言行举止，给游客留下良好的第一印象。从现实生活中我们也能找到很好的例子，比如，酒店或者景点布置得温馨、舒适；接待客人入住的门童总是打扮得精神抖擞，对人彬彬有礼；前台人员总是仪表端庄、和蔼可亲；甚至进入景区的第一条大路修得非常宽阔、整齐等。

对旅游者来说，需要认识到第一印象具有片面性，存在着主观因素，它不能代表人或者事物的真实面目。所以旅游者不能把它的作用夸大到不适当的程度，不能仅凭第一印象就妄下结论。

（二）经验效应

经验效应（Experience Effect）主要是指人们在知觉人和事物的过程中只凭借以往的经验进行认识、判断、决策、行动的心理活动方式。比如，经验丰富的导游会看人，他们会根据自身带团的经验，对不同的游客采取不同的对待方式：对沉默少言的游客尽量主动和他们讲话，调动他们旅游的积极性；对能说会道、活泼好动的游客既要保持他们愉快的兴致，又不能让他们“喧宾夺主”。

当然，经验也有不利的一面，如果不顾实际情况的变化，生搬硬套就会陷入经验主义。现代旅游业的发展也是如此。我国在职职工每年有一百多天的假期，于是人们的生活方式逐渐发生了一些变化，逐渐追求休闲的生活方式，“自驾出游”“学习游”“红色游”“健康游”增多，以前跟团走马观花似的旅游方式已经不被人们喜好。所以，对旅游产品的提供商来说，如果还是一味根据经验，不适时开发新型旅游方式和产品，就会陷入经营困难的局面。

（三）刻板效应

刻板效应（Effect of Stereotype）是指认知主体对认知客体产生概括而固定的看法，是一种概括而笼统的看法。这种看法不是一种个别现象，而是群体的一种“共识”，是一定范围人群共有的、积淀深厚而广阔的心理定势。刻板印象产生的基础是人们的经验，并潜在于人的意识之中。比如，在日常生活中，人们认为知识分子书生气十足，工人粗犷豪放，会计师都精打细算，教授总是白发苍苍；下巴方正者意志坚强，宽大的前额象征智慧，胖人心地善良，厚嘴唇的人忠厚老实等。但在刻板印象支配下所获得的人际知觉，只能是一个概括而笼统的归类，若具体到某个人则会有很大的差异。

在旅游活动中，刻板印象是一种简单快速的识人、识物的手段，它有助于旅游者进行快速的决策，也可以帮助旅游服务人员迅速知觉某一类旅游者，以便确定提供何种类型的产品或者服务。

第三节　旅游者对旅游条件的知觉

一、对旅游目的地的知觉

在众多的旅游地中，旅游者选择的关键在于对旅游地所获得的知觉。对旅游地特色和知名度的知觉是影响旅游决策行为的重要因素之一。旅游者选择A地而不选择B地或者其他地方旅行，很大程度上取决于他对旅游目的地的先验知觉。这种知觉并不是其身临其境的知觉，而是靠周围亲朋好友的介绍、知识经验的积累、旅游广告的宣传等，然后根据各自的决策标准，衡量供其选择的目的地。旅游者对旅游地的知觉主要取决于三个方面，一是旅游景观具有独特性和观赏性；二是旅游设施安全、方便、舒适；三是旅游服务礼貌、周到、诚实、公平。

严格地说，没有两个人对一个旅游地的看法是相同的。人们的知觉既有选择，又有所不同。其区别不仅存在于个人之间，而且也存在于国家之间、地区之间。主要影响因素有：旅游者原有的经历和价值观念；对旅游地的知觉失真，害怕、激情、偏见等心理因素在对旅游地的知觉失真中也起一定作用；旅游者对旅游地掌握较少量的信息等。

二、对旅游距离的知觉

旅游是在三维空间中发生的活动，所以可以用距离尺度来度量。旅游距离指的就是游客居住地与目的地之间的距离，它有实际距离和感知距离之分，实际距离可以用两地之间相距多少千米来表示，感知距离除了相距多少千米之外，还有我们所用的时间、消耗的精力、资金和体验等。一般来讲对距离的知觉直接影响到个体的旅游行为，其影响具体表现在距离对旅游行为的阻止作用和促进作用。

（一）距离对旅游行为的阻止作用

距离越远意味着交通费用越高，旅行时间越长，旅行中消耗的体力和精力越多，所以人们外出旅游的可能性就越小。当一个人外出旅游时，必然要付出一定的代价，包括经济上、时间上、机会上、体力上以及情绪、情感上的代价等。地理学家把距离的阻止作用称为“距离的摩擦力”，旅行距离越远意味着人们付出的金钱、时间、体力、情感方面的代价越高。人们付出的代价越高，期望值就越高，如果人们不能从旅游中得到足以补偿这些代价的益处，旅游行为是不可能发生的。随着距离的增大，旅游的代价也增加了，旅游的可能性也随着减小。通常远距离旅游者要少于近距离旅游者，国际旅游者要少于国内旅游者。

（二）距离对旅游行为的促进作用

距离知觉还存在和距离的摩擦相抗衡的另一种现象，并对旅游起促进作用，对娱乐旅游来说尤为如此。对于两个旅游环境大致相同而距离不同的目的地来说，一方面，距离摩擦的因素会使人选择较近的目的地，而另一方面，遥远的目的地所产生的神秘感和朦胧感又会与距离摩擦相抗衡，促使一些人到较远的目的地旅游。

距离越远越容易产生神秘感和朦胧感。遥远的目的地总是对旅游者具有特殊的吸引力，激励人们跨越千山万水，不计较时间、金钱、体力等方面付出的代价，积极前往异域他乡。在实际生活中，旅游距离的促进作用被视为与“摩擦力”相抗衡的“推动力”，距离越远新异性越强，旅游地的吸引力越大。所以生活中，在时间充足、经济条件允许的情况下，消费者往往倾向于远距离旅游，如独具北国风情的东北地区就成了南方人出门度假的首选，海南岛、云南等地同样也成为北方人出游的热点。

（三）距离的知觉失真

人们对于所居住和旅游的这个世界的地理位置，往往会产生知觉上的失真现象。由于旅游者对生活方式、文化和气候的知觉上存在很大的差异，离某地较远的目的地往往被看成在与“真实”距离不相符的位置上。这类地理位置上的知觉失真，会影响旅游者考虑他的旅游需要。例如，他对旅游地的选择等。同时，还会影响他对某个特定旅游胜地的满意程度。

三、对旅游时间的知觉

旅游不光有空间的跨越，同样也有时间的流逝。旅游者对旅游时间的知觉常因动机的不同而有所不同，但对于绝大多数旅游者而言，他们都希望“旅行要快，游览要慢，一切活动要准时”。

四、对旅游交通的知觉

“行”是旅游过程中重要的组成部分，行的好坏直接影响到旅游者对一次旅游经历的评价，而交通工具是“行”的主要媒介。旅游交通是指旅游者抵达旅游地所采用的交通工具，包括飞机、火车、轮船、汽车等。现代旅游业的发展有赖于各种现代化交通工具的发展，而旅游者对交通工具的选择受其知觉的影响。旅游者对交通工具的选择主要受四个因素的影响：舒适、安全、准时、快捷。

（一）旅游者对飞机的知觉

每一个旅游者总是希望旅行时间越短越好。所以，在经济条件允许的情况下，飞机往往是旅行首选的交通工具。旅游者对飞机的知觉印象主要与四个因素有关：起飞时间，是否按时抵达目的地；飞机的安全和舒适度；中途着陆次数；机组人员的服务态度、水平。

（二）旅游者对火车的知觉

在旅游中，大部分的人都会选择乘火车出游，火车虽然没飞机的速度快，但价格较低、安全可靠、乘车方便、准时。对旅游者来说，最重要的是可以通过乘车欣赏沿途的风光。旅游者对火车的知觉印象主要受五个因素的影响：运行速度、发车和抵达目的地时间、中途停靠次数、车上服务水平、舒适度。

（三）旅游者对旅游巴士和游船的知觉

现代高速公路网的建立，为旅游者选择旅游汽车提供了越来越大的支持。尤其是在距离不太远的国内旅游中，旅游汽车显得更加便捷和便宜。旅游者对旅游汽车的知觉印象主要受以下因素的影响：车窗是否宽敞、是否有空调、座椅是否舒适、车身的减震效果、乘务员的服务水平及路况等。此外，汽车的运行与公路路面状况密切相关，因此，公路状况也是旅游者乘坐汽车所考虑的重要因素。

游船既包括在海上漫游世界的豪华游轮，也包括穿行于江河湖泊的一般观光轮船。由于轮船速度比较慢，因此速度并不是影响旅游者对游船知觉的重要因素。旅游者对游船的知觉印象主要与以下因素有关：游船能够到达的港口城市或旅游景点的多少、航程远近、停靠地的观光娱乐项目，客舱、餐厅等的设施是否豪华舒适、娱乐设施是否完备、伴游是否令人愉快、购物是否方便等。

五、对旅游安全的知觉

旅游本是人们在物质生活满足以后对精神生活的一种需求，是一种享受性的需要，没有人愿意在旅游过程中发生安全问题，因此满足旅游者的安全需求是旅游服务的基本前提。在旅游过程中，旅游者对安全的知觉印象主要表现为无意外事故、方便和舒适。舒适是在无意外事故和方便都得到满足以后才考虑的安全因素，它是旅游者最高层次的安全需求。

第四节 旅游中的风险知觉

一、风险知觉及其分类

（一）旅游风险知觉

当一个人做出某一决策时，也伴随着产生风险和不确定因素。消费者的任何决策都有可能产生预想不到的后果。由于结果与消费者的预想大不相同，这样，当他做决策时，就可能觉察到风险。当他乘飞机前往目的地时，就可能会冒飞机失事的风险；当他在冬天到南方旅游时，就可能冒该地区遭受非季节性冷空气侵袭的风险；即使已预定好了机票，也仍存在航班被临时取消的风险。上述伴随旅游决策而同时产生的风险称为“觉察风险”（Perceived Risk）或“知觉风险”，即风险知觉。也就是说风险知觉是指旅游者不能预见购买决策的结果时所遇到的不确定因素。对消费者来说，学习怎样应付和减轻这样或那样的觉察风险是极其重要的。

风险知觉必须满足两个条件：第一，风险的后果不可忽视，而旅游者又主观认为避免它是很重要的；第二，这种风险确实有可能发生。

（二）风险知觉的种类

罗伯逊（T. S. Robertson）把消费者的觉察风险分为功能风险和心理社会风险两类。对旅游消费者来说，当购买的旅游产品和服务可能不如预料的那样满意时，就存在着功能风险。例如出租车抛锚、飞机因出现机械故障而在非原定的目的地降落、饭店房间空调失灵等。心理社会风险是指旅游产品和服务能否增加个人的幸福感，是否会丰富自我观念，以及是否会改善别人对他的看法等。衣着、交通工具和许多旅游服务项目都有明显的象征性，因而也具有相当大的心理风险。卡普兰（L. B. Kaplan）把觉察风险分为功能风险、身体风险、经济风险、社会风险和心理风险五类。

当一个人购买的产品既不能满足功能目标，又不能满足心理社会目标，那他就既浪费了金钱又浪费了时间。当所购买的是十分昂贵的物品或一次昂贵的度假旅游时，觉察到的风险就会使人坐立不安。

本书将旅游者的风险知觉归为以下六个方面。

1. 功能风险

功能风险涉及旅游产品质量和服务优劣问题。在一般情况下，当旅游者购买的旅游产品和享受的各种服务不能像预期目标那样满意时，就存在着功能风险。

2. 资金风险

资金风险是指游客花在旅游上的金钱是否买到了物有所值的旅游产品和优质服务。资金风险主要来自三个方面：一是在旅游途中，旅游者花费了较多的金钱，却得不到等值的产品和服务，如住宿标准、餐饮标准等与所承诺不符，游览线路、景点、导游服务没有达到承诺的标准等；二是旅行社之间为了争夺客源，压低报价或报酬含糊，在旅途中不断向游客索要金钱，使旅游费用大大超过旅行社承诺的标准；三是旅游团中途反复购物，使旅游者非常不情愿地购买一些质价不相当的商品。

3. 安全风险

安全风险是指旅游者所购买的产品或服务，是否危及旅游者的健康和安全。旅游者在整个活动中非常在意是否存在安全风险。

4. 时间风险

时间风险是指在旅游活动中能否在预定时间内完成旅游活动。时间是旅游活动的一个重要因素，如何保证在计划时间内完成旅游活动是衡量旅游成败的标准之一。

5. 不可抗力风险

不可抗力风险是指由于地震、洪水、传染病、社会动荡等造成的风险。2003年初发生的“非典”事件，表现出旅游行业在应对不可抗力风险方面的脆弱性，值得认真研究。

6. 心理风险

心理风险是指旅游产品或服务能否增强旅游者的幸福感和自尊心，反过来说，即是否引起了旅游者的不满和失望情绪。人们外出旅游的主要原因之一是提高自我价值，放松自己，因此，消除或减少旅游者的心理风险就显得十分重要。因为旅游者所承担的心理风险，往往要比实际发生的事实风险大得多。

二、觉察到风险的原因

人们对旅游消费情境之所以觉察到风险，原因有以下六个方面：一是不确定的购买目标。一个人虽然决定要去旅游，但对到什么地方去以及采取什么样的旅游方式去都还没有决定。二是不确定的购买报酬。假定一个人购买的目标已经明确了，但还不能肯定怎样选择才是最为满意的。三是缺乏购买经验。个人对于购买缺乏经验，因而觉察到风险，当第一次打算去外国旅游时就会出现这种情况。四是积极的和消极的结果。个人会觉察到任何选择都会有积极或消极的后果。例如，乘飞机出行可以节省很多时间，但很难欣赏到沿途的风光和景色。自驾车旅游可以自由安排时间，欣赏沿途风光，但会花费更长时间。五是同等身份人的影响。个人的购买决策可能不同于大多数同等身份的人通常做出的购买决策，即个人的购买决策与他认同的群体中大多数成员的购买决策不同。六是经济上的考虑。当个人预测到自身的经济状况会有重大变化时，就会觉察到风险。

三、影响旅游者风险知觉的因素

（一）旅游者风险知觉中的定量因素

旅游者常用事件的敏感度和借鉴已经发生的事件所形成的特定认知来判断损失发生的概率。如游客关注空难得出飞机安全没有保障的结论。旅游者还会用风险造成的损失的数量来评估风险的程度。如游客关注客车失事比吸烟致死事件多得多。

（二）旅游者风险知觉中的定性因素

（1）旅游者对自己愿承担风险所造成的灾难性后果不像强加的风险那样严重。他们认为旅游安全事件更具威胁性。

（2）旅游者对于那些能为个人力量所控制的事件，对其评估的风险较低。

（3）对于那些已经适应了的众所周知的或频繁出现的安全事件，旅游者更容易接受，而新产生的风险则不同。

（三）旅游者风险知觉中的个性因素

（1）人口统计变量的因素影响。如女性旅游者往往比男性旅游者对风险的认知程度更高；而年龄介于18~24岁的年轻旅游者的风险认知程度往往比年长的旅游者低。

（2）风险评估水平。专家往往借助于定量的特征来评估风险，而外行却更看重定性的特征。

（3）地理、文化和心理上的相近性决定了旅游者对于损失感觉的强烈程度。

四、消除风险的措施

正因为旅游者在决策过程中会知觉到各种风险，为了使旅游活动顺利进行，旅游者总是会想方设法地去防范在旅游活动中遇到的各种风险，减少、消除或避免风险，主要方法如下。

1. 降低对旅游产品和服务的期望程度

旅游者总是倾向于把旅游理想化，对旅游地充满了幻想。当然如果旅游者不把旅游理想化的话，那么他们就不会有兴趣去旅游了。期望本身就意味着更大的乐趣，对娱乐旅游尤其如此。但他们可能从未想过，他们要去的旅游目的地的气候可能反常；他们要游览的名胜古迹，也许不得不排长队等上几个小时；如果去异国他乡，他们可能会受到当地居民的冷眼，或者因不习惯那里的乡土而生病。

针对这种情况，旅游销售人员必须担负双重任务，既要启发旅游者对旅游的想象，又要为他们实际的旅游做好准备，避免旅游者乘兴而来，扫兴而归。显然，做到这些并非易事。

2. 信赖一种商标和牌子的产品

重复购买同一种产品或服务是消费者用以减少觉察风险较普遍的方法。例如，一个美国旅游团的领队第一次到上海旅游住在上海宾馆，以后每次来上海就只光顾这一家宾馆。他这样做并不意味着对上海宾馆完全满意，而是这样的选择至少可以期待得到和上次一样的价格和服务，而没有必要到别的饭店去承担不明内情的风险。

认定一种商标和牌子也是节省时间的一种方法。此外，信任商标也可以减少觉察风险。实际上，大多数的旅游产品是各种服务，而服务质量往往取决于旅游企业中的某个从业人员，即办理预订手续的代理人，航空公司的班机乘务员，或者饭店总服务台、餐厅或客房的服务员、管理人员等。服务质量常常会因顾客及时间不同而不同。录音机可以有严格的质量标准，但对于个人的服务质量来说就往往捉摸不定。大多数与旅游有关的购买活动中觉察到的风险是相当大的。这就使旅游消费者更多地依赖于对商标的信任，以此来减少风险知觉。

这一论述向旅游企业强调了鼓励人们信任商标的重要性。实现这一目标的途径是开展对从业人员的培训，使他们能为顾客提供极为周到的服务有所准备。通过提供高效、优质的服务，旅游企业可以保持现有的顾客，还可以招徕新的顾客。

3. 寻求更多的旅游信息

消费者用以减少购买商品和服务时的觉察风险，最普通的方法是获得信息。一般规律是，消费者所持的信息越多越可靠，他在购买时所觉察到的风险就越少。例如，一个旅游者从自身经验、他人经验以及广告中得到了关于南京金陵饭店的信息，使他对金陵饭店新提供的高水准服务深信不疑，因而选择在金陵饭店住宿将不会感到有什么风险。

消费者要搜集的是与试图减少觉察风险非常有关的信息。如果消费者预感到有很大的功能性风险，他想购买的产品不如他预料的那样实用，他就要寻找产品的信息。这种信息的一个来源是旅游服务企业的广告或宣传册。此外，旅游者也可以请求朋友或旅游代理人证实他从旅游广告或宣传册中了解到的信息。事实上，一般认为，在消费者做出最后决定时，这类来自所谓公证人的信息，比经销商提供的信息更有影响。因为它没有多大偏见，因而是全面的，并具有权威性。

如果某人觉得很多心理性风险，却不是功能性风险，他极可能依靠个人的信息，而不依靠制造商或生产者提供信息。心理风险一般需要得到特定的信息。尽管以想象的消费为对象的广告和宣传册可能有助于减少心理性风险，但它们不可能提供完全消除心理性风险的这类信息。即使有这类信息，人们也不会把制造商或生产者看作非常可靠和信得过的信息来源。

当人们感觉到心理风险很大时，旅游代理人可以起很大的作用。这就要求旅游代理人既要精通他经销的旅游产品和服务，又要熟悉他的顾客。

本章小结

旅游者的知觉是旅游活动整体在头脑中的反映，知觉对旅游的认识有着重要的影响。本章主要涉及旅游知觉的概念、基本特征、影响因素，旅游中的社会知觉，旅游者对旅游条件的知觉以及旅游中的风险知觉。旅游知觉特征主要包括选择性、理解性、恒常性、整体性，影响旅游知觉的因素包括刺激因素和个体因素两个方面。在旅游活动中旅游者的心理效应会影响旅游知觉，包括第一印象、经验效应、刻板效应等。旅游者对旅游条件的知觉主要包括对目的地、距离、时间、交通以及安全等的知觉。旅游者在旅游过程中存在风险知觉，包括功能、资金、安全、时间、不可抗力、心理等风险。

思考与练习

1．解释感觉与知觉的概念。

2．阐述完形心理学的基本原理。

3．旅游者知觉的心理效应有哪些？

4．旅游者对旅游条件的知觉有哪些？

5．旅游者在旅游中会产生哪些风险知觉？应当如何规避风险？

案例分析

王先生通过出租车司机小李的介绍来到了某星级酒店，门口漂亮的女服务员面带微笑地说了声“欢迎光临。”王先生看了看服务员那可亲和蔼的脸庞，高兴地回了声“谢谢。”走进酒店，他发现这里的环境和气氛确实很幽雅，前台的服务员都很有风度且很热情。他打算先去个洗手间，回头再办手续，然而就在那里，他却听到了服务员的悄悄话：“别看这农村人有钱，但不讲卫生的臭习惯到死也改不了，真讨厌！今天我没有给她换床单和洗具，那个傻帽也不知道。真有趣！”王先生大吃一惊，心想“我不会是掉到漂亮的陷阱中了吧。”于是，他急忙拿起行李匆匆地从酒店中逃了出来。门口的服务员看他一脸的气愤，感到不解地问“先生不住宿了？”

讨论：为什么王先生匆匆逃离了酒店？

拓展训练

根据以往旅游的亲身经历，选择一个你印象深刻的旅游目的地，撰写一篇旅游感想。

第三章 旅游者的需要

学习目标

1．了解需要的概念、特点及分类。

2．分析影响旅游者需要的因素。

3．掌握旅游需要的理论、作用及其发展趋势。

案例导入

不久前的一个夏天，三位青年女教师安、巴巴拉和凯西利用部分暑假时间去旅行。

情况1：安与一个亲密朋友一起在欧洲旅行17天。她们委托了一位旅行代理人安排了该次行程，该代理人安排她们参加了一个旅行团，于6月下旬从美国芝加哥飞赴英国伦敦。在英国伦敦，该团逗留在雪里顿塔公园旅馆。3天后，她们飞抵法国巴黎。在以后的2个星期里，这个旅行团按一个紧张的日程表行动：他们乘火车从法国巴黎到瑞士日内瓦，从瑞士日内瓦坐公共汽车到意大利米兰、热那亚与罗马。在罗马待3天后，该团又飞到西班牙马德里。在那儿度过旅程的最后几天，接着该团告别导游，登上波音747飞机返家。

情况2：巴巴拉也去欧洲旅行，但她是只身登上旅途的。她从美国芝加哥乘火车到美国纽约，在纽约花了两天时间等候飞往英国伦敦的莱克尔公司的DC—10型飞机。她在伦敦租了一辆小汽车，花5天时间悠闲自在地漫游了苏格兰高地，并设法寻找她所在的中学校长的一个朋友，但没有成功。她返回伦敦，乘飞机抵达荷兰阿姆斯特丹，买了一张全欧通行票，花2个星期上下火车于德国杜塞尔多夫、法兰克福、斯图加特和苏黎世。然后，她飞抵法国巴黎，在那儿度过1个星期。最后，返回英国伦敦，设法赶上了飞往美国纽约的莱克尔公司的喷气机。

情况3：凯西从美国芝加哥乘飞机到美国西雅图，又到美国弗尔班克斯、阿拉斯加。她曾在阿拉斯加大学注册就读为期6个星期的人类学课程。她在该大学进行了3天的“定向”学习之后，乘飞机到阿拉斯加的巴什尔。在以后的5个星期里，她到阿拉斯加西南部的一些阿留申印第安人村落旅游，大部分是乘坐小型飞机。她通常在每个村子待3天，和印第安人同吃同住。她原定坐飞机经西雅图回家，但途中情不自禁地接受了一个同学的邀请，乘小汽车沿阿拉斯加公路与内地道路返西雅图。

三个人度过的假期大不相同。两人到欧洲旅行。其中一人是单独旅行的，另一个人则和一个朋友随旅行团旅行。她们所到的旅游目的地也不同，一人的巡游是经严密组织的，而另一人极为灵活。第三人的假期似乎既与教育也与旅行有密切的关系。

假如我们设想，每人都在其暑假旅行中过得很愉快，同样心满意足地回到家里，那么，怎么解释他们为何选择如此相异的度假方式呢？很明显，这个问题的回答是，她们的选择适合她们的不同层次的需要，因为，每个人都以不同的动机行事。如果每个人动机相同，许多人就会赴同样的旅游目的地，做同样的事情，投宿同样类型的旅馆，使用同样的交通工具。但事实上，旅行动机与爱好因人而异。我们现在就要探究这些相异之处。我们还要指出并讨论一个重要的共性，各种形式的游乐或许都是以这个共性为基础的。

第一节 旅游者的一般需要

一、需要

（一）需要的定义

需要是人类在生产生活中，基于自身的因素，在生理、心理上对外界事物所有权或者使用权的需求，其表现的特征往往是稳定而强烈的，符合个人基本状况和消费支付能力的。以内部的缺乏或不平衡状态表现出其生存和发展对于客观条件的依赖性。需要是有机体生存和发展的重要条件，它反映了有机体对内部环境或外部生活条件的稳定要求。只有满足了这些需求，有机体才可能得以健康成长。

（二）需要的特征

需要一般具有六个基本特征。

1. 需要的对象性

人类的所有需要都具有较为明确的对象性，具有自身的内容。需要也会伴随着对象的变化而变化，需要的区别常常表现于需要对象的不同。例如：各种旅游需要的存在，依赖于经销商提供了众多的旅游产品，而且旅游需要的种类会随着旅游产品的日益丰富而不断增加，目前旅游市场提供了丰富的旅游产品，乡村旅游、民族旅游、宗教旅游、生态旅游、红色教育旅游、探险旅游、休闲旅游、文化旅游、都市旅游、节庆节事旅游等。

2. 需要的紧张性

人类心理感知到需要，就会不同程度地表现出紧张与不安，让人感受到不适感、烦躁感，从而指向需要对象，在头脑中产生某种心理需求。例如，旅游者在游览活动中，如导游缺乏讲解，旅游者会抱怨或投诉，对景区观赏的求知需要得到满足。

3. 需要的驱动性

需要是人类行为动力系统的基本结构，是有机体活动的积极性的源泉。当人有了心理的需求时，能够消除生理上和心理上的紧张性，达到身心的平衡，在力求去实现身心的平衡状态时，就产生了驱动力，驱使人们采取一定的行动，追求特定的目标，满足自己的需要。新的需求往往是其他需求缺乏或者得不到满足后而诱导出来的。需要对行为的驱动作用是间接的，它必须转化成动机后，才能直接驱动行为。例如：人们有的感受到工作生活的单调、枯燥、无趣，或者工作生活压力太大，感到紧张、烦躁，需要身心放松，他们可能会去休闲、娱乐、探险、旅游、健身等。

4. 需要的差异性

人与人之间的需要有共同的方面，也有不同的方面。人的需要会受到职业、年龄、个性、经验、价值取向等方面的影响，表现出明显的差异性。例如：在旅游活动中，都想要了解和学习历史的旅游者，有人会去文物古迹考察历史史实、历史名人、历史轶事、历史年代等，有人会参观历史博物馆，有人选择阅读历史书籍，对历史的喜爱都表现出了个人需要的差异性和不同的行为活动方式。

5. 需要的连续性

人的一些需要保持有明显的周期性的连续产生，会反复出现，如饮食、睡眠等需要。人的有的需要得到满足后，又会产生新的需要，新的需要又推动人们去从事新的活动，使人的活动不断得到新的发展。正是需要的连续性，使旅游从业者不断开发新的旅游产品，不断满足旅游者的新的多样性的需要。例如：旅游者游览了佛教四大名山之一的普陀山之后，可能会产生看四大名山的强烈需要，寻找机会去九华山、五台山和峨眉山观光游览。

6. 需要的社会性

人的生理需要受社会生活条件所制约，具有社会性。如动物的生理需要的对象是依赖于自然环境的自然物体，而人类的生理需要的对象是需要通过社会生产劳动生产自己所需要的对象，人类的生理需要的满足也需要去遵从于社会的伦理道德准则和规范，人类的生理需要都有其明显的社会性。人的社会需要是社会存在和发展的必要条件，是在生理需要的基础上，通过社会实践和教育活动的影响形成和发展起来的，受现实的社会生活条件的影响，在不同的社会时期、不同的社会阶层、不同的民族、不同的风俗习惯、不同的社会价值观念的影响下，人类才有了多样性的社会需要。

二、马斯洛的需要层次理论

美国人本主义心理学家马斯洛1943年在《调动人的积极性的理论》中提出需要层次理论，提出人类有五种基本需要，即生理需要、安全需要、归属与爱的需要、尊重需要和自我实现需要，后来在尊重需要和自我实现需要之间增加了求知需要和审美需要（图3–1）。

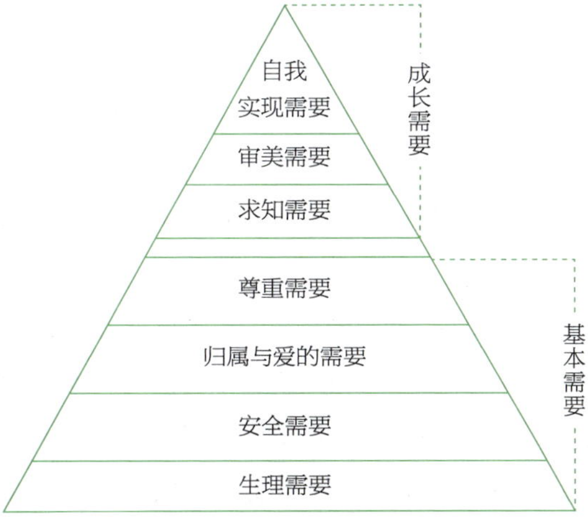

图3-1 马斯洛需要层次理论模型

（一）生理需要（Physiological Need）

生理需要是人们最基本、最强烈、最明显的需要，它是人类维持生存和种族延续的需要，例如，对食物、水、睡眠、运动、空气、阳光、排泄、性等的需要，是人和动物共有的。旅游者去名山大川消夏避暑，在冰天雪地溜冰滑雪；或者离开嘈杂喧闹的城市，奔向宁静清新的乡村；或者走出钢筋水泥的丛林，漫步鸟语花香的郊野。有时他们离开居住地，甚至只是为了去晒晒太阳、喝喝啤酒、吃点小吃、呼吸一下新鲜空气等，这种休闲旅游行为和生理需要有密切的关系。

（二）安全需要（Safety Need）

对熟悉、稳定、秩序、安全、公平、一致、保障、受保护以及避免灾难、威胁、混乱的需要。安全需要存在于人的所有生命活动中，在童年时期最强烈，安全需要贯穿于旅游者的食、住、行、游、购、娱的活动中。

旅游者参加旅游团、入住星级饭店、游览著名景区、乘坐名牌旅游车、选择大型客机等，都是对安全需要的追求，在旅游活动中希望获得生命财产的安全，要求避免意外事件的发生，获得安全保障。旅游市场需要加强行业的安全管理，不仅提供安全保险服务，更重要的是加强从业人员的安全责任教育。

（三）归属与爱的需要（Belongingness and Love Needs）

归属与爱的需要是指人类希望得到他人或群体组织的承认、接纳、支持，成为群体组织中的一员，相互交往、联系，保持亲切、融洽的人际关系，能够得到亲情、友情、爱情的需要。

旅游是象征性的社会行为，在愉悦的旅游环境中，结识新朋友，得到旅游团队群体的接纳、支持、关心、爱护，获得友谊，甚至爱情。此外，来中国大陆的港澳台同胞、海外华人华侨，为了缅怀先辈、重温历史、探亲访友等，也是属于归属与爱的需要。

（四）尊重需要（Esteem Need）

尊重需要是个体对尊严和价值的追求，包括自尊和他尊。自尊包括对获得信心、实力、本领、优秀、成就、独立和自由等的要求，是个人对自己的尊重，这种需要得到满足会提高人的信心和创造力。他尊是得到他人的尊重，是希望获得威望、承认、接受、关心、地位、名誉、重视和赏识等，这种需要得到满足会提高人的信心、价值感、成就感。

尊重需要没有获得满足，容易让人感受到自卑感、挫败感、软弱感、无力感。越是象征意义的产品，旅游者越易获得成就感、优越感、自豪感，有助于满足个人的尊重需要。

（五）求知需要（Need to Know）

求知需要是指人们对未知世界的一种探索和理解，是个体成长必不可缺少的需要。人们对未知的世界充满着好奇心和求知欲，是与生俱来就具有积极认识世界、了解事物的心理倾向，个体不断在探索中发展变化和成长，获得满足感和实现个人人生的目标和价值，丰富人的精神世界，提高人对主客观世界的理解力和社会的适应能力。旅游者做出旅游决策，很重要的活动就是查阅资料，了解旅游目的地相关的信息；在游览活动中了解异地文化艺术、生活方式、风土人情和风俗习惯等。

（六）审美需要（Aesthetic Need）

审美需要是指人类对美好事物的欣赏和赞美的需要，爱美之心，人皆有之，审美需要也是人的成长需要。如人们对有序、对称、和谐、有规则、完整、行为完美的追求。

旅游者希望自己在参与游览活动时能观赏美好的景观，获得美好的体验，享受美好的服务，因此旅游服务从业人员有良好的职业素质，给旅客仪表美、行为美，能激发旅游的热情、消费的欲望、展开审美的想象、感受美好的事物、留下美好的回忆。

（七）自我实现需要（Self-actualization Need）

自我实现需要是人类最高层次的需要，是人类成长、发展、利用潜力、成为自己所期望的人的需要。旅游作为一种极具象征意义的行为，是自我实现需要的现实化的过程。旅游活动能够促进自我的成长、发展和完善，如旅游者在旅游过程中，能够开阔视野，获得新知，在实践活动中更好地理解自己生活的世界，从而提高自己的认知能力、审美能力、人际沟通能力，丰富自己的情感体验，完善自我。旅游是旅游者自我实现需要实现的重要途径，旅游能激发旅游者的潜能，使个人价值和潜力得到实现，如探险类的旅游活动能极大地激发旅游者的潜能，满足自我实现的需要。

知识链接

默瑞的需要理论

21种需要及其基本含义如下：

1．贬损需要。个人消极地顺从外来的力量，承认自己无能、犯了错误或遭到失败。

2．接受他人的损伤、责备、批评与惩罚等。

3．成就需要。尽可能迅速而独立地控制、操纵或组织有形的物体、人或思想，完成一些困难的任务，超过他人，突出自己。

4．交往需要。接近他人，并愉快地与之合作或互惠，忠于朋友。

5．攻击需要。有力地征服对手，受到伤害就进行报复、攻击、损害，乃至于杀害他人。

6．自主需要。打破框框、摆脱约束、自由自在，对抗强迫与限制。要求独立，并按照情绪冲动自由地行动。

7．对抗需要。克服弱点、压制恐惧，重新奋斗以求反败为胜或弥补过失。主动挑战障碍或困难，追求荣誉。

8．防御需要。掩盖自己的错误行为、失败或屈辱，或者对此进行辩护，保护自己免受攻击、批评或责备。

9．恭敬需要。吹捧、尊敬或颂扬他人，钦佩并拥护上级，遵从风俗习惯。

10．支配需要。控制周围的人，用说服、建议、命令或约束来影响或指导他人的行为。

11．表现需要。使他人激动、惊奇、着迷、欢乐、震惊、感兴趣等，为他人提供消退或引诱他们。

12．躲避伤害需要。躲避肉体上的伤害、疾病和死亡，避开痛苦。

13．躲避羞辱需要。离开尴尬处境，以避免羞辱，或者避开可能会伤害自尊的情况。因为害怕失败，所以不做任何事情。

14．培育需要。同情并满足那些无依无靠的人的需要，为他们提供食物、保护、帮助、安慰、供养、护理等，使他们舒适或恢复健康。

15．秩序需要。要求整齐、清洁、精确、平稳、有组织等。

16．游戏需要。喜欢笑、喜欢开玩笑，寻求愉快的事情以缓解紧张。只为了开心而做事情，并没有其他意图。

17．抵制需要。排斥或抛弃那些卑下的人，驱逐他们或对其漠不关心。

18．感觉需要。寻求并享受感官乐趣。

19．性需要。建立并促进性爱关系。

20．求援需要。总是要求他人支持，希望得到培养、供养、支援、保护、喜爱、指引、纵容、规劝和安慰等。

21．了解需要。对理论感兴趣，提出并回答问题，喜欢思索。

第二节　旅游者在旅游各阶段的心理需要

一、旅游准备阶段

当人们有了足够的假期和资金，并且产生外出旅游的愿望后，就要开始为旅游做准备。在旅游准备阶段，旅游者的心理需要包括三方面的信息，如图3-2所示。

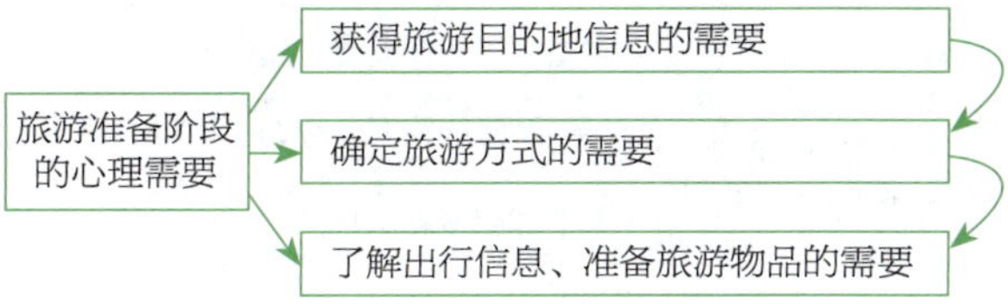

图3-2 准备阶段的心理需要

二、旅途阶段

旅途阶段是指从居住地出发到抵达旅游目的地并安顿好的过程。在旅途阶段，旅游者的需要主要包括交通、住宿、饮食、接待等方面，如图3–3所示。

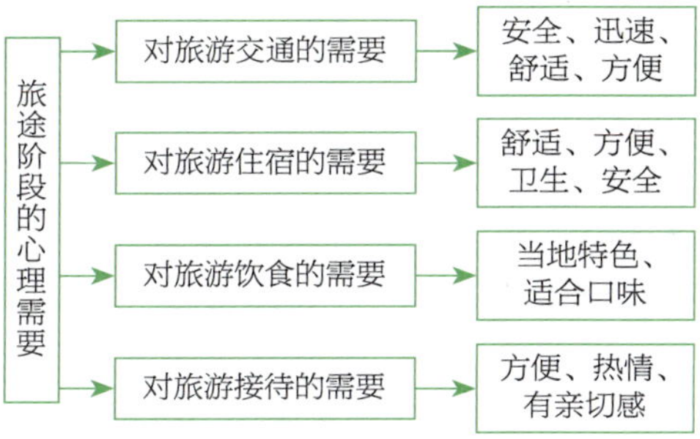

图3-3 旅途阶段的心理需要

旅游途中旅游者主要有以下三种心理需求。

1. 求安全心理

游客心中有一种不安全心理，唯恐发生不测，危及生命和财产。这时的旅游者求安全的心态表现得非常突出，甚至上升为主要需求。

2. 求新心理

旅游过程中，旅游者的注意力和兴趣转移，到处寻找刺激，以满足求新、求异、猎奇、增长知识的心理需求。

3. 求愉悦心理

游客在旅游途中心情一般处于较为放松的状态，希望在旅游途中有精神上的愉悦，而这种愉悦一般是游客对整个旅游产品体验的重要组成部分。

三、游览活动阶段

游览活动阶段是整个旅游过程的核心阶段，旅游者满怀期待而来，希望在游览中获得愉快、兴奋的心理体验。在游览活动阶段，旅游者的需要主要表现为四个方面，如图3–4所示。

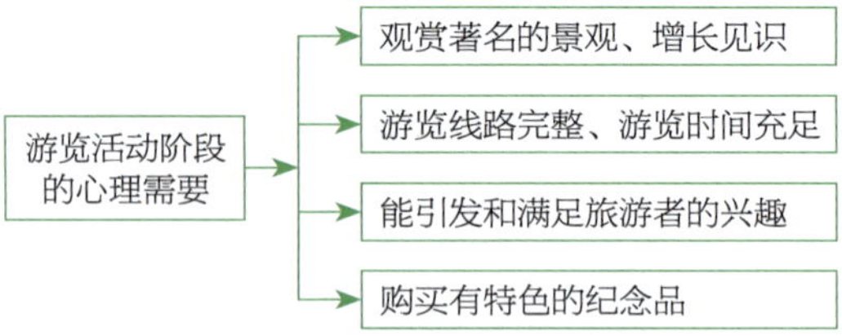

图3-4　游览活动阶段的心理需要

四、旅游结束阶段

在游览活动结束后，旅游过程也进入了尾声，在这个阶段旅游者的主要活动是准备回程，他们需要得到完善的服务、购买纪念品和做好回程交通安排。

第三节　各种类型旅游者的需要

一、观光型旅游者

观光型旅游者以观赏游览异国他乡的名胜古迹、风土人情等为主要目的，同时还可以与购物、娱乐、考察、公务等相结合，是世界上最古老、最常见、最基本的旅游者类型，也是我国旅游者类型的主体。其特点为：希望通过观赏游览异国他乡的自然景观和人文景观，增长见识、开阔视野、陶冶情操，获得新、奇、异、美、特的感受；在旅游地逗留时间短、重游率低、花费较少，对旅游景点特色和价格比较敏感。

二、娱乐消遣型旅游者

娱乐消遣型旅游者以松弛精神、享受临时变换环境所带来的欢娱为主要目的。由于娱乐消遣型旅游能够调节人们的生活节奏，摆脱日常紧张工作带来的烦恼，该类型的旅游者日趋增多。在发达国家的所有旅游者中，娱乐消遣型旅游者所占比重最大。其特点是：追求娱乐、参与、消遣、刺激和享受；对旅游产品的质量、旅游安全和价格比较敏感；外出季节性较强，几乎都会选择旅游目的地最好的季节，利用带薪假期外出旅游；对旅游目的地和旅行方式的选择自由度大；重游率较高，出游和停留时间较长。

三、公务型旅游者

公务型旅游者是根据工作需要，以贸易合作、商务洽谈、出席会议、举办展览、科学文化交流等为主要目的，在完成公务的前提下进行参观游览等活动的旅游者。其特点是：有一定的身份地位，对旅游产品和服务质量要求较高；费用主要由团体的公费开支，支付能力较强，对价格不大敏感，消费较高；因为公务在身，对旅游目的地和旅游时间没有太多选择余地，一般以就近短途和短时为多；人数相对较少，但出行次数较多，季节性不强。

四、个人及家庭事务型旅游者

个人及家庭事务型旅游者的需求比较复杂。他们在需要方面不同于消遣型旅游者和公务型旅游者，但又兼具两者的某些特点。例如，在出游时间上，他们中虽有不少人利用带薪假期探亲访友，但相当多人都选择传统节假日外出探亲，而各国传统节假日又不尽统一。此外，很多家庭及个人事务，如出席婚礼、参加开学典礼等日期限制较紧。因此，其总体特点是：出行季节性较差；对旅游价格比较敏感；没有选择旅游目的地的自由。

五、医疗保健型旅游者

医疗保健型旅游主要有疗养旅游、休闲度假旅游、温泉旅游、森林旅游、体育保健旅游、气功专修旅游等形式。医疗保健型旅游者的主要目的是通过参加有益于身心健康的旅游活动，治疗某些慢性疾病、消除日常工作疲劳。其特点是：有较高的收入、较多的闲暇时间；保持健康或恢复健康的欲望较强；对旅游项目中保健、康体、医疗等功能比较敏感；中老年人比重较大，停留时间较长；近距离旅游者为多。

六、文化知识型旅游者

文化知识型旅游是一种旨在观察社会、体验民族民俗民风、丰富历史文化积累、增长知识的旅游形式。文化知识型旅游者的主要目的是通过文化知识旅游达到积极的休息和娱乐，同时获得知识的启迪和充实。其特点是：具有较高的文化素养，较强的求知欲；具有某种专长或特殊兴趣，乐于与人切磋交流；对导游的文化知识基础有较高的要求，对旅游日程安排的周密性和旅游线路的科学性比较敏感。

七、生态/探险型旅游者

生态/探险型旅游是目前国际国内旅游市场新兴起的一种高级旅游形式，它强调观光旅游、自然保护与文化保存相结合，是一种肩负环境责任、具备环境伦理的旅游新项目。生态/探险型旅游者的主要目的是通过旅游达到接触大自然、了解大自然、宣传和保护大自然，积极的休息和娱乐，同时获得知识的启迪和充实。其特点是：具有较高自然科学、社会科学综合知识和生态意识，较强的求知欲；具有某种专长或特殊兴趣，乐于与当地居民交流；一般经过专门的培训，有基本生存本领；对接待设施和服务内容相对较宽容，但对旅游日程安排的周密性和旅游线路的科学性比较敏感。

八、宗教型旅游者

宗教型旅游是指以宗教朝圣、拜佛、求法、取经、考察等为主要目的而进行的旅游形式，是世界上最古老和稳定的旅游类型。宗教型旅游者主要是通过旅游达到宗教交流、陶冶身心、祈求平安的目的。其特点是：具有宗教信仰、知识或出于兴趣；注重宗教景点场所的原真性和接待形式的规范性，强调灵验性和归宿感；具有很高的市场稳定性和重游率。

本章小结

本章研究的出发点是旅游者为什么来旅游，心理的倾向性发挥着重要作用，本章以旅游需要、旅游者在旅游各阶段的心理需要、各种类型旅游者的需要为主要研究对象。本章共分为三节，旅游需要是旅游动机的基础和条件，一旦指向旅游行为，旅游动机就对旅游行为起到推动的作用。

思考与练习

1. 什么是需要？分别举例说明需要的三个特点。
2. 旅游过程分成哪几个阶段？试分别举例分析旅游者在各阶段的心理需求。

案例分析

人们为什么离开自己温暖舒适、安全的家而选择外出旅游？在旅游过程中经常有这种现象出现：人们选择了冒险而不是选择简单、平淡的安全。例如，爬一座山，有的旅游者不选择好走的一条路，而是从很少有人问津的险峻的方向攀登；徒手攀岩、徒手攀登高楼；乘热气球环球飞行；徒步到南极等。

拓展训练

选择以下某一项目：生态旅游、乡村旅游、自驾旅游、红色旅游、黑色旅游、海滨/海岛旅游、出境/入境旅游、影视旅游、体育旅游、景区旅游、世界遗产旅游等，作为自主学习的主题进行文献查阅，分析与总结你选择旅游项目的旅游动机及共同的特征和类别。

第四章 动机及旅游动机

学习目标

1．掌握动机的含义、类型及功能。
2．熟练掌握和运用马斯洛的需要层次理论。
3．掌握旅游动机的概念和种类。
4．熟练掌握激发旅游者动机的方法。

案例导入

“十一”假期之际，有甲、乙、丙、丁四人决定外出旅游。其中，甲决定到一个环境优美的乡村去亲近大自然、体验田园生活；乙决定到沙漠探险、挑战自我极限；丙决定到临近的城市探访自己的亲朋好友、联络一下感情；丁决定到城市周边的景点悠然地待上几天、放松身心。四人最终都达成了自己的心愿，度过了一个愉快的假期。

第一节　动机概述

人们为什么要离开自己温暖舒适的家而外出旅游呢？人们选择旅游活动的原因有哪些呢？哪些因素会影响人们对旅游活动的选择呢？不同的人为什么会有不同的旅游行为呢？答案有许多，但用心理学的知识来解释，动机是促使人们这些行为的真正原因及内部驱动力。

一、什么是动机

（一）动机的含义

动机是指引起和维持个体的活动，并使活动朝向某一目标的心理过程或内部驱动力。

动机是一种心理过程，是由需要直接引起的一种心理状态。人类的各种活动都是在动机的作用下，向着某一目标进行的。动机是在需要的基础上产生的，比如人们在饥饿时想吃东西，口渴了想喝水，冷了要穿衣服，困了要睡觉等。当人们具有某种愿望，又同时具备满足这种愿望的客观条件，就会产生进行这种活动的动机，从而促成人们的行为，相反则不会产生活动的动机，更不能促成人们的行为。

（二）动机产生的条件

动机虽然是以需要为基础的，但如果仅仅只有需要，却不一定会产生动机。动机的产生需要具备两个条件：一是需要，二是具体满足需要的对象。只有当需要达到一定的程度，同时又具有满足需要的对象时，需要才会转化为动机。如果缺乏满足需要的对象时，需要则仅仅表现为一种意愿或意向。

二、动机的功能

（一）激活功能

动机能促使人产生某种活动。例如饥饿者对于食物的敏感，促使其进行寻觅食物的活动；喜欢旅游的人对各地旅游信息的收集特别关注。人们的各种行为都是在动机的直接驱动下发生的。

（二）指向功能

动机是指向某一具体对象的，同时受到该对象的引导。动机对人们行为活动的发展起到引导作用。动机因其种类不同，而存在不同的行为活动方向。例如对于一个爱旅游的人来说，在旅游动机的支配下，表现出对各种旅游信息的关注，并热爱参加各种旅游活动。

（三）强化功能

当活动产生以后，动机可以维持和调整活动朝向这一具体目标，并对活动的强度和持续时间进行调节。如果达到具体目标，动机就会促使个体停止这种活动；如果没有达到具体目标，动机将驱使个体维持或加强这种活动以达到目标。例如饥饿的动机驱使我们去寻找食物。如果吃了一些东西我们感觉饱了，就会停止这种行动。而如果还感觉饥饿，我们就会继续吃东西，直到感到不再饥饿为止。

三、动机的分类

（一）根据不同的需要分类

1. 天然性的动机

天然性的动机是指来源于人体得以生存和繁衍下去的最基本的生理需要，比如人对空气、水、食物等的需要，天然性的动机是人类赖以生存下去的必需品。

2. 精神性的动机

精神性的动机是指人们因社会环境的变化所带来的需要，由这些需要导致的行为动机，主要来自外部的社会因素，精神性的动机可以通过学习的方式而获得满足。

3. 社会性的动机

社会性的动机是以人类的社会文化需要为基础而产生的动机，比如社会交往的需要而产生的交往动机，因成就的需要而产生的成就动机等。人的个人兴趣、爱好等都属于人的社会性动机。

社会动机是促成人的社会行为的直接原因。

（二）根据动机在活动中所起的作用分类

1. 主导动机

主导动机是指在人的行动中起主要支配作用的动机。

2. 辅助动机

主导动机以外起次要作用的动机称为辅助动机。辅助动机是对主导动机的一种补充。

第二节　旅游者的旅游动机

一、旅游动机

（一）旅游动机的定义

旅游动机是指直接引发、维持个体的旅游行为，并将行为导向旅游目标的心理动力。

通常情况下，人们有了能够自由支配的收入、闲暇的时间和良好的身体时，他们不一定会产生旅游行为。只有当他们有了强烈的旅游愿望即旅游动机时，才会产生旅游行为，成为真正意义上的旅游者。

（二）旅游动机产生的条件

人们的旅游需要是产生旅游行为的主观条件和内部驱动力，但旅游行为的产生离不开客观条件的推动。旅游动机的产生通常需要具备以下三个客观条件。

1. 经济条件

旅游活动是以一定的经济基础条件来支撑的一种消费行为，通常而言，越是经济发达国家或地区，人们产生旅游动机的可能性越大。一个国家和个人的经济条件不但影响着人们能否旅游，而且影响着人们对旅游目的地、旅游方式、交通工具、旅游线路等的选择。

2. 时间条件

时间条件是指人们拥有的闲暇时间，旅游行为活动的产生需要旅游者有自己可以自由支配的闲暇时间，需要人们从繁忙的工作、学习和家庭琐事中脱身，只有具备了时间条件才能实现人们的旅游计划。

3. 社会条件

社会条件主要指一个国家或地区的经济状况、文化因素以及社会风气等。如今，随着人们生活水平的提高，旅游已成为人们社会生活的时尚，越来越多的人鼓励和赞赏旅游，旅游已逐步成为衡量人们生活质量水平的一个重要标准。随着国家地区的经济发展，各个旅游目的地将提供更多现代化的交通工具和完善的旅游设施，以此来提高旅游目的地吸引力和接待能力。与此同时，各国家或地区采取更多积极的优惠政策和简化出行手续程序的方式，加上安全稳定的社会生活环境和独特的社会文化、风俗习惯、民族风情等增加对旅游者的吸引力，激发旅游者的旅游动机，促使旅游者产生旅游行为。

二、旅游动机的类型

由于人们的需要是复杂多样的，人们外出旅游的动机也呈现多样化，因此对旅游动机的分类可以从不同的角度进行。

（一）按人们需要的层次性分类

1. 放松性旅游动机

放松性旅游动机是指旅游者以旅游的方式暂时消除日常工作和生活中的紧张感、压迫感及疲劳感为目的，通过旅游活动达到身心的放松。如观光、游览性的旅游活动等。

2. 刺激性旅游动机

刺激性旅游动机是指旅游者以寻求新鲜刺激为目的的旅游方式，形成新的思想为目的的旅游动机。如探险性的旅游活动、参与刺激性的旅游项目等。

3. 关系性旅游动机

关系性旅游动机是指旅游者以建立友谊、增进感情、形成商务伙伴关系或解除人际烦扰为目的的旅游动机。如以建立各种关系为目的而进行的相关活动。

4. 发展性旅游动机

发展性旅游动机是指旅游者以获得新的知识、技能、阅历、尊重，提高个人声望和魅力为目的而进行的旅游活动。如参加各种有利于个人发展的学习或活动等。

5. 自我实现的旅游动机

自我实现的旅游动机是指旅游者以丰富阅历、改变现状、提高自身素质及实现自身的人生价值为目的的旅游动机。如参与以实现个人的人生价值为目的的各种旅游活动等。

（二）按常见的旅游目的分类

1. 健康、娱乐的旅游动机

人们为了消除自己身心的疲劳，暂时逃离烦琐的生活及工作的压力，选择到外地去旅游，通过休息、疗养、娱乐等方式来达到放松身心的目的。这种动机主要通过运动或消遣的形式来实现，旅游者通过参与健康、娱乐等方式的旅游活动，达到调节身心、增进健康的目的。比如轻松愉快的参观游览、强度不大的体育健身活动以及疗养、度假等。

2. 审美的旅游动机

审美的旅游动机是指旅游者为满足自己的审美需要而进行的外出旅游活动，审美是一种高层次的精神需求。具有审美动机的旅游者，其目的地多为自然界的美丽事物及现象，他们喜欢参与接触旅游地的居民活动，参观当地的博物馆、展览馆及名胜古迹等。他们的旅游是一次综合性的审美活动，能极大限度地满足旅游者的审美需求。如徐霞客、李白、杜甫、苏轼等的士人漫旅。

3. 好奇探索的旅游动机

具有好奇探索动机的旅游者，由于他们具有追求奇特的心理感受和迫切认识新异事物的需求，具有一定的冒险性，冒险性会成为增强他们参与旅游活动的催化剂。具有好奇探索动机的旅游者通常喜欢去那些开发还不够成熟的旅游地，他们通常要求旅游对象和旅游活动要具有新颖性、知识性、趣味性和一定程度的探险性。如哥伦布、麦哲伦的探险旅游。

4. 社会交往的旅游动机

由于社会义务和人际关系等原因而进行的探亲访友、寻根问祖、结识新朋友等形式的旅游活动。社会交往的旅游动机主要以发展人际关系或公共关系为目的。如探亲访友旅游、公务旅游等。

5. 宗教信仰的旅游动机

为去宗教圣地朝圣、参加宗教仪式而去异地旅游。宗教信仰的旅游动机主要是为了满足自己的精神需要，寻求精神上的寄托。如伊斯兰教信徒到麦加朝圣、基督教信徒到耶路撒冷或罗马的梵蒂冈朝圣、佛教徒到名山古刹朝拜等。如今许多地方的宗教庆典已成为民族传统节日，对旅游者产生了极大的吸引力。

6. 商务性的旅游动机

人们为了参加各种商务活动或公务活动而外出旅游，如参加学术考察、交流，到异地洽谈业务、出差、经商等。同时，因参加各种类型的专业团、政府代表团以及交易会、洽谈会等所进行的旅游活动也都属于商务性的旅游动机。

7. 为别人尽心尽责的旅游动机

旅游者外出旅游的目的在于尽到某些责任。如为了让父母、子女、亲朋好友或恩人感到快乐。

8. 地位和声望旅游动机

旅游者通过外出旅游达到引人注意、赢得名声、获得尊重的目的。如参加学术会议、考察旅行、修学旅行等。

知识链接

旅游动机

1. 追新猎奇型动机

（1）教育文化动机——学习，提高欣赏能力，陪同学术领袖或演讲人旅行。

（2）家系研究。

（3）感受异国情调——去美国、日本、泰国、印度等地。

（4）寻求各种满足及力量感、自由感——隐居、飞行、驾驶、航海。

（5）异地觅新友。

（6）培养洞察力——唤醒感觉力，提高认识力。

（7）参加政治运动、支持竞选、参加政府听证会。

（8）去自己的度假别墅和度假公寓。

2. 近追新猎奇型动机

（1）宗教朝圣或接受神灵启示。

（2）参加体育比赛和体育活动。

（3）把旅行当挑战。有时人们把旅行当作对自己耐力的考验，例如探险、登山、徒步旅行、潜水。

（4）事务旅行——出席大会、会晤、年会。

（5）看戏旅行——参加特种娱乐。

（6）体验新生活方式。

3. 中间型动机

（1）轻松愉快——纯粹寻找欢乐。

（2）与亲戚朋友欢聚。

（3）健康——换换气候环境，享受阳光、温泉，接受医药治疗。

（4）需要获得新鲜感。

（5）逃避生活中的烦恼事。

（6）受旅游地真正的魅力吸引或受幻觉的召唤。

（7）美的欣赏——游览国家公园、森林、湖泊、野地及乘小舟旅行，海滨旅行。

（8）寻求享乐——美餐、舒适而豪华的环境享受、休息、轻松。

（9）购物——购买纪念品、礼品、昂贵物品，如照相机、钻饰、小汽车、古董、艺术品。

（10）享受乘坐交通工具的乐趣——乘游船（在船上品尝食品，在餐室小酌），乘坐舒适的火车、公共汽车、飞机。

（11）旅行前后的乐趣——计划旅行：期待，为旅行而学习和了解相关信息，美好的梦境；回来后给人看照片和谈旅游经历。

4. 近安乐小康型旅游动机和安乐小康型旅游动机

（1）办理家庭或个人事务。

（2）自我提高，追求地位。

（3）为被接纳、为获得社交满足而旅行。

（4）旅游成为一种文明和社会进步的标准，法律规定的带薪假期促进了人们外出旅行。

（5）访问新闻报道提到的地方。

（6）在游乐场里游戏。

三、激发旅游者旅游动机的策略

为了激发旅游者的旅游兴趣，提高旅游者的旅游积极性，吸引更多潜在的旅游者主动参与到旅游活动中来。旅游企业要从提高旅游产品的吸引力、完善各种旅游服务配套设施、提高旅游服务质量、加大旅游宣传等方面着手。

（一）开发有特色的旅游产品，增加旅游产品的吸引力

旅游产品对旅游者的吸引力直接影响到旅游者的旅游决策，旅游产品吸引力的大小对激发旅游者的旅游动机起到至关重要的作用。通常人们外出旅游的目的之一就是要通过游览名胜古迹，了解风土人情等有特色的旅游资源来满足其身心的需要。所以，在旅游资源的开发和建设上，要突出旅游产品的与众不同和别具一格的形象，做到以旅游产品的特色去吸引旅游者。

1. 在旅游资源的开发上力求自然为本

旅游资源具有不可再生性的特点，在对旅游资源进行开发利用的过程中，为满足旅游者求真求实的心理，要尽可能地保持旅游资源的原始风貌，并始终坚持在保护的前提下进行对旅游资源的开发利用，尽量保持自然的原生态，使旅游资源的品质最优化，实现经济效益、环境效益和社会效益三者的统一，让旅游者充分感受自然资源和人文资源的真实魅力。

2. 开发中突出旅游资源的个性

旅游产品要对游客产生吸引力，必须具有自己独特的个性特征。所以，在开发和建设旅游资源的过程中，要尽可能的突出它的个性特征，强化它、渲染它，以增加它的独特魅力，以此增加产品的吸引力，影响旅游者的消费决策。如人们向往的“童话世界”九寨沟，它的美就在于它原

始古朴的山水之美，这便是它的特色和个性。在对旅游产品进行开发的过程中，应根据不同阶层、不同年龄、性别、职业等游客的不同需求来开发针对性的旅游产品，突出鲜明的主题、增加产品的吸引力。例如，针对青年游客，可推出攀岩、蹦极、穿越沙漠、攀登雪山等探险旅游；针对老年人，可推出体力消耗较小的民俗风情游、海滨疗养游等旅游项目；针对儿童可开设趣味性强的游乐项目等。

知识链接

肯尼亚树顶酒店

世界闻名的树顶酒店建立于一个名为阿伯代尔的野生动物保护区之内，据说当初人们是为了方便到这个保护区内近距离地观看野生动物和为人们在打猎时的方便而建成的这个树顶酒店。这个酒店当时是十分简单的，只是在高高的大树上建起了三个卧室，另外还有一个餐厅及一间狩猎室。在当时的年代中这个建在树顶上的建筑是世界上第一个建于树上的酒店。建成后它一直是以默默无闻的形式存在着。一直到了1952年的时候，它才因为英国公主伊丽莎白的入住与离开而一举成名。

当时肯尼亚还处于英国的殖民统治之下，伊丽莎白那时还是英国的公主，她到肯尼亚来观看野生动物时就入住于这家树顶酒店之中。只是到了晚上的时候，她的父亲乔治六世突然去世了，而那个时候的英国王室马上宣布伊丽莎白公主继位为英国的女王。伊丽莎白也就在天亮后匆匆离开了肯尼亚回英国去继位了。于是肯尼亚也就有了这段“上树公主，下树女王”的传世佳话。也正是因为这次事件，树顶酒店才一夜成名，成人众多到非洲观光游客心中的幸运之地。现在的树顶酒店是一个三层的建筑，客房的数量也只有50间，并且在这座酒店的前面和后面都是野生动物经常光顾的水源，故入住酒店内的游客可以不用出门，就能近距离的观赏到当地的野生动物。

肯尼亚的树顶酒店在建成之初在很大程度上与我们国内少数民族居住的吊脚楼相似。它也全部使用木材在大树的树杈上搭建而成。不过最初建成的树顶酒店是相当简陋的，根本没有规模可言。只是到了后来随着这家酒店的名气越来越大，在旅游业的地位也日见高升，于是当地政府就把这家酒店在原来的基础上进行了大规模的扩建。现在的树顶酒店依然保持了原来建筑风格，只是把作为酒店根基的树杈改成了现在的大木柱。大木柱把这个高三层的建筑高高的吊在了空中。这座酒店中除了客房以外，在顶层上还有一个宽阔的观景平台。

3. 开发中突出资源的民族特色

旅游资源的民族特色是资源本身所独有的，越是民族的就越珍贵。所以，在对旅游资源进行开发利用的过程中应保持民族地区旅游景观的传统格调，突出其民族性，深挖其地方特色，努力提高旅游资源的吸引力。如我国少数民族地区独特的民族习俗、独特的民居建筑等。

（二）完善旅游基础设施，提高旅游地的竞争力

要提高旅游资源的吸引力，激发旅游者的旅游动机，旅游地必须完善优化旅游景点基础设施，提高旅游景点的可进入性，满足游客旅途求快求安全的心理。比如建设公路、铁路、航空、水运相结合的安全便捷的旅游综合交通运输网络，保证游客进得来、住得下、玩得开、走得动、出得去。同时，旅游各景点的基础设施建设应完备，旅游设施的数量、规模、档次要充分满足不同旅游者的需求。尤其是重点景区的道路、标识系统、供水、供电、通信、厕所、垃圾污水处理等基本设施的完善配套要与景点相匹配，尽量做到与环境融为一体，让游客游得安心、玩得开心。同时旅游设施的建设还应满足不同层次游客的需求，尽量让不同阶层的人都能有相应的选择。增加旅游地对更多潜在旅游者的吸引力。

（三）加强旅游企业管理，提高旅游服务质量

激发旅游者旅游动机的前提是必须确实提高旅游企业管理人员的管理水平和旅游服务人员的服务水平，从而为旅游者提供尽善尽美的服务。通常情况下，旅游者在旅游过程中的感受和体验至关重要，旅游者的这种好的感受和体验必须通过旅游服务人员高质量的服务来获得，因此旅游企业在旅游产品的设计、旅游线路的安排上要尽量做到合理、新颖；旅游企业接待人员的服务要热情、周到、标准、娴熟、耐心、细致；导游人员接待要尽心尽力，在游览的过程中要为游客提供食、住、行、游、购、娱等各方面的服务，旅游企业员工接待过程中要真心诚意的为游客解决游览过程中遇到的各种问题，努力做到让游客吃得放心、住得安心、玩得开心，达到“乘兴而来，满意而归”的效果。

（四）加强旅游宣传，激发潜在旅游者的旅游动机

旅游宣传可以为游客提供旅游信息，帮助游客认识到旅游的价值，消除他们的顾虑，激发游客的旅游动机，影响他们的旅游决策，甚至改变他们的旅游态度。旅游企业可以通过电视、网络、报纸杂志、展览会、推介会等途径来进行宣传，提高自己的知名度。也可以通过旅游企业自己的各种促销活动来进行宣传，发布企业的最新信息，刺激旅游者的旅游动机，吸引潜在的旅游者，激发他们的旅游动机。对旅游企业新开发的景点、设计的旅游线路、新建的旅游设施、新增加的旅游项目，进行长期有效连续的宣传推广，增加旅游产品的吸引力，刺激旅游者的需求，激发潜在旅游者的旅游动机。旅游企业具体可以采用以下途径进行宣传。

（1）在交通要道展示大型旅游广告画进行旅游景点或旅游产品宣传；

（2）在主要媒体上开辟专栏，对旅游区的发展作专题报导；

（3）请旅游专家通过媒体或在公共场所作旅游专题讲座，使游客增加对人与自然、人与旅

游等关系的了解；

（4）用风光电影、电视专题片进行宣传，传播旅游最新消息；

（5）发行精美的旅游宣传手册，并配备地图、文字、照片等进行说明；

（6）请名人做宣传广告，提高旅游产品的可信度，增加吸引力。明星、专家、球星等做广告的效应比较好，很多名人被邀请做旅游风景区、星级宾馆的宣传形象大使，会达到较好的宣传效果；

（7）邀请国外旅游经营者和信息联络人来考察业务，邀请各种新闻媒体的有关人员和摄影记者到该地访问并回去宣传，这些人的工作背景决定其了对旅游产品与信息宣传能起到特殊作用。

（8）组织旅游代表团进行考察宣传；

（9）加入国际旅游组织，并配合宣传。

本章小结

动机是直接推动个体活动以满足某种需要的内部驱动力。有钱、有时间，还必须要有动机才能促成旅游者的旅游活动。本章涉及动机的含义、功能，旅游动机的含义，常见的旅游动机的类型以及激发旅游者旅游动机的策略，通过了解旅游者的需求，完善旅游接待设施，提高旅游资源和旅游服务质量及加强旅游宣传等策略可以激发旅游者的旅游动机。

思考与练习

1．简述旅游动机的含义及功能。

2．列举六种常见的旅游动机。

3．试述如何激发旅游者的旅游动机。

案例分析

据俄罗斯新闻网报道，拉脱维亚波罗的海港口城市利耶帕亚市推出一种另类旅游业务，允许外国游客和当地居民花5欧元，到市内前克格勃监狱体验当年囚犯们遭受的所有痛苦，如果额外消费，还可体验被虐待、被（模拟）处死的感觉。

在一个炎热的夏天里，前克格勃监狱旧楼前聚集了20名另类游客，其中15名为拉脱维亚当地居民，5名为美国游客，准备在其后2小时内到神秘莫测、阴森恐怖的监狱一游。充当前克格勃看守的迈里斯开始进入角色，向游客们说：“谁会到这所监狱里来？（当然是）企图窃取我们机密情报的资本主义间谍！”游客们走过两层楼内阴暗的走廊，依次参观前克格勃监狱内部牢房，沿途可以感受到混合着血腥汗渍和悲惨过去的气息。全程监狱游的口号非常简单：服从！充当囚犯的游客在监狱内各有分工，有人洗地板，有人举起双手脸靠着肮脏的墙壁罚站，所有人都要执行命令。和弟弟一起来旅游的27岁美国女教师福勒说："他们对我们说，如果我们放下手，就应（受罚）清洗卫生间，其实很难说是厕所，只是在牢房地板上打了三个洞。"

普通监狱游费用约为5欧元，额外付费还可以"遭受虐待"，体验严刑拷打的感觉，参与模拟处决，体验被处死的感觉，也可以在牢房内过夜，不喝水、不睡觉。这所监狱初建于1905年，沙皇用于关押起义的水兵。第二次世界大战期间，希特勒纳粹分子在这里虐待、杀害叛国者和开小差者。战后这里成了苏联克格勃的秘密监狱，1997年监狱彻底关闭，现在由利耶帕亚市军港拯救者协议管理、维持。

拉脱维亚搞监狱游，让游客体验囚犯感觉，在国内引起较大争议。反对者认为，把虐待人民的监狱变成旅游胜地是不正确的，不伦不类；支持者认为此举有教育意义，甚至还吸引了苏联囚犯前来讲述自己悲惨的历史。迈里斯说：纳粹德军占领利耶帕亚市期间共在这所监狱里杀害了160人，第二次世界大战时的囚犯至今还有两人健在，但他们不愿到这儿来回忆过去在这儿的痛苦时光。

请用所学知识对该案例进行评析。

拓展训练

自行选定身边的一个人，根据其性格特征设计一份能激发其潜在旅游动机的旅游方案。

第五章 旅游者的态度

学习目标

1．了解态度的含义及构成部分。
2．认识旅游者态度与旅游行为的关系。
3．理解旅游者态度的形成过程。
4．掌握改变旅游者态度的策略和方法。

案例导入

上海曾有两家旅行社一同接一条国外大型游船，一家是当地名牌大社，另一家是无名小社。在送团那天，大社按常规服务，将游客送进码头海关安检处后就离去了。而那家小社为了带好团，详尽的研究了旅游服务过程的每一个环节，并且在送团时安排了欢送仪式，那天雨下得很大，在船甲板上的国外游客被这突如其来的大雨赶进了船舱。但这个社的工作人员硬是冒着倾盆大雨站立不动。

当国外游客看到这只欢送的队伍，站在雨中全身湿透，纹丝不动，纷纷又来到大雨倾盆的甲板上挥手。结果同样一条船200多人的团队，其中有小社接待的100多人，三四天的接待中双方产生了感情，离去时彩旗飞扬，上下呼应气氛非常热烈。国外游客纷纷将这感人的欢送场面拍摄下来，回国后在当地放映，反响很大，把这小社作为他们信得过的旅行社。此后就是三四百人的团队，也全部交给这个小社接待。用小社是旅游者做出的决策，可见旅游者的态度对旅游决策的做出是密不可分的。

第一节　态度概述

一、态度及其构成

（一）什么是态度

态度是指个人对某一对象所持有的评价与行为倾向。态度的对象是多方面的，包括人、事件、物体、团体、制度以及具体的观念等。态度影响着人们的行为和生活方式，对旅游者的决策与行为也具有重要的影响。

（二）态度的构成

人们生活在不同的社会条件下，经济地位、民族、文化水平、职业、个人经历等各不相同，人与人之间的态度也各不相同，但通常态度都是由相同的基本因素构成的，具体包括三大因素，即认知成分、情感成分和意向成分。

（1）认知成分是指对人、对事物的认识、理解和评价，即我们通常所说的印象。它是态度形成的基础，明确了态度的具体对象。

（2）情感成分是指对人、对事所作的情感判断，它是态度的核心部分，和人们的行为紧密相连。它涉及人对某一对象的评价。

（3）意向成分是指个人对态度对象的反应倾向，即行为的准备状态。比如，某游客对杭州产生了积极肯定的情绪情感后，他在心理上就积极地做着各种准备，等时机成熟他就会去杭州旅游。

态度的三种成分一般是协调一致的。态度是人们的一种内在的心理体验，因此它不能直接被观察到，而只能通过人们的语言、表情、动作等来进行相应的判断。

从态度的内涵中我们认识到：态度主要是情感的表现，反映的是人们的一种好恶观；态度同时又是人们情感和认知的统一，态度的情感反应是以对客体进行评价所持的信念或知识为依据的；态度同时还表明了人的行为倾向，它是由认知、情感和行为意向构成的综合体。

二、态度的特点

态度作为主体对客体的一种心理状态和行为倾向，包括认知成分、情感成分和意向成分三大部分。人们的态度一旦形成，通常就会呈现以下特点。

1. 态度的对象性

态度必须指向特定的对象，若没有对象，就谈不上什么态度。态度的对象可以是具体的人、物、事件、团体或组织，也可能是一种现象、状态或观念等；态度是针对某一对象产生的，存在主体和客体的相对关系。这些人或事物一旦成为态度的对象，就称作态度的客体，没有客体的态度是不存在的。比如，游客对某个旅游地的印象如何，对酒店的服务是否满意等，态度总是会指向具体的对象，没有对象的态度是不存在的。

2. 态度的价值性

态度的价值性是指态度对象对人所具有的意义。价值性是态度的核心。人们对于某个事物所持有的态度取决于该事物对人们意义的大小。旅游者对事物的态度，主要反映了该事物对旅游者的意义与价值。事物对人的价值大小主要取决于事物本身，同时还受人的需要和兴趣、爱好、性格、信念、理想等因素的制约。由于人们的生活环境、受教育程度、经济水平及价值观的不同，导致人们对同一事物也可能形成不同的态度。

3. 态度的稳定性与可变性

态度的稳定性是指态度形成后保持相当长的时间而不变，态度是个性的有机组成部分，它使人在行为上表现出一定的规律性。比如，客人到某家饭店消费后，对该饭店的印象不错，形成了肯定的态度，从而成为这家饭店的“回头客”。但是，态度也并非一成不变的，现实中当各种主客观因素发生变化时，态度也会随之改变。比如，客人来饭店消费是发现由于该饭店近期更换了大厨，导致菜肴没有以前好吃了，客人也可能以后不再光顾该饭店。由此可见，态度同时又具有可变性。

4. 态度的社会性

态度不是生而就有的，而是通过后天的学习获得的。态度不是遗传的，是人在适应周围环境的过程中逐步形成的。人们通过自己的亲身经历和不断学习，获得个人对于社会环境中人和事物的认识，产生了丰富的情感，积累了相关的经验，形成了对周围人和事物的接受或拒绝、喜爱或厌恶、赞成或反对的倾向。

5. 态度的内隐性

态度是一种内在结构。一个人究竟具有什么样的态度一般能从他的外显的行为中加以推测。通常情况下，我们可以通过一个人的行为去观察他的真实态度。比如我们可以通过学生的上课表现、作业情况等来观察他对学习的态度。

6. 态度的调整性

态度的调整性是指当事人在社会奖惩或亲朋意见及榜样示范作用下改变自己态度的情况。态度的调整性功能可以帮助人们在心理上去适应新的环境，避免通过付出不必要的代价改变自己的态度。比如，旅游者准备去某地旅游，在出发之前听到身边的朋友说他要去的旅游地服务很差，不值得一去，从而改变他原来的态度，选择去其他的地方旅游。

知识链接

向推销员推销

下午一点多在广州一家餐厅，服务员小李接待了四位有江浙口音的男士，他们入座后只是一个劲地喝饮料，并不着急点菜。当小李走上前再一次询问他们需要点什么菜时，只听他们有的说：“腿都跑细了，身子像散了架，真不想吃东西。”小李又从他们随身携带的产品说明书、购销协议合同书来分析，他们可能都是产品推销员，便主动招呼说：“各位是搞产品推销的吧？”客人答：“你猜对了，今年丝绸产品出口量大大减少，厂里积压了一大批货，再推销不出去，职工们的工资、奖金就难办了，这顿饭你就代我们随便点一些菜吧。”小李立即由衷地说：“这么热的天，你们满城去找百货店、商场跑推销，实在够辛苦的。这样吧，我先给各位上啤酒和四个凉菜，然后再上一个四川白肉、一个锅贴酿豆腐、一个清蒸鱼、一个青椒炒肉丝、一个榨菜肉丝汤和两盘小笼包，怎么样？

这是本餐厅价廉物美、清淡可口的夏日菜肴，欢迎各位品尝。”饭后，本来就没有什么胃口的四位男士，却高兴地对小李说：“感谢你的热情服务，这顿饭我们吃得很开心，吊起了胃口，吃了个菜净饭光，也恢复了体力。下次我们一定会再来这里吃的。”事后，小李谈体会说：“我首先很清楚他们的职业，当时外边的天气特别热，他们个个又疲惫不堪，我很同情他们，所以在为他们服务时，语言上就格外地以‘关怀’二字为核心进行交谈与服务，所以受到了他们的表扬。”

案例解析：

首先，态度理论中的所谓态度偏好，是指人们趋向于某一旅游目标的心理倾向性，也就是旅游者是否喜欢某一旅游地或某一旅游企业。而影响态度偏好形成的因素有态度的强度与态度对象的属性以及态度对象的价值性等。

第一，态度的强度是指态度的力度，对某事物赞同或不赞同的程度，它与态度的属性有关。态度对象的属性是指人们在旅游活动中旅游对象所表现的各种属性，它对人的重要程度因人而异。案例中，饭后，本来就没有什么胃口的四位男士，却高兴地对小李说：“感谢你的热情服务，这顿饭我们吃得很开心，吊起了胃口，吃了个菜净饭光，也恢复了体力。下次我们一定会再来这里吃的。”“很开心”是客人的态度的强度，“价廉物美、清淡可口的夏日菜肴”是态度对象的属性。

第二，态度对象的价值性，是指态度对象对旅游者的价值和意义的大小，如果态度的对象对旅游者的机制很大，那么对他的影响就会很深刻，因而一旦形成某种态度后就很难改变，反之亦然。案例中，这四位推销员顾客，在该餐厅中得到了小李的安慰与热情、周到的服务，既满足了他们超值享受的需要，同时又提升了他们的自尊感，有一种自我价值得到了认同的感受，所以他们才会说下次再到该餐厅吃饭。这正是态度对象的价值性的体现。

其次，在为这四位顾客推荐餐厅的菜单时，一开始，小李细心观察顾客，从顾客入座后只是一个劲地喝饮料，并不着急点菜，顾客的语言以及顾客随身携带的产品说明书、购销协议合同书来分析出他们可能都是产品推销员，对顾客的身份做出了准确的判断，为推销开了一个好头。然后，小李凭社会经验判断出作为推销员，在炎热的夏天跑业务的艰辛，继而为这四位顾客推荐了最适合他们、满足他们心理需求的既物美价廉又清凉可口的夏日菜肴并且获得了四位男士的好评。这是小李在点菜服务中恰当应用了旅游者态度理论的原则，改变旅游者态度偏好的体现。小李在服务中提高了对旅游服务工作的认识，熟悉餐厅的菜肴，有娴熟的服务技能，服务语言的运用亲切、具有说服力，这些是小李宣传推销餐厅产品成功的重要因素。

总结：在旅游服务中，旅游服务人员要把握旅游者态度偏好的三个影响因素，即态度的强度与态度对象的属性以及态度对象的价值性，把它们应用到其服务中；在宣传旅游产品时，增加所提供沟通信息的影响力，弱化态度主体对态度改变的自我防御。

三、态度的形成过程

美国社会心理学家赫伯特·凯尔曼（Herbert C. Kelman）提出了态度形成包括服从、同化、内化三个阶段。

（一）服从阶段

服从的含义是指人为了获得物质与精神的报酬或避免惩罚而采取的表面顺从行为。服从阶段的行为不是个体真心愿意的行为，而是一时顺应环境的要求做出的行为。其目的在于获得奖赏、赞扬、被他人承认，或者为了避免惩罚、受到损失等。当环境中奖励或惩罚的可能性消失时，服从阶段的行为和态度就会马上消失。服从行为和态度，在日常生活中非常普遍。比如，刚进校的大学生对于学校规定出早操的要求，感到非常不满，因为很多学生没有早起的习惯。但是学校的规定必须执行，否则就要受到惩罚，无奈只能出早操。这种不愿又不得不早起的行为，就是服从行为。

（二）同化阶段

这一阶段的特点是个体不是被迫而是自愿地接受他人的观点、信念，使自己的态度与他人的要求相一致。再以大学生出早操为例，某学生坚持了一段时间以后，发现出早操给他的身体和精神都带来了好处，即使不出早操不受任何惩罚，他也会主动遵守学校的这一规定。又如一个人想加入某个社会团体，他就会承认该团体的章程，愿意以该团体的规范约束自己的行为，接受该团体对他的要求和指导，并以该团体分子的态度对待工作与生活。

（三）内化阶段

内化阶段是指人们从内心深处真正相信并接受他人的观点而彻底转变自己的态度，并自觉地指导自己的思想和行动。在这一阶段，个体把那些新思想、新观点纳入了自己的价值体系，以新态度取代旧态度。一个人的态度只有到了内化阶段才是稳固的，才真正成为个人的内在心理特征。

态度的形成从服从阶段到同化阶段，再到内化阶段，这是一个复杂的心理过程。当然，并不是所有的人对所有事物的态度都要完成这个过程。人们对一些事物的态度的形成可能完成了整个过程，但对另一些事物可能只停留在服从和同化阶段。

第二节　旅游者的态度与旅游决策

一、旅游者态度与旅游决策的关系

旅游者态度的形成是一个复杂的过程，通常从旅游者形成态度到做出旅游决策再到将决策付诸行动需要经历一个复杂的心理过程。态度是人的一种心理倾向，是行为的准备状态；行为是在人的态度影响下表现出来，针对特定对象的具体反应，态度与行为有着密不可分的关系。通常情况下，一个人的态度决定他的行为，态度和行为之间保持着较高的一致性。人们在工作生活中通常表现出行为受态度的引导，比如个人对敬佩的人的态度，常会产生愿意接受他的建议的行为；喜欢某个品牌商品的人，通常不会太在意商品的价格。

事实上，态度和行为之间的关系并非表面上看起来这么简单，不同情况下态度对行为的影响程度是不一样的。在一些特定的情况下，在特殊的因素介入时，态度和行为会出现不一致的状况，比如迫于某些压力而出现"口是心非""心口不一"的情况。

旅游者的态度在旅游决策过程中对旅游行为的影响巨大。当人们面对某些具体的旅游产品时，会对它产生喜欢或不喜欢的态度，态度引发旅游者的兴趣。旅游兴趣又引发人们对旅游产品的认知和评价。旅游者的态度会受到外界信息的影响，有的会因外界信息而得到强化或消退，而积极、肯定的旅游态度则会形成旅游偏好，引发旅游者的行为倾向。而旅游偏好在恰当的时机就会形成旅游决策。

二、旅游消费决策的基本过程

旅游者进行决策的过程从实质上影响着旅游消费者的消费行为。旅游者对旅游商品或服务的态度，便是一种消费的心理准备状态，时刻都在影响和左右着他们的最终购买决策。

旅游消费决策是指为了达到某一预定的旅游目标，对几种可能采取的方案做出合理的选择。旅游消费决策的内容可概括为5W1H：即Why（购买原因）、What（购买目标）、When（购买时间）、Where（购买地点）、Which（购买方式）和How many（购买数量、频率）。旅游消费者的购买决策过程具体可以分为认识需要、信息收集、评估选择、购买决定和购后评估五个阶段。

（一）认识需要

旅游消费者进行消费的实质就是通过购买活动及购买结果来满足他们的某种需求。通常情况下消费者只有在认清自己的需要后才会进行选择和购买行为，比如当换季时人们便会选择去购买合适的衣服，当看到家里日用品没有了便会选择去采购。旅游企业应该通过相应的刺激措施激发人们认识自己的需要，比如通过广告或新品活动来激发人们对新产品的需要。

（二）信息收集

旅游消费者作为消费行为的主体，为充分满足自己的需要，在进行旅游消费的过程中必须进行认真评价、选择、判断、决定等一系列活动。如在出门旅游之前便会多方搜集信息，对想去的旅游目的地进行认真的比较衡量，对具体的出游方式进行权衡，对具体的日程进行认真的安排。对于已经购买过，获得好评的旅游产品，消费者会对它具有一定的忠诚度，他们也会越过信息搜索阶段而直接进行购买行为。信息的外部来源有多种途径：一是商业环境，如公共信息、产品广告、推销员的介绍等；二是个人社交环境，如亲戚和朋友的推荐等。

（三）评估选择

通常情况下旅游消费者在购买过程中要选择旅行社品牌、衡量产品价格、确定购买何种旅游产品。一般情况下旅游消费者会对自己罗列的备选项目进行评估分析，其中旅游产品的特性和旅游消费者的感觉、生活方式、态度、需要等方面起到决定性的作用。例如一个对价格特别敏感的旅游消费者一般不会选择“港澳纯玩团”。一个对历史文化感兴趣的旅游者一般不会选择购物团。

（四）购买决定

旅游消费者通过对自己需要的认识，综合自己搜集的各种信息进行选择、评估，最终做出购买决定，如确定具体的旅游线路、旅游产品类型、旅游出行方式、旅游行程安排、旅游人数等。

（五）购后评估

旅游消费结束以后，旅游者的购买决策过程还没有终止，他会将期望和消费过程中的真实感受进行认真的比较，从而做出对旅游服务产品的评价。比如，在购买旅游产品之后评价效用，是否物有所值，为下次购买决策提供依据。

知识链接

云南好来登大酒店于2000年确定了一条以微笑为主线的理念体系。

经营理念——让宾客带走微笑。

服务理念——微笑服务+规范服务+个性服务=完美服务。

管理理念——微笑管理+制度管理+情感管理=时代管理。

行为规范——用心和微笑去服务于你的朋友。

座右铭——好微笑、好满意在好来登。

第三节 旅游者态度的改变

一、影响旅游者态度改变的因素

（一）态度改变的两种情况

一是方向的改变，例如，原来不喜欢某种交通工具，后来变得喜欢了，即方向的变化。二是强度的改变，例如，原来对某旅游地有犹豫不决的态度，后来表示坚定不移地要去或不去，即强度的改变。

（二）影响旅游者态度改变的因素

1. 旅游者本身的因素

（1）需要　态度的改变与旅游者当时的需要密切相关，如果能最大限度地满足当时的需要，则容易使其态度发生改变。

（2）性格特点　主要表现为两方面：一是依赖性强，暗示性高或比较随和的人容易相信权威、崇拜他人，因而容易改变态度；二是独立性强，自信心高的人则不容易被他人说服，因而不容易改变态度。

（3）智力水平　主要表现为两方面：一是智力水平高的人，有自己的主见，因此不容易受他人左右；二是智力水平低的人，往往难辨是非，容易受到他人的影响而改变态度。

（4）自尊心　主要表现为两方面：一是自尊心强的人，越不容易接受他人的劝告，难以改变他们的态度；二是自尊心弱的人则敏感易变，容易受到他人及外界的影响而改变态度。

2. 态度的特点

（1）态度的强度直接影响旅游者的态度的改变　旅游者态度的强度指旅游者对某一旅游对象赞成或反对，喜爱或厌恶的程度。态度形成的因素越复杂，就越不容易改变。在现实生活中如果人们的某种态度是经历很复杂的环境或因素所形成的，那人们的态度就越不容易改变。

（2）构成态度的三种要素一致性越强，越不容易改变　在态度的构成过程中如果态度的认识成分、情感成分和意向成分三要素的一致性越强，态度就越不容易改变。

（3）态度的价值性也对旅游者的态度产生重要影响　态度的价值性指态度的对象对人的价值和意义的大小。价值性是态度的核心，对旅游者具有重要的意义。

（4）旅游者原先的态度与要改变的态度之间距离的大小　现实生活中旅游者原先的态度与要改变的态度之间的距离越小，则态度越容易改变，反之则越难改变。

3. 外界条件对态度改变的影响

（1）信息的作用　旅游者在进行旅游活动之前，会主动收集各种有关的信息。旅游者收集的各种信息之间的一致性越强，形成的态度越稳固，因而越不容易改变，反之，如果旅游者收集的信息差异较大，旅游者的态度就会随之改变。

（2）旅游者之间态度的影响　旅游者之间角色身份、目的和利益越相似，彼此的意见也越容易被接受。

（3）团体的影响　旅游者的态度通常是与其所属团体的要求和期望相一致的。

知识链接

态度改变——糖果实验

心理学家布莱姆以儿童作为实验对象做了个有意思的实验。他告诉孩子们有一些糖果给他们吃，他们可以在两种糖果中任选其一。布莱姆与孩子们说完这话就走了。他的助手紧随其后走进房间。但是，这名助手并没有像布莱姆所说的那样做，他只是任意地将一种糖果发给每一个孩子，而不是让孩子们自己来挑选糖果。这一过程结束后，布莱姆再次出现。通过与孩子们的谈话，他了解到，原本孩子们评价说自己是喜欢某种糖果的，但是当他们被强行塞给别的糖果之后，他们的看法改变了，认为原来自己喜欢的糖果不好看或者不好吃了。本来孩子们预期自己可以选择喜欢的糖果，结果当他们发现实际上并不如此，就会感到自己被加上了一种额外的束缚，导致了对本来喜欢的东西也不喜欢了。

心理学家认为，人们为了自己内心处于平静与和谐的状态，常常在认识中去寻求一致性，然而不协调时必然会导致人们心理上的不和谐。而心理上的不和谐对于一个人构造自己的内心世界是有影响和效力的，所以常常要推动人们去重新建构自己对外面世界的看法，去根除一切搅扰。那么人们如何来解决这种不协调呢？心理学家提出了三种途径。

第一，改变行为，从而使对行为的认知符合态度的认知。比如，“知道吸烟有危害”而“每天还在吸烟”的人，把烟戒掉，两个认知元素便协调起来了。

第二，改变态度，使其符合自己的行为。如认为“自己比别人都聪明”，而期终考试时“两门功课不及格”的人，改变对自己原先的评价，认知到自己不过是个中等或者中等偏下的学生，这样认知也可以达到协调。

第三，引进新的认知元素，同样可以改变不协调的状况。如为了缓解吸烟问题上出现的认知不协调和心理紧张，可以寻找有关吸烟不会致癌，甚至反而对身体有些益处的事例知识。

二、改变旅游者态度的策略

（一）更新旅游产品，塑造优质品牌，增加旅游产品吸引力

旅游产品是旅游者在旅游过程中所购买的各种物质产品和服务的总和。根据旅游偏好影响因素，更新旅游产品，增强旅游态度对象的突出属性和吸引力，是改变旅游者态度最有效的方法。

目前，我国旅游产品开发中存在的问题主要有旅游产品单一、结构不合理。我国旅游业现仍以开发观光型旅游产品为重点，而各种专项、专题与特种旅游产品的开发还不是主流，产品单一、结构不合理，不符合旅游行业发展的趋势，从而抑制了旅游产品开发的深发展和向高阶段的演进。近距离重复建设和项目雷同现象严重，产品特色不明显，精品不精。由于大多数旅游产品的开发缺乏明确的旅游主题，盲目上马的项目和追随周边景区景点导致开发上的重复现象严重，很容易形成产品的恶性竞争，从而影响旅游产品突出属性对旅游者的吸引力。旅游产品更新的指导思想是，通过对基础配套设施的完善，对游览内容的创造性重排、深刻挖掘文化内涵、打造文化精品、塑造优质品牌、引入全新的表现形式、增加参与性和娱乐性内容等手段来优化传统旅游产品，按照“少而精”的原则开发新兴旅游产品，形成高级化、多元化、不断推陈出新和合理分布的旅游产品体系。

鉴于这种情况，为了改变旅游者的态度并促进旅游业本身的持续发展，必须从以下诸方面着手来更新旅游产品，塑造优质品牌。

1. 深刻挖掘产品内涵

目前在旅游产品中同质化程度严重，替代性很强，缺乏独特的竞争力，这使得大多数旅游产品只有一次性消费价值，无长久的竞争力。在对产品进行功能追加、重新包装、提高质量的同时，增强产品的参与性功能显得特别重要，改变原来那种导游简单介绍和游客仅仅拍照的形式，使静态观赏变为动态参与，多开展一些动态参与性的活动，这样可以极大提高旅游者的兴趣。

2. 推出全新产品主题

对于传统旅游目的地而言，根据旅游产品周期性的指导原则，抓住旅游者的消费心理，把握未来消费时尚与潮流前瞻性地推出全新的旅游产品，通过创新带动需求、引导消费，从而在激烈的市场竞争中争得先机，先声夺人。

3. 创造优质品牌产品

中国传统旅游目的地的旅游产品大多已经趋于成熟，相对来说在旅游者心目中的形象已根深蒂固，但品牌知名度高、对游客有长久吸引力的旅游产品还很少。没有品牌的支撑，旅游产品的竞争力就难以有根本性的提高。比如：提起南京，人们自然就会想到“六朝古都，十朝都会”，这种早已固定的品牌，一方面对游客的出游决策会产生一种惯性思维，另一方面又会形成一种先

入为主的偏见，如果不摆脱这种单一的认知形象，就容易陷入山穷水尽的被动状态，所以要创造品牌产品，在原有品牌形象基础上更上一层楼，正如现在南京的旅游形象口号为“博爱之都”，旅游形象标识为“龙盘虎踞”，这就是对南京旅游资源总体印象的高度概括，代表了南京的地貌、历史，又代表了整个城市的精神和发展趋势，成功实现了对南京原有形象的继承并进行了内涵的延展。

（二）重视旅游宣传，采取多样化的营销手段

信息是态度形成的一个重要因素，也是态度改变的重要依据，旅游者态度转变和他们接受的信息密切相关。旅游从业者特别是公关与销售人员，应该利用一切可以利用的地点、时间和媒体，向人们传送有关旅游的信息。通过信息交流、人际沟通，对人们进行说服宣传，达到改变其旅游态度、促进销售的目的。向游客宣传新的旅游信息会产生改变态度的效果。旅游市场不断变化，新的信息不断产生，游客掌握的新信息越多，旅游态度改变的可能性就越大。目前旅游界非常重视旅游宣传，通过不同的宣传途径向游客输送新的旅游知识和信息。

（三）利用相关群体，引导人们参加旅游活动

旅游态度具有相互影响的特点，这在作为消费者的游客之间表现得尤为明显。因为旅游者之间的意见交流，不会被认为是出于个人的某种利益，也不会被认为是有劝说其改变态度目的的，因而不存在戒备心理。此外，由于旅游者之间角色身份、目的和利益的相同或相似性，彼此的意见也容易被接受。因此可以通过一些权威或舆论的力量来引导旅游者的态度。权威由于在思想、品质、习惯、知识、成就等方面为人所敬慕，他们的言行对其他人的心理有积极的暗示作用，使人直接或间接地、自觉或不自觉地认为权威的言行是可信的，并模仿、追随权威的言行。许多国家的旅游宣传机构利用名人、权威人士旅游过的地方、使用过的商品大做宣传广告，使得许多人竟相模仿，形成到某地的“旅游热”和“购买热”。权威越大，威信越高，对人产生的心理暗示效果越大。但是，人们并不总是相信一切宣传，尤其是对那些明显自相矛盾、弄虚作假、吹牛浮夸的宣传，人们还会产生猜疑和厌烦心理。人们往往更愿意相信第三者，也就是持中立立场的“民间舆论”“客观报道”。如果说利用权威暗示不是每个地方或企业都能办到，那么中立舆论却是大家都可以利用的。

要转变一个人的态度，还必须引导其积极参与有关活动。比如，对于一个对体育活动不太积极的人，与其口头劝说，还不如动员他去运动场活动一下。陆游在诗中说：“纸上得来终觉浅，绝知此事要躬行。”要改变旅游者的态度也是一样，组织一次旅游活动，邀请特定的人来参加，让其亲身体验一下旅游活动所带来的乐趣，他可能从此会改变对旅游活动的态度，从而成为旅游活动的积极分子。

本章小结

本章介绍了态度的概念及其内在结构。态度由三种成分构成，即认知成分、情感成分和意向成分。态度具有对象性、社会性、内隐性、稳定性与可变性、价值性、调整性六大特点。研究证明态度是可以改变的，但态度的改变会受到很多因素的影响。态度的形成包括“服从”“同化”和“内化”三个阶段。态度和行为之间的关系是复杂的，态度会直接影响旅游者的行为。应该从提高旅游产品质量、加大有效宣传及引导游客参加旅游活动等方面来改变旅游者的态度。

思考与练习

1．什么是态度？简述态度的特点。

2．态度的构成因素及形成阶段有哪些？

3．简述影响旅游者态度改变的因素。

4．如何改变旅游者的态度？

案例分析

游客为什么不满足

小李从事导游工作以后，觉得游客并不像自己原来所想的那样，自己为游客提供的服务似乎总得不到游客的肯定，而一切都是按合同规定进行的。比如，住酒店，常常会有几个游客议论，“不怎么样嘛！付同样的钱，为什么这家酒店不如上次住的那一家？”带游客品尝美味，游客不说“吃得好”，而说“马马虎虎”。游览景点，游客不说“这一次玩得开心”，而说“上一次玩得开心”。游客还常常问：“小李呀，还有什么地方没有玩到？”有时候，小李为了让游客满意，主动与有关方面联系，只要增加一点费用，就能让游客住上更好的酒店，品尝更好的美味，游览更多的景点……但是，一听说要增加额外费用，游客又不愿意了，还说了些不太好听的话，让小李感到十分为难。

请用所学知识分析这些游客为什么不满足呢？

拓展训练

假如你的朋友不喜欢旅游，请你思考下，用什么方法可以改变他的态度？

第六章 旅游者的人格

学习目标

1. 了解人格、气质与能力的概念内涵。
2. 理解人格形成的影响因素。
3. 理解不同气质类型的特点。
4. 掌握不同气质类型旅游者的旅游行为的差异。
5. 掌握旅游者的人格特征与旅游行为之间存在的内在联系。

案例导入

很久以前，有一个大户人家，家中有三个孩子，经过他们父亲十几年的培养之后，三个孩子都长大成人，并且每一个都是事业有成，有一位进入官场，当上了朝廷大官，有一位则步入商海，成了商业巨头，还有一位，则痴迷于学术研究，最终成了文学大师。

有一天，父亲的好友问这位父亲：你的三个儿子在不同的领域都取得了成功，你觉得他们三个谁会更有出息呢？

这位父亲若有所思，回答：虽然现在他们都在不同的领域取得了成功，看似都很有出息，但我觉得目前我还是看不出谁会更有出息。因为，人生的较量有三个层次，最低层次是技巧的较量，其次是智慧的较量，最高层次的较量是人格的较量，他们三个现在正处于智慧的较量，还没有达到最高层次。

第一节　人格概述

一、人格的含义

人格（Personality）源于拉丁文persona，原意为戏剧演员所带的面具，类似于中国京剧中的脸谱，人物角色不同，演员所戴的面具不同。这样看来，人格似乎是指一个人在人生舞台上的表现，即“台前”特征，但除了公开表现出的特征，还有被隐藏的特征，即“幕后”特征。

心理学沿用“人格”一词，包含两个意思：一为外在的人格品质，可以观察的自我，即“面具”，二为内在的人格特征，即面具背后的真实自我，包括了稳定的动机、个人特质和心理倾向等内在的动力组织，正是这些内在动力组织决定了一个人的行为模式。

人格是一个人心理特质的综合，既有外显的行为，又有内隐的特征。心理学中，人格也被称为个性，是个体在适应环境的过程中所表现出的系统的、独特的反应方式，是个体区别于其他个体的特有属性，是个体的一些意识倾向和各种稳定而独特的心理特征的总和。

二、人格形成的影响因素

人格既有外显的行为，又有内隐的特质，是个体独特的心理特征。心理学界认为，人格的形成与发展不仅仅受到先天遗传因素的影响，而且还受到后天外部环境的影响与作用。人格形成的影响因素主要包括遗传因素、社会因素和社会实践三个方面。

（一）遗传因素

遗传因素对人格的形成有着重要的影响。根据人格特质的差异，遗传因素对人格的影响程度不尽相同，与生物因素相关较大的特质，如智力、气质等方面，遗传因素的作用程度就比较高；而在与社会因素关系密切的特质，如价值观、信念、性格等方面，后天环境的作用可能更重要。

对双生子的研究表明，几乎所有的人格特质都受到遗传的影响。一方面，同卵双生子具有100%相同基因，如果分开抚养，则其间的差异可归结为环境所致；另一方面，异卵双生子具有50%相同基因，但如果生长环境相同，则其间的差异可归结为遗传所致。

（二）社会因素

1. 家庭环境因素

人格心理学认为，家庭是人格形成和发展的重要场所。家庭是社会的细胞，不仅具有自然的遗传因素，也有着社会的“遗传”因素。家庭的差异和教养方式的不同，都会对个体的人格产生影响。在权威型教养方式下成长的孩子容易形成消极、被动、依赖、服从的人格特征；在放纵型教养方式下成长的孩子多表现为任性、自私、野蛮、唯我自尊、蛮横胡闹等；民主型教养方式使孩子形成一些积极的人格品质，如活泼、快乐、彬彬有礼、善于交往等。

家庭作为微型的社会文化空间，时时刻刻塑造着个体的人格。在养育孩子的过程中，父母在不知不觉中展现出了自己的人格特质，这无疑是一面镜子，潜移默化地影响着孩子的人格，形成家庭中的“社会遗传性”。

知识链接

两个家族子孙的不同命运

一个家族的始祖是200多年前康涅狄格州德高望重的著名哲学家嘉纳塞·爱德华，由于他重视子女的教育，并代代相传，在他的八代子孙中共出了1位副总统、1位外交官、13位大学院长、103位大学教授、60位医生、20多个议员……在长达2个世纪中，竟没有一人被关、被捕、被判刑的。另一个家族的始祖是200多年前纽约州的马克斯·莱克，他是个臭名昭著的赌棍加酒鬼，开设赌馆，对子女教育不闻不问。在他们八代子孙中有7个杀人犯、65个盗窃犯、324个乞丐，因狂饮夭亡或成为残废者的达400多人。这两个家族的八代家族史，告诉我们家庭是子女的第一个“学校”，父母是孩子的第一个“老师”，潜移默化的家庭教育及影响，将会直接关系到子女的道德品质、法纪观念、人生观等的形成。我们特别要探讨的是：成功的家庭教育给予人们的启示。

2. 社会文化因素

个体后天生长的社会文化环境对其人格的形成、发育与发展具有至关重要的作用，个体的品性、性格、价值观等的形成均受到社会文化环境的影响。社会文化环境的相似性使社会成员的人格也呈现出趋向同化的特征，社会文化环境的差异性会使社会成员的人格呈现差异化的表征，如中西方社会文化背景的差异导致东西方不同国度的群体的人格差异，中国人整体的人格特点就是内敛和含蓄，美国人则表现得异常热情与奔放。

3. 早期童年经验

弗洛伊德认为早期童年经验对人格有重要影响力，中国古语也有云：“三岁看大，七岁看老。”虽然不同的童年经历对人格的形成有着重要的影响，但早期的童年经验仅仅是众多影响因素的组成部分之一，它不能单独对人格起作用，不能成为人格形成的唯一因素，还需要依赖遗传、教养方式等多种因素的共同作用。

4. 学校教育因素

校园时期是个体一生中非常重要的时期，同时也是人格形成和定型的重要时期。学校是人格社会化的重要场所，学校中影响人格形成的因素主要有师生关系、同伴关系、集体气氛和学校里的各种教育活动。学生通过课堂教育接收系统的科学知识，同时形成科学的世界观。通过学习还可以形成与发展学生的坚持性、主动性等优良的人格特征。校风和班风也是影响学生人格形成与发展的重要因素。良好的校风和班风能够促使学生养成积极性、独立性和遵守纪律等品质。在学校，教师在学生心目中往往比父母更具有权威性，而成为学生模仿的对象。教师通过各种教育教学活动，塑造学生的人格特征，同时教师又是学生学习的榜样，教师的言行对学生的人格同样产生潜移默化的影响。洛奇（Lodge）研究发现，在性情冷酷、刻板、专横的老师所管理的班集体中，学生的欺骗行为增多；在友好、民主的班级氛围中，学生欺骗行为较少。

5. 自然环境因素

气候条件、地质地貌条件、生态环境条件等也是影响人格形成的重要影响因素。不同地域的人们展现出了不同的生活习惯，个体的人格也会出现地域差异。另外，气候的差异也会导致人格差异的出现，导致人的某些人格特征被放大。

（三）社会实践

个体的个性也是在不断认识客观世界的社会实践中形成的。在实践中，个体扮演着不同的社会角色，对社会承担着相应的责任，这就促使个体在社会实践中逐渐形成符合社会要求的态度体系、行为方式等个性特征。家庭教育、学校教育和社会文化对个体的影响，为个性的形成和发展指出了方向，奠定了基础，但个体最终形成什么样的个性，还要经历各自的社会实践过程。

知识链接

卡特尔的十六种根源特质

根源特质	低分	高分
乐群性	缄默、孤独	乐群外向
聪慧性	迟钝、学识浅薄	聪慧、学识渊博
情绪稳定性	情绪激动	情绪稳定、成熟
好强性	顺从、温顺	好强、固执
兴奋性	严肃、冷静	轻松、兴奋、激动
有恒性	权宜、肤浅	认真负责
敢为性	畏怯退缩	富有冒险精神、敢为
敏感性	理智、重实际	感性、感情用事
怀疑性	信赖、随和	怀疑、刚愎
幻想性	现实、合乎成规	狂放不羁
世故性	坦白、直率	能干、世故
忧虑性	安详、沉着	忧心、烦恼多端
激进性	遵循传统、服从守旧	批评激进
独立性	依赖、随群附众	自立、当机立断
自律性	散漫、内心冲突	严于律己
紧张性	闲散安静	紧张不安

第二节　旅游者的气质与旅游行为

一、气质的含义

气质（Temperament）是指某个人典型地表现于心理过程的强度、心理过程的速度和稳定性以及心理活动的指向性特点等动力方面的特征，是人的高级神经活动类型在行为上的反映，即通常所说的“秉性”“脾气”和“性情”。气质具体表现在心理活动的强度、速度、灵活性与指向性等方面的一种稳定的心理特征，如情绪体验的强弱、意志力的大小，注意集中时间的长短、知觉或思维的快慢等。气质是由人的生理素质反映出的人格特征，是人格形成的原始材料之一。

知识链接

巴甫洛夫的气质类型划分

苏联生理学家巴甫洛夫关于高级神经活动类型的学说认为：气质是个人与神经过程的特性相联系的行为特征。巴甫洛夫发现高级神经活动的兴奋过程和抑制过程，在强度、平衡性和灵活性方面具有不同的特点，因而就形成了不同类型的高级神经活动，不同的高级神经活动对应了人的不同心理活动和行为方式，也就构成了不同气质类型（表6-1）。

表6-1　气质类型与高级神经活动类型对照表

神经过程的基本特性			高级神经活动类型	气质类型
强度	平衡性	灵活性		
强	不平衡	不灵活	不可抑制型	胆汁质
强	平衡	灵活	活泼型	多血质
强	平衡	不灵活	安静型	黏液质
弱	不平衡	不灵活	弱型	抑郁质

二、气质的类型

公元前5世纪，古希腊著名医生希波克拉底首先提出气质学说，他认为，人之所以有不同的气质，是因为人体内血液、黏液、黄胆汁和黑胆汁的比例不同所导致的，血液比例高者为多血质，黏液比例高者为黏液质，黄胆汁多者为胆汁质，黑胆汁多者为抑郁质。约500年后，罗马医生盖伦进一步确定了人的气质类型，提出胆汁质、多血质、黏液质、抑郁质四种气质类型。

（一）多血质

多血质主要的行为特征是：热情外倾，有朝气，活泼好动，精力充沛；行为反应灵活而敏捷，情绪不稳定，容易产生也容易变化和消失；喜欢与人交往，但做事缺乏一定的持久性，注意力不集中；很容易受外界影响而改变自己的兴趣或行为。

（二）胆汁质

胆汁质主要的行为特征是：外倾性较为明显，易于兴奋，直率、热情、精力充沛；胆量较大，做事往往粗枝大叶；自我控制能力较差，容易冲动，易感情用事，易表现暴发性情绪，且难以抑制情绪；兴奋行为不易被改变。

（三）黏液质

黏液质是典型的内倾型气质，其主要的行为特征是：沉着冷静、踏实稳重、动作迟缓、沉默寡言；善于克制忍耐，感情体验深刻但情绪不易外露，做事慎重但不灵活缺乏生气；行为的内向性明显，对兴奋性行为的改造较容易。

（四）抑郁质

抑郁质主要的行为特征是：对事物特别敏感多疑，感情比较脆弱，外表温柔，软弱胆小，精力不足，耐力差，细心谨慎，迟疑缓慢，带有刻板性；情绪易波动，且体验持久；行为的内向性严重，对行为的改造较难。

总而言之，虽然人的气质类型被划分为四种典型类型，但受后天生活、教育、职业、年龄等因素的影响，属于某种单一类型的人为数极少，绝大多数人属于综合型或混合型气质类型，即以某一气质类型为主，以其他气质类型的一些行为特征为辅，同时也会发生改变。

三、气质对旅游行为的影响

（一）气质类型与旅游产品的选择倾向

多血质和胆汁质气质类型的旅游者对参与性、刺激性较强的旅游产品往往会展现出很大的兴趣倾向。他们非常喜欢追新猎奇、探洞涉险，对具有奇异及探险性质的旅游产品非常钟爱，这一类型的旅游者精力充沛、富于主动性，他们可以与众人一起旅游，但他们更喜欢单独出游或少数几个人结伴旅游。

黏液质和抑郁质气质类型的旅游者，钟爱于自身较为熟悉且与居住地环境比较相似的旅游环境，大多会选择交通便利、安全有保障、与原居住地反差不太大的旅游目的地。一些历史文化名城、风景园林、宗教圣地等不需要太大活动量的目的地，是黏液质或抑郁质类型旅游者的首选之地。黏液质尤其是抑郁质旅游者更喜欢与熟人结伴而行。他们对旅游产品的广告宣传与营销的真实性经常持怀疑态度，因此更加倾向于购买亲朋好友购买过的旅游产品。

（二）气质类型与旅游服务

气质类型的差异使得旅游者对旅游服务质量优劣的反应差别巨大。

1. 多血质气质类型的旅游者

多血质旅游者活泼开朗，外向大方，思维敏捷，反应快，理解能力强，不甘寂寞，喜欢欢乐热闹的环境氛围，喜欢与旅游服务人员沟通，也希望服务人员能够主动与之沟通，向他们介绍游程安排、景点、设备设施；比较注重游览活动、饮食、购物及娱乐活动的新、奇；富于同情心，容易谅解别人。

在接待这类旅游者时，应主动向他们介绍旅游行程安排、景点、景区设施设备等，但不应着重提及。可以多推荐新、特、奇服务项目，遇到客人情感多变时，要热情耐心做好解释工作。

2. 胆汁质气质类型的旅游者

胆汁质旅游者精力充沛，为人热情，易于表露情感，争强好胜，容易冲动、急躁，粗心大意。旅游过程中，如在办手续、排队购票、游览、结账等需要等候时，往往展现出耐心不足。对不规范的服务疾恶如仇，对优质服务和生动讲解等喜形于色，时常冲动购物，也时常马虎失物。

在接待此类旅游者时，应及时、快捷地满足其合理要求，当出现矛盾时，尽量注意避其锋芒，同时尽量在言语、情绪方面不要激怒客人，在客人离开时提醒其不要遗失物品，对客人的过激言语和欠友好态度不计较，以宽容、理解的心态为他们服务。

3. 黏液质气质类型的旅游者

黏液质旅游者自制力强，较为成熟稳重，不喜欢快的生活节奏，较恋旧。这些旅游者习惯于按部就班，不会轻易改变行程计划，更反对变花样，反对疲于奔命式的跑点游览。喜欢故地重游，易于形成品牌忠诚，很少与服务员或其他旅游者交流，喜欢安静独处，生活有规律。接纳新事物需要一个过程，用餐对新菜式不太感兴趣，住宿首先考虑的因素是安静。

在接待此类旅游者时，要为其安排环境安静、避开电梯和临马路的房间，最好能满足其“怀旧”需求，不要与客人过多交谈，尤其要避免长篇大论。

4. 抑郁质气质类型的旅游者

抑郁质旅游者为人低调，比较内向、敏感孤僻，自尊心强，行动反应较缓慢。他们在公共场合不愿意成为众人注意的目标，更不愿意随便开玩笑；对旅程中不得已的诸如局部调换座位或房间容易产生猜疑，耿耿于怀；旅程中如果丢失小物品、生病或发生意外，情绪就更低落。他们比别人更容易疲劳，节奏也慢一些，因而也更需要旅游服务人员多加关照。

在接待过程中，服务人员要体现尊重，交谈时要语意清楚，避免误会，不要当面窃窃私语，以免引起猜疑，对待客人提出的要求，即使不合理也要耐心听完，解释要诚恳，不要因为客人啰唆而打断。在旅行时，要尽量把节奏放慢一些。

知识链接

成熟旅游者的表现

旅游界的专家通过研究，认为旅游者从不成熟走向成熟主要表现在以下几个方面。

（1）从茫然胆怯到老练自信。

（2）从购买标准化产品到选购个性化产品。

（3）从前往众所周知的旅游胜地到自己去发现新的旅游目的地。

（4）从走马观花式的巡游到滞留型的细游。

（5）从旁观者到参与者。

第三节　旅游者的能力与旅游行为

旅游者的能力水平有高有低，能力类型不尽相同，旅游者的能力特征与其旅游行为有着十分密切的联系。在旅游的过程中，有的旅游者善于发现、善于观察，想象力丰富，有较强的理解能力和审美能力；有的旅游者对新环境的适应能力较强，时刻保持饱满的精神、充足的体力；有的旅游者经验丰富，知识面广，在决策方面既多谋又善断。

一、能力的含义与结构

（一）能力的含义

能力是指人们顺利完成某一活动所必备的个性心理条件，也含有可造就性或潜力的意思。通常人们把能力称为“本事”或“本领”。

能力总是与人的活动相联系，只有从一个人所从事的某项活动中，才能看出他具有的某种能力，并以活动的效率和效果看出其能力的强弱与大小，因此，能否顺利地进行并出色地完成某种活动，是检验个体能力水平的重要标志之一。

能力是个体在先天遗传素质的基础上，通过后天一定环境中的教育与学习、社会实践与经验积累，逐步形成和发展的。所以人的能力，无论是类型还是水平方面，都有很大的可塑空间。

（二）能力的结构

人们为了顺利完成某种活动，通常需要各种能力的相互结合，从能力的构成来看，往往需要一般能力与特殊能力的结合。

能力通常分为一般能力和特殊能力。一般能力是完成一切活动所必需的基本能力，比如观察能力、记忆能力、想象能力、分析概括能力等，通常也称作智力。特殊能力是指顺利完成某种专业活动所必备的能力，比如音乐能力、绘画能力、交际能力、数学能力、管理能力等。

任何一个正常人都既具备一定的一般能力，又具备一定的特殊能力，一般能力与特殊能力在活动中的关系是辨证的统一。一方面，一般能力越是发展，就为特殊能力的发展创造了有利条件；另一方面，特殊能力得到发展的同时，也发展了一般能力。在顺利地完成某种活动时，既需要一般能力，又需要特殊能力，两种能力彼此相互促进，协调发挥作用。

此外，能力也包括优势能力，即在能力结构中处于主导地位，表现最为突出的能力。

二、能力的个别差异

（一）能力的类型差异

能力类型差异是指个体能力发展方向的差异，主要是能力质的差异，是对能力差异从质的特点上进行分析。同一能力在不同人身上都会表现出一些相似特点，把这些特点加以分析、归类，就出现了各种不同的能力类型。

（二）能力发展水平的差异

能力发展水平的差异是指个体能力发展程度的差异，主要是能力体现在量上的差异，即通常所说的能力大小的差异。各种能力都有发展水平的不同。一般分为以下四个等级。

（1）能力低下　轻者只能从事一些较简单的活动，重者成为白痴，丧失活动能力，甚至连生活也不能自理。

（2）一般能力　即所谓的“中庸之才”，有一定的专长，但仅限于完成一般的活动。

（3）才能　形成较高水平的某种专长，有一定的创造力，且能较好地完成活动。

（4）天才　具有高水平的专长，善于在活动中进行创造性思维，激发灵感，表现创造力，因而活动成果突出且优异。

心理学研究表明，全人口的能力发展水平呈正态分布，即大多数人处于一般能力水平，能力低下者与天才极少，才能者较少。

（三）能力发展早晚的差异

能力的发展在时间尺度上存在早与晚的差异，能力发展早晚的差异主要指个体能力发展的年龄差异，虽然能力发展有一般的年龄规律性，但也存在个别差异性。有些人某种能力在儿童时期就发展到相当高的水平，这称作“早熟”；也有些人某种能力发展相对缓慢，到了中年甚至更晚的时间点才达到高水平，这称为“晚熟”或“大器晚成”。此外，能力的衰退也有早晚的差异。

三、能力与旅游行为

（一）审美鉴赏能力与旅游行为

旅游审美鉴赏能力指旅游者在欣赏活动或创作活动中直觉美、认识美和鉴赏美的造诣水平和程度。通常包括旅游审美感受力、旅游审美想象力、旅游审美理解力和旅游审美鉴赏力等。

每个正常的人都能欣赏旅游之美，但所获审美享受不尽相同，其中有的深刻，有的肤浅，有的健康，有的庸俗，这不仅取决于人的世界观、审美观，还与旅游审美能力有密切关系。

具有较强旅游审美鉴赏能力的人有一种敏锐性，能迅速发现美，准确识别美；能够区别美的程度，鉴别美的种类；能够以自己独特的感受发现某一审美对象区别于另一审美对象的独特性状，并发掘出蕴藏在审美对象深处本质性的东西，使旅游审美从感性阶段上升到理性阶段。例如，知识丰富，阅历广深的人，在旅游中能比较全面而深刻地认识审美对象，在观赏眼前景物时，能充分发挥自己的想象力，产生更大的乐趣体验。

人的旅游审美鉴赏能力受特定的历史条件的制约，作为历史发展的产物，旅游审美鉴赏能力在不同的历史时期表现出不同的水平。人们的旅游审美活动始终伴随着情感因素，而情感是因人而异的，因而旅游审美能力具有个体差异性。

（二）认知判断能力与旅游行为

认知判断能力是旅游者对事物进行准确的感知、理解、推理、判断的能力。这种能力既受旅游者个体遗传因素的影响，更受其学识水平、经验阅历的影响。在这些因素的影响下，旅游者的认知判断能力不仅体现在上述认知能力类型，即知觉、表现、记忆、思维特征上的差异，更具有水平高低方面的不同。不论哪些方面的不同，都会影响旅游者对外界刺激的反应方式和处理方式。例如，在游览中有的旅游者喜欢选择有代表性的景点，观察仔细、比较总结、印象深刻，回忆起来，趣味盎然，描述起来，侃侃而谈、声情并茂、词汇丰富、表达恰当；有的旅游者则是兼收并蓄，走马观花，形成的印象模糊笼统，难以用准确恰当的语言描绘表达。在对待信息方面，有的旅游者对信息的理解与接收迅速且准确，显得聪颖灵慧；有的理解虽慢，但是记忆与辨别清晰，判断准确；有的则显得迟钝木讷，对信息难以理解或接收受限。这样即使同处相同的旅游情境，不同认知判断能力的游客，其感受、收获可能是大相径庭。即使在相同的旅游条件、服务内容与服务方式下，常常会有迥异的评价与反馈。

（三）社会交往能力与旅游行为

社会交往能力是指旅游者运用各种知识和方法顺利地与旅游者、旅游从业人员以及旅游地居民之间进行人际交往的本领，受个性特征、教育程度、职业习惯、社会经验等多方面因素的影响，旅游者的社会交往能力常常存在较大的差异。有的旅游者在人际交往中有涵养，有技巧，能够理解、尊重、帮助他人，善于与人进行情感交流，对人际关系的处理适度得当；有的旅游者在社会交往方面就略逊一筹；也有一些旅游者社会交往能力比较差，人际关系不好常常搞得自己不痛快，他人也郁闷。旅游者的社会交往能力不仅会对其自身心理与旅游情趣产生积极或消极的影响，也会严重影响到整个旅游团队的氛围，更会影响到服务人员对团队行为的整合与调控。

（四）环境适应能力与旅游行为

环境适应能力是指旅游者随外界环境的改变而改变自己的生活方式、行为习惯、交往范围以及思维模式等方面的能力。旅游者适应环境的能力与旅游者从事的旅游活动密切相关。由于旅游活动要求人们必须走出家门，离开熟悉的环境，这就意味着生活方式、生活节奏、生活习惯以及人际关系都发生了不同程度的变化，旅游者只有迅速转变角色，调整自己去适应新的情况，才可能更好地适应旅游生活。旅游者对环境适应能力的不同，会影响到他们享受旅游的乐趣。

第四节　旅游者的人格特征与旅游行为

当前，人格理论和学说较多，对人格的研究并没有一个普遍适用的学说或者理论，因此，学术界对人格（个性）特征的定义始终没有得到统一。人格作为人的复杂的心理现象对其行为产生深刻的影响。在旅游学术领域，旅游者的人格特征同样与其旅游行为之间存在密切、复杂的联系。本节主要从实际角度出发，借鉴国内外相关研究成果，从个性倾向、生活方式等方面探讨人格特征与旅游行为之间的关系。

一、个性倾向与旅游行为

瑞士心理学家卡尔·容主张按照态度类型将人分成外倾型和内倾型两类。内倾型者感到自身具有绝对价值，在正常情况下重视自己和自己的主观世界，看待事物通常以自己的观点为准则，不善于适应社会环境和表达情绪。内倾型者沉浸于白日梦和自我思考，喜欢独处、沉静、畏缩、多疑，对他人存有戒心，所以这种人通常要经过反复斟酌才下结论，不愿意发表自己的意见，愿意服从领导和他人的安排，在压力下常常会退缩。外倾型者与内倾型者相反，其性格外向，感到身外具有绝对价值，主要指向他人和外在的客观世界。其特征为注意力及兴趣外向，用客观标准评价事物，易于对外界刺激起反应，善于与人交际。大多数人介于卡尔·容所描述的外倾型和内倾型中间，即这个连续体中的某一位置，兼有内倾和外倾的特征。内、外倾理论只是为人们提供了观察个性的一种方法。

与卡尔·容的内、外倾理论类似，美国心理学家普洛格将个性心理特征分为心理中心型与他人中心型，或安乐小康型与追新猎奇型。普洛格的研究发现，在总人口中，人们的个性心理特征几乎成正态分布，极端的心理中心型和他人中心型为少数，大多数人的个性心理特征都在某种程度上介于两者之间。心理中心型的人以自我为中心、计较小事、患得患失、不敢冒险；而他人中心型的人以他人为中心、喜欢冒险，性格外向、急于接触外界事物、乐于在生活中尝试和体验新奇。在旅游活动中，不同个性类型的旅游者在旅游行为方面也存在较大的差异。心理中心型的旅游者对旅游活动怀有不确定和不安全感，喜欢选择与他们居住环境相似的旅游目的地；他人中心型的旅游者喜欢单独旅行，进行文化探索，在旅游活动中寻求冒险经历；占人口大多数的中间型旅游者喜欢去知名的旅游景区、景点，但并非参加探险或冒险活动。普洛格对不同类型旅游者的旅游行为做了大量的调查，发现在许多方面存在明显的差异（图6–1）。

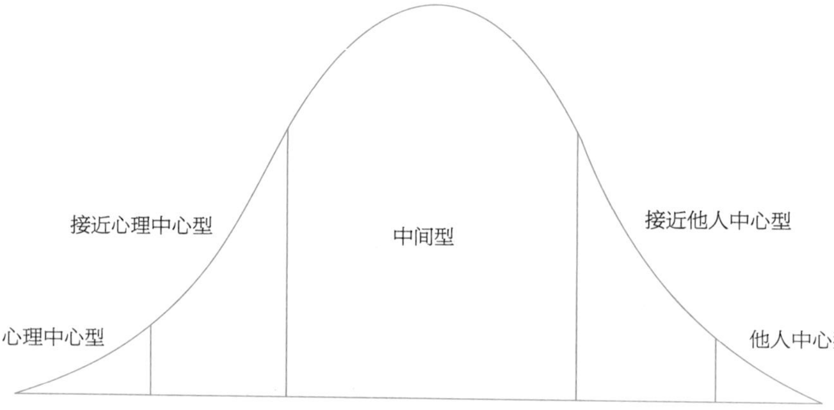

图6–1 普洛格的旅游者个性心理特征模型

根据内、外倾型旅游者和心理中心型与他人中心型旅游者的行为特征，可以做出这样的推断：外倾型或他人中心型旅游者往往成为新旅游地的第一批拓荒者和宣传者；而内倾型或心理中心型旅游者往往是前者的追随者，成为新旅游目的地的后续游客。

从表6–2还可以看出，他人中心型旅游者的行为特征与成熟旅游者的特征很相似。学习可以使旅游者从不成熟走向成熟，通过长期不断的旅游活动以磨炼人的意志，也可以对人的个性产生影响，使心理中心型或内倾型旅游者增强信心和胆略，使其个性向他人中心型或外倾型发展，逐渐成为比较成熟的旅游者。这也是社会实践对个性产生影响的一个方面。

表6-2 心理中心型与他人中心型旅游者的行为特点

心理中心型	他人中心型
■ 选择熟悉的旅游目的地 ■ 喜欢旅游目的地的一般活动 ■ 选择日光浴和游乐场所，包括相当程度无拘无束的休息 ■ 活动量小 ■ 喜欢去能驱车前往的旅游点 ■ 喜欢正规的旅游设备，例如设备齐全的旅馆家庭式的饭店以及旅游商店 ■ 喜欢家庭的气氛、熟悉的娱乐活动，不喜欢外国的气氛 ■ 要准备齐全的旅行行装，全部日程都要事前安排妥当	■ 选择非旅游地 ■ 喜欢在别人来到该地区前享受新鲜经验和发现的喜悦 ■ 喜欢新奇的、不寻常的旅游场所 ■ 活动量大 ■ 喜欢坐飞机去旅游目的地 ■ 旅游设备只要一般或者较好的旅馆和伙食，不一定要现代化的大型旅馆，不喜欢专门吸引旅游者的商店 ■ 愿意接触不熟悉的文化和外国文化 ■ 旅游的安排只包括最基本的项目，留有较大的余地和灵活性

二、生活方式与旅游行为

生活方式主要包括一个人的兴趣、爱好、生活习惯、价值取向、行为规范、社会态度等因素。人们的生活方式的特点能反映出其个性特征，同时生活方式作为一种综合性的个性特征，也与人的日常生活中的各种行为密切相关，旅游行为也不例外。具有不同生活方式的人在进行旅游决策时的表现是不相同的，例如，在决定是否出游、到什么地方去旅游、采取什么旅游方式等方面的表现是不相同的。分析生活方式的特点，有助于理解和解释持有不同生活方式的旅游者的不同旅游方式和旅游行为。

（一）根据旅游者对旅游产品的反应分类

美国运通公司对其旅客的分类具有很典型的效果，根据旅游者对旅游产品的反应，可以将旅游者分为以下五种基本类型。

1. 享乐型旅行者

这类旅行者收入水平较高，且极具自信，非常乐意花费较多的钱去购买舒适的享受，愿意放纵自己。

2. 梦想型旅行者

这类旅行者在日常生活中会经常阅读和旅游有关的书籍，也会经常谈论旅游，但实际上他们对自己的旅游技巧缺少信心。他们更愿意按照旅游指南的推荐，按部就班地去一些被推荐的目的地去旅游，愿意购买经过实践检验的包价旅游项目。

3. 经济型旅行者

这类旅行者在日常生活中的工作压力较大，时间也非常有限，他们把旅游当作逃离现实社会的跳板、释放压力的渠道和放松身心的机会。这类旅行者对价格较为敏感，即使能够支付得起，他们在服务和环境设施上的花销也会精打细算，比较注重产品或服务的价值实现。

4. 探险型旅行者

这类旅行者通常较为年轻、自信，且比较有独立性。他们非常乐意去尝试新的项目，体验新的事物，乐于接触不同的文化与不同地域的人。

5. 担心型旅行者

这类旅行者比较胆小，年纪通常比较大，对旅游存在一定的担忧，比较害怕坐飞机，旅途中做决策缺少信心。他们非常希望得到那些经常旅行、有丰富经验的旅行代理的帮助，为他们选择旅游目的地，并告诉他们如何到达那里。

（二）根据不同旅游者在生活方式方面表现出的开放程度分类

根据不同旅游者在生活方式方面表现出的开放程度，可以把生活方式划分为：封闭型、半开放半封闭型和开放型。

1. 封闭型生活方式与旅游行为

这类人重视家庭，维护传统，渴望井然有序、舒适安宁的生活，非常注意自己的身体健康。他们不愿意参与带有任何风险的活动，喜欢清新的空气、环境优美宁静的自然山水，不喜欢喧闹、拥挤、紧张的城市生活。这类人通常不愿意外出远游，如果旅游的话，他们一般全家一起出游，愿意比较多地待在个人或家庭的小空间里，他们即使在旅游过程中也不愿意与家庭成员以外的人有过多的交往。这类人喜欢安全、不受打扰的环境，因此选择的旅游目的地大都是环境宜人幽静的湖滨、山庄等度假地，采取野营、垂钓、散步或其他户外休闲活动的方式在“静”中享受度假的乐趣。

针对这类人的旅游促销宣传应该突出旅游目的地的清洁与宁静，体现大自然的原始性，强调身心健康和放松性，尤其要强调有利于孩子的教育和身心成长，提供可供全家一起度假的机会和场所。

2. 开放型生活方式与旅游行为

这类人活跃开放、自信、外向、追新猎奇。他们乐于主动接受和尝试新鲜事物，追求时髦和潮流；希望能以各种方式更多更深入地介入社会生活中的各个层面；热衷于社交活动，渴望能结交更多的新朋友，联络老朋友，扩大交往的范围；富于冒险精神，愿意到遥远陌生的旅游目的地去体验全新的生活方式和经历；他们最感兴趣的不是旅游工作者推荐他们去的地方，而是旅游工作者不让他们去的地方；他们乐于寻求有刺激性的旅游项目，希望在“动”中获得享受，得到满足。

针对这类人的旅游促销宣传应该突出新奇和刺激，体现神秘和独创性，强调经历和体验，显示时髦和新潮。

3. 半开放半封闭型生活方式与旅游行为

这类人兼有封闭型和开放型生活方式的特征，只不过有些人偏向封闭型，有些人偏向开放型。这类人大部分希望生活安定有序，但又不满足于年复一年单调的生活，既要休养生息，又想丰富自己的见闻，他们既希望能在新鲜感方面得到满足，又希望能在安宁和幽静中获得休闲的乐趣，得到身心的放松。因此这类人也都希望在一定时期内能有机会外出旅游一次，以求得到放松和休整，以求开阔眼界，增长见识。这些人追求的是“动”与“静”的结合，希望能在“动”“静”相间中得到平衡。

现代人随着生活水准的不断提高，生活方式也在逐渐发生变化，人们的生活方式逐渐由封闭型向开放型转变，同时日常生活节奏的加快造成了人们普遍感到身心紧张，这就使人们更加期望逃离现实世界的快节奏生活，希望在旅游过程中更多的体验“静”的生活状态，以“静”来平衡日常生活中过多的“动”。另外，社会经济的快速发展使得个人收入水平和物质条件得到质的提升，人们的生活方式也随之向个性化、多元化和高水平方向发展，这些生活方式的变化必然会影响人们的旅游决策和行为。旅游企业和旅游工作者要充分认识到生活方式的变化对旅游行为的影响，做好准备有的放矢地开发新的旅游产品，制定旅游促销和旅游策划策略。

本章小结

人格也被称为个性，是个体在适应环境的过程中所表现出的系统的、独特的反应方式，是个体区别于其他个体的特有属性，是个体的一些意识倾向和各种稳定而独特的心理特征的总和。影响人格形成的因素有很多，包括遗传因素、社会因素和社会实践。本章主要涉及人格的概念、影响因素以及不同气质类型、能力水平、个性倾向和生活方式的旅游者在旅游产品选择、旅游行为偏好等方面均存在较大差异。

思考与练习

1．什么是人格？影响人格形成的因素有哪些？

2．气质类型包括哪几种？不同气质类型旅游者的旅游行为有哪些特点？

3．旅游者的个性倾向和生活方式等人格特征的差异对其旅游行为有什么影响？

案例分析

气质对旅游行为的影响

一位美国游客前往国内某旅游城市游玩，某天晚上八点多，该游客来到其下榻的酒店餐厅吃饭。这位客人坐下后，不断地和服务员交谈，让服务员给他介绍有什么好吃的。他对周围的一切都非常好奇，不是看花瓶、餐具，就是研究筷子架，还让服务员教他如何使用筷子。最后，他点了一个中式牛柳、一个例汤和一碟青菜。很快菜就上齐了。他首先把牛柳摆在面前，迫不及待地吃起来。只见他将一块牛柳放进嘴里咬了几下，就把牛柳吐在骨碟上，接着又连试了几块都是如此。这时，他无可奈何地擦了擦嘴，招手示意服务员过去。当服务员走到他面前时，他非常幽默地说："小伙子，你们这里的牛一定比我的爷爷还老。我的嘴对此非常不高兴，能否来一点我感兴趣的牛柳呢？"说完，他就笑眯眯地望着服务员，等候他的回答。

分析：

（1）案例中这位美国游客属于哪一种气质类型？

（2）如果是其他三种气质类型的游客，他们分别会有什么样的反应呢？

（3）假如你是酒店的服务员，在面对案例中这种气质类型的游客时，应当如何接待呢？

拓展训练

对身边最近外出的旅游者（同学或朋友）进行调查，总结概括他们的旅游行为特点，分析他们的旅游行为是否与其人格相符。

第七章
旅游者的情绪情感

学习目标

1．了解情绪情感的定义、特点。
2．掌握旅游者的情绪情感的特点、激发与调节。
3．掌握旅游者情绪情感的控制和调节方法。

案例导入

重视客人的“求平衡”心态

某日傍晚，来自中国香港的一个旅游团结束了“广州一日游”，回到了下榻的饭店。然而，不到10分钟，旅游团的一位中年女领队就光着脚来到了大堂，怒气冲冲地向前台投诉客房服务员。

原来，早晨出发时，这位女领队要求楼层客房服务员为房间加一卷卫生纸，但这位服务员却只将这位客人的要求写在了交班记录本上，并没有与接班服务员特别强调指出。结果，下一班次的服务员看到客房卫生间内还有剩余的半卷卫生纸，就未再加。结果，这位客人回来后，勃然大怒。无论前台的几个服务员如何规劝、解释，她依旧坚持光着脚站在大堂中央大声说：“你们的服务简直糟透了。”引来许多客人好奇的目光。值班经理和客务部经理很快赶到了现场，看到此情此景，他们一边让服务员拿来了一双舒适的拖鞋，一边安慰客人说：“我们的服务是有做得不够好的地方，请您消消气，我们到会客室里面坐下来慢慢谈，好吗？”这时，客人态度渐渐缓和下来，值班经理耐心地向客人询问了整个事件的经过和解决问题的具体意见，最后值班经理代表饭店向旅游团的每个房间都派送了一卷卫生纸，并向这位客人赠送了致歉果盘。事后，经向该团导游了解，这位领队因对旅行社当天的行程等一些事情安排不满，故心情不好，也是其中原因之一。

第一节　情绪情感概述

“月有阴晴圆缺，人有悲欢离合”“动之以情，晓之以理”，这些我们熟知的语句正是人类的一种特殊的心理活动——情感的体现。在旅游活动中，旅游者看到自然界美好的景色感到兴奋、愉悦；在参与性活动中取得成功感到自豪；对某个旅游者的痛苦和不幸感到同情。

一、情绪情感的含义

情绪情感是人对客观世界的一种特殊的反映形式，是人对客观事物是否符合自己需要的态度的体验。

情绪情感是人类行为中最复杂的一面，也是人类生活中最重要的一面。人之所以对自己因客观现实是否符合需要的态度能有所体验，是因为人在与客观事物接触过程中，客观现实与人的需要之间形成了不同的关系。在现实生活中，并非所有事物都可以产生情绪和情感。

情绪情感是客观事物是否满足人的需要而产生的主观态度的体验。人生在世，有生、老、病、死，有荣、辱、得、失，所以就有与之相应的喜、怒、哀、惧，而喜、怒、哀、惧是人类情感的不同表现形式。

情绪情感是由客观事物引起的，离开了具体的客观事物，人不可能自发地产生情感。情感是由客观事物引起的，但却不是由客观事物本身决定的，情感的性质是以客观事物能否满足人的需要为基础。能够满足人的需要或者愿望的客观事物，则会使人产生愉悦、美好、喜爱等积极的内心体验；不能满足人的需要或者是违背人的愿望的客观事物，则会使人产生气愤、伤心、讨厌等消极的内心体验；而与我们的需要没有什么关系的客观事物，就不会引起人的内心体验。

在心理学上，一般把与生理需要相联系的称为“情绪”（Emotion），把与社会需要相联系的称为“情感”（Feeling）。情绪为人和动物所共有，情感则为人所独有，有些心理学家对情绪和情感不加区分，统称为感情（Affection）。

二、情绪情感的生理变化和外部表现

（一）情绪情感的生理变化

随着情感的产生，人体会发生一系列的生理变化，如在呼吸系统、神经系统、消化系统和腺体活动都会有一定变化，这些变化可作为情感生理变化的客观指标。

由于情绪和情感发生时，总要引起一系列人体生理机能的变化，身心愉悦、积极向上能促使各种内脏功能正常运转，增强对疾病的抵抗能力，有利于身心健康。而长期忧伤、积郁过多则会损害人的身心健康。

（二）情绪情感的外部表现

当情感发生时，不仅身体内部器官有一定变化，而且身体各部位的动作、姿态也会发生明显变化，这种变化称为表情，即情感的外部表现。表情是我们真实、准确地表达心理、交流心理的重要手段，可以表达言语以及不能表达或不便表达的心理活动，即所谓“情动于中而形于言”。人的表情极其丰富，主要表现在以下三个方面。

1. 面部表情

面部表情是指由面部肌肉和五官的变化所表现出的情绪状态。面部肌肉可展示出愉快和不愉快两种最基本的表情，愉快时面肌横伸，面孔较短；不愉快时面肌纵伸，面孔较长。眉也是表现面部表情的主要部位，展眉表示欢欣、皱眉表示愁苦、扬眉表示得意、竖眉表示愤怒、低眉表示慈悲。嘴也参与表情动作，哭与笑是面部表情最明显的表现，哭与笑都离不开嘴的动作。在面部表情中最值得注意的是目光的运用，俗话说“眼睛是心灵的窗户”，所谓“眉目传情”“暗送秋波”“瞠目结舌”“怒目而视”都是说不同的目光所表达的情感不同。

2. 姿态表情

姿态表情可分成身体表情和手势表情两种。人在不同的情绪状态下，身体姿态会发生不同的变化，如高兴时“捧腹大笑”，恐惧时“紧缩双肩”，紧张时“坐立不安”等。举手投足、两手叉腰等身体姿势都可表达个人的某种情绪。手势是表达情绪的一种重要形式，“振臂高呼”“双手一摊”“手舞足蹈”等手势，分别表达了人的激愤、无可奈何、高兴等情绪。

3. 语言表情

语言表情是指由语言的音调、音色、节奏、速度等方面的变化所表示的情绪状态。如悲哀时语调低沉，语速缓慢，语音高低差别不大；喜悦时语调高昂，语速较快，语音高低差别较大，音色悦耳；恐惧时音调高尖急促，声音刺耳颤抖。同一句话，由于语调不同，所代表的意思可能大相径庭。如“很好”这个词，用不同的声调、速度可以表现出疑惑、生气、惊奇、鄙视等情感。

我们的情感状态会通过我们的表情影响他人对我们的“人际认知”，还会通过我们的表情使我们周围的人受到“感染”。所以，能否保持积极良好的情绪状态，这对我们能否做好旅游服务工作和旅游企业的管理工作有着重要的影响。

当我们说某人处于某种“情绪状态”的时候，就需要从他的“反应”“体验”和“表情”这三个不同的侧面来考察。

知识链接

不同情感的面部表现

愉快：额眉部放松，眉毛稍向下；眼睛眯小，面颊上提，鼻面扩张；口唇部嘴角后收、上翘。

兴奋：眉眼朝下，眼睛追踪着看，嘴角上翘。

惊奇：眉眼朝上，眼睛睁大，嘴巴张开。

悲痛：双眉外梢下降，嘴角下降。

恐惧：眼呆张，脸色苍白，毛发竖立。

羞愧：低头，眼睛向下。

轻蔑：冷笑，嘴角朝一边歪。

厌恶：皱眉，嘴角向两边拉，嘴唇朝下。

愤怒：皱眉，鼻孔不自觉张大，嘴巴张大成方形、眼睛瞪大，瞳孔变小。

三、情绪情感的种类

（一）基本情绪

基本情绪是人类和动物共有的，是与生俱来的，并且具有特定的生理模式和相应的表情。一般把快乐、悲哀、愤怒和恐惧看作四种基本情绪，在四种基本情绪基础上，派生出各种各样的复杂情绪，如忧郁、紧张、焦虑、爱慕、厌恶、怨恨、谦虚、悔恨等。

（二）情绪状态

情绪状态是个体在情绪过程中显现出的身体变化及其自觉或不自觉的意识状态，具有持续性、外显性、情境性和个体性等特点。情绪状态常见有下面一些表现形式。

（1）心境（Mood） 心境是一种微弱、弥散和持久的情绪，即平时说的心情。心境的好坏带来的愉快或不愉快会保持一个较长的时段，如果把这种情绪带入工作、学习和生活中，会影响人的思维、记忆。愉快的心境让人思维活跃、感知敏锐，而不愉快的心境让人萎靡不振、思维麻木。在旅游活动中，有着快乐心境的旅游者，会对导游的工作给予积极地配合，工作中出现一些小失误也能体谅；但如果旅游者在游览中遇到了不顺心的事情，心境不佳，那么他对导游的工作就会比较挑剔，甚至会小题大做。所以，旅游过程中，导游要注意调整好旅游者的情绪状态，尽量使他们有一个好的心境。

（2）激情（Passion） 激情是一种猛烈、迅速和短暂的情绪，类似于平时说的激动。激情是由某个事件或原因引起的当场发作，情绪表现猛烈，但持续的时间不长，并且牵涉的面不广。激情通过激烈的言语爆发出来，是一种心理能量的宣泄，从一个较长的时段来看，对人的身心健康的平衡有益，但过激的情绪也会使当时的失衡产生可能的危险。激情对人的活动有很大的影响。积极的激情常常能调动人的巨大潜力，成为激励人行为的强大动力。而消极的激情则会使人出现“意识狭窄”现象，即认识范围缩小，不能正确评价自己行为的意义和后果，做出一些鲁莽的行为，甚至造成千古之恨。

（3）应激（Stress） 应激是在出乎意料的紧迫与危险情况下引起的高速而高度紧张的情绪状态。在日常生活中，人们遇到某种意外、危险或面临某种突发事件时，迅速而及时的做出决定，采取有效措施应付紧急情况，例如，汽车司机在遇突发交通事故时会紧急刹车；还有突然发生的泥石流、抢劫等，在这些情况下，人们所产生的特别紧张的情绪状态就是应激状态。在应激状态下，人可能有两种表现：一种是急中生智、转危为安；另一种是惊慌失措。实践证明人的应激能力可以通过训练而提高。通过训练提高意志的果断性，增强动作的灵活性，加强技能的熟练性，提高在意外情境下迅速决断的能力。这样遇到突发事件，就能镇定自若，当机立断，摆脱困境，转危为安。

（三）情感的种类

人的情感具有一定的社会性，是与社会性相联系的高级的主观体验，它反映的是人们的社会关系和社会生活状况，并对人的社会行为起着积极的或消极的作用。人类的社会性情感主要有道德感、理智感、美感。

（1）道德感　人们根据一定的道德标准，评价自己和别人的言行、思想、意图时产生的情感体验，如爱国主义、热爱社会主义、义务感、自尊感等。

（2）理智感　人在智力活动过程中，对认识活动成就进行评价时产生的情感体验。它是与人的好奇心、求知欲、探求和热爱真理的需要相联系的。

（3）美感　人们根据自己的审美标准对自然或社会现象及其在艺术上的表现予以评价时产生的情感体验，如人对浩瀚的大海、蔚蓝的天空、秀美的田园、漂亮的容貌、名胜古迹、艺术珍品等表示的赞美、喜爱等都是美感的表现。

第二节　旅游者的情绪情感

一、旅游者情绪情感的特点

旅游者在旅游活动中作为一种特殊角色的群体，其情绪状态如何，是否处于良好的情绪状态，会对旅游工作结果的好坏起着重要的作用，因此应了解旅游者情感的特点，以便提供更优质的服务，旅游者情感的特点主要表现如下。

1. 兴奋性

兴奋性是旅游者最明显的情感特征。外出旅游对旅游者来说，带来了一系列的改变，如环境、社会角色、人际关系、生活圈子、生活习惯、文化习俗、人文景观等，旅游者的需求愿望也进行了综合性调整，无论是兴趣所致，还是心情紧张，旅游者的情绪都会因新奇而兴奋。

2. 易变性

在旅游过程中，旅游者希望体验到与日常生活完全不同的感受，这种感受越强烈，旅游者的满意度就越高。比如人们在日常生活中比较重视安全感，但在游玩华山时，人们更多的是希望从这种与安全感背离的危险经历中体验到一种“无限风光在险峰”的冒险与刺激。

3. 敏感性

旅游者情绪的敏感特征表现在他们在旅游活动过程中对相关的情况不能把握，自身处于一种不断变化的活动中，他们的情绪也相应地呈现出不稳定状态。这是因为差异的时空跨度、生活环境、人际关系给旅游者带来了生理上和心理上的强度刺激后，产生了应急状态前的紧张反应。

从日常的工作生活中完全解脱出来的旅游者，对所面临的旅游环境中的一切事物，都以一种全新的角度、全新的眼光看待。眼前的风景、民风民俗、社会风尚等都可能使旅游者产生一定的心理感受。

4. 多虑性

不同地域、不同民族、不同国家的风俗民情与生活习惯的差异，既给旅游者带来了新奇的刺激，同时也产生了一定程度的不适应感，如某些地区的民族饮食习惯、风土人情会使旅游者不适应，即便是出于自然环境的差异，也会使旅游者产生身心的不适应感而导致多虑的情绪。

5. 即时性

旅游活动，特别是观光游览型的旅游活动，通常是一种速变、临时、短暂的行为活动。随着场景的变化、活动内容的交迭、旅游团队中的人际关系互动，旅游者的情绪反应会表现出因时、因地的即时性特征。刺激源的流动和时过境迁的转换，是旅游者因景、情、事而产生的即时情绪的条件依据。

二、情绪情感对旅游者行为的影响

旅游者的行为受到情绪的影响，一般可以从以下三个方面来看。

1. 对旅游者动机的影响

喜欢、愉快等情绪可以增强人们旅游的动机，增强做出选择旅游决定的可能；消极的情绪会削弱人们从事旅游活动的动机。

2. 对活动效率的影响

当旅游者处于良好的心情时，对一切旅游活动都表现出积极参与的行为，其行为表现是积极的、主动的，对活动表现出饱满的兴趣和热情，表现出服从安排，乐于助人的状态；当情绪不好时，就表现出与之相反的消极行为。所以人的一切活动，都需要处于适宜的、积极的情绪状态，才能取得良好的活动效率。

3. 对人际关系和心理气氛的影响

情绪是人类社会生活和人际交往中不可缺少的组成部分。情绪通过表情、感情交流使人们互相沟通，相互了解，从而彼此产生共鸣。人们通过表情去辨认当时所处的环境和对方的态度，从而产生与这种交际场合相适应的行动。感情交流使人相互了解，互相感染，使人互相接近和依恋。情绪反映人与社会之间和人与人之间的关系，诸如羡慕和嫉妒、快乐和悲伤、爱和恨、期望和失望等，他们和语言组合在一起或者是单独调节人际关系。

旅游活动是人们进行的一项常见的社会交往活动，如何协调旅游过程中良好的人际关系十分重要。旅游工作者要细心观察旅游者的情绪变化，主动引导旅游者的情绪向积极方向发展，并利用情绪对旅游者行为的影响作用，协调旅游者与各方面的人际关系，创造良好的心理气氛，达到旅游服务的最佳状态。

三、旅游者情绪情感的激发和调控

根据影响旅游者情感的因素，采取相应的措施激发旅游者形成有利、积极的情感，调控不利的情感。

（一）激发有利的情感

1. 设计开发符合旅游需要的产品

旅游产品的设计必须以旅游需要为基本出发点，并具有复杂性、层次性、个性化的特点，从构成上看，旅游需要既包括物质产品需要，也包括精神产品需要；从旅游需要层次上看，包含低层次的生理性需要和高层次的社会性需要；从不同的旅游个体看，旅游需要呈现出个性化的倾向。这些特点要求旅游产品、旅游服务必须具备构成上述需要的两重性，内容上的丰富性，形式上的多样性。另外，旅游消费的个性化，又要求旅游服务具有一定的弹性和灵活性。

2. 注意旅游服务的重要作用

在旅游业竞争日益激烈的今天，旅游企业制胜的法宝就是服务，企业的物质条件甚至旅游线路都可以被模仿，但具有企业自身特点的服务却是无法模仿的。很多旅游企业都力图在服务方面创出自己的特色，其中大多较为注意在如何打动客人方面下功夫，具体体现在从细节入手、从客人的利益出发开展工作。

3. 提供准确、有效的旅游信息

旅游者对旅游信息的了解是形成旅游期望的基础，但并非旅游期望越高越好，因为旅游者的满意度取决于期望与实际所得之间契合的程度。当实际所得与期望所得符合时，旅游者会感到满意；当实际所得比期望所得大时，可以激发旅游者更大程度的满意感；而实际所得与期望所得不符合时，旅游者会感到不满意，而且不满意的程度随两者不契合的程度的增加而增加。

（二）调控不利的情感

因为情感具有感染性及传递信号的功能，一旦某旅游者出现不利的情绪，会很快影响到其他旅游者，所以在实践中，应尽量避免旅游者产生不利、消极的情感，如果出现的话，应尽快设法将其控制。

1. 理智控制

用理智控制来调控消极的情感，当消极的情绪聚集时，人们大多会失去理智，这时，理智如同灯塔一样能将失去方向的情绪拉回正确的归途。旅游过程中经常会出现一些意外事件，常见的意外事件包括两种：一是突发事件，如天气突变；二是技术性事故，如汽车抛锚等。这些意外事件会影响旅游行程的正常进行，从而导致旅游者的不满。要避免旅游者出现这些不满情绪，接团之前相关的旅游部门应做好各项准备工作，如天气预报信息的搜集、汽车的检查、交通信息的收集等，最大限度地降低意外事件发生的可能性。一旦出现上述意外事件，意外事故处理的好坏，直接关系到以后的行程和旅行社的声誉。旅行社尤其是导游的责任重大，导游是旅游者最直接接触的服务人员。面对意外事件，应该沉着冷静，迅速果断地采取措施来补救给旅游者带来的不便。比如，盛夏季节出现汽车抛锚情况，可以预见旅游者将十分恼火，首先导游应诚恳地向旅游者道歉，并向旅游者解释发生的事情；其次，导游应给旅游者一个合理的安排，比如把车修好，或者从别处调车来，并说明需要大家等待多长时间等；再次，导游应关心旅游者，可购买西瓜让旅游者防暑解渴，适当安排一些适宜的小节目，顺便介绍一下当地的历史典故、风土人情等。总之，导游应通过各种手段，使旅游者从不满的情绪中解脱出来，逐渐恢复好的心情。

2. 转移调控

情绪大多具有情境性，当不利情境出现时，如果能够果断转移情境，可能及时控制旅游者的情绪，如在旅游旺季，旅游团队的接待工作普遍会面临住宿、交通紧张的问题，这也是旅游者投诉较集中的地方，要处理好这类问题，一方面导游要正确处理退赔事项，另一方面要用加倍的服务争取旅游者的谅解，将旅游者的注意力从对硬件的不满转移到对服务软件的认可上。

3. 合理地宣泄情绪

当出现不利情绪时，机体内会蓄积很多负能量，如果负能量得不到释放，会感到烦闷、难受，采用合理的方式发泄出来，个体情绪会得以改善。

由于旅游消费和服务的同时性，游客无法事前判断旅游服务的质量，一旦旅游交易成立，游客便处于弱势、被动的地位，旅游服务则处于强势、主动的地位。所以当游客处于不利情境时，旅游服务部门应承担主要责任。通常游客通过投诉来发泄不满的情绪。当游客投诉时，旅游服务部门应当有礼貌地接待，耐心地听游客把话说完。旅游服务部门的耐心有时可以使本来暴跳如雷的游客自然地平静下来。旅游服务部门耐心地听其投诉，也是为了弄清事情的真相，以便恰当处理。让游客在旅游过程中及时摆脱消极的情绪，进入积极的状态，尽量顺利完成剩余的游程，以使游客的损失降到最小。比如旅游团队中游客之间关系紧张时，需要导游创造交流沟通的机会，通过交流，游客可以将相互之间的不满发泄出去，起到增进团队成员相互理解的作用。

第三节　旅游者情绪情感的控制和调节

一、激情与心境的自我调控

激情对我们的学习生活、工作乃至身心都有一定的调节作用，如果不能控制好就可能产生消极的影响，激情与心境对健康都有重要的影响，这些影响可以是正面的，也可能是负面的、消极的。所谓“乐极生悲”就是激情没控制好而产生的消极的情感，另一方面消极的情感如果调节好也会有一定的积极作用，所谓“化悲痛为力量”就是由消极的情感转化为积极的情感。由于旅游业的服务对象是旅游者，这就要求从业人员在工作中要善于控制和调节自己的情感，能始终保持热情有礼的服务态度，使旅游者感到真正的满意。

（一）激情的自我控制

1. 激情产生的原因

激情的产生有一定的爆发性，消极激情的危害性很大。一般来说，激情的产生主要有以下几个原因。

（1）个人生活中的重大事件　如自己或亲友突遭意外，遭受重大的打击，工作家庭的重大变故和国家的重大事件等，都可以使人产生激情。

（2）对立方的矛盾冲突　当与对立方直接接触时，如果双方都不能做出让步，就容易导致矛盾冲突，产生激情。例如，人们在争吵时情绪往往会越来越激动，甚至动手动脚。

2. 自我控制激情的方法

旅游从业人员在工作中难免会碰到不顺心的事情，与客人、同事的接触中也可能产生各种矛盾。这时，一些情感自控能力较差的人员往往容易爆发激情，当激情失去控制时，就会产生极端行为，如打架、摔东西等。这样的行为不仅对客人、同事和自己造成直接的伤害，也会影响到旅游服务部门的声誉，严重的还可能要承担刑事责任。有人认为当自己处于激情状态时难以自制，有激烈的动作和言语也是很难避免的。事实上在激情状态下，自制能力会相对薄弱，但并不是不可控制的，关键是要培养自我控制激情的意识，并掌握一些有效的激情自控方法，就能够防止激情产生，或者在激情产生时能控制住自己的行为，最大限度地降低激情的消极作用。以下是几种自我控制激情的有效方法。

（1）躲避法　当激情在某种情景中发生的时候，这个情景会使双方矛盾激化，如餐厅里服务员与客人产生矛盾冲突时，如果让当事人一直进行直接接触，刚开始产生的气愤情绪难以控制，甚至可能产生严重的后果。所以在类似的情形发生时，如果无法立即冷静下来，心情难以恢复，此时应迅速离开引起激情的场所，到一个比较安静的环境中，使头脑慢慢冷静。避开引起激情的刺激环境，是控制激情的有效方法。

（2）自我暗示法 当激情产生时，在心理上进行自我暗示，如有的人在办公室的墙上或者办公桌上写一些诸如“忍”“冷静”“不制怒”等的警句，在发怒时看到这些警句，也会产生暗示的作用，对控制激情有一定的效果。

（3）转移注意法 有时在激情产生时用转移注意法对控制激情有一定的效果。在激情产生时，我们一时无法离开激情的情境就可以转移注意力，例如，在工作中客人对我们产生了误会，可能会使我们很恼火，忍不住顶撞客人，这样会造成矛盾进一步扩大，但我们用转移注意的方法来控制激情，等客人发泄了不满、心情平静下后，再耐心进行解释，化解客人的误会和不满，就化解了矛盾。

（4）推迟法 有时激情只是一时义气，如果稍微过一会儿，激情就会随时间过去而慢慢减弱，例如在即将发怒时先数数，从“一”数到“十”，在数完后，激情爆发的关键期也就过去了。

（5）照镜法 个人处于激情当中时，往往会忘记自我，行为失控。有心理学家认为，当一个人非常生气时，对着镜子看看自己的样子，会使人重新找回自我，冷静地控制激情。

（6）联想后果法 在激情中，意志力薄弱的人往往会丧失理智，做出一些愚蠢的行为，等到自己清醒过来后，才发现后果的严重性，但是后悔莫及。所以在行动之前，应先联想一下可能发生的后果，就像端起一盆冷水，把自己心中的怒火浇灭。

（7）加强品德修养法 控制激情的根本方法是加强品德的修养，提高自己各方面的素质，用理智控制激情。只有具备了良好的品德素质，才能够在任何时候都保持冷静理智，不会被一时的激情冲昏头脑，做出不顾后果的行为。

（二）心境的自我调节

心境虽然不像激情那样强烈，但是心境却有很强的弥散性，影响的范围比较广，持续的时间也比较长，也被称为心情。心境也可以分为积极心境和消极心境两种。积极的心境使人觉得轻松愉快、朝气蓬勃，好像做什么事都特别顺利；消极的心境令人萎靡不振、焦虑压抑，仿佛所有东西都跟自己过不去。我们在工作、学习和生活中，对消极心境的自我调节也非常重要。

1. 心境产生的原因

心境的发生方式比较平缓，没有明显的痕迹，所以有时候我们无缘无故地觉得心情变得烦恼，其实任何心境的产生都是有原因的，而且只有找到原因，才能及时排解一些消极的心境。一般来说，心境产生的原因主要有以下三种。

（1）个人生活中重大事件的影响 个人生活中的重大事件可能引发激情，这种强烈的情感通常并不会维持很长的时间，但也不会马上消失，而是会减弱转化成心境，在一段时期内持续地对人产生影响。例如，在工作中获得成就后会“人逢喜事精神爽”；而在受了挫折后，长时间都会闷闷不乐、郁郁寡欢。

（2）身体和精神状态 心境是身体健康和精神状态的重要表现，当身体不适或者过度疲劳睡眠不足时，往往容易觉得心烦意乱，而当身体健康、精神饱满时则会觉得心情舒畅。心境也会反过来影响人的身体健康，长期处于忧愁、焦虑心境的人更容易患上各种疾病，根据医学界的研究表明，保持良好的心境状态是治疗疾病的有效办法。

（3）环境因素　周围的环境也会影响人的心境。闷热、潮湿、空气污浊、噪声或者光线阴暗的环境容易使人产生烦闷、压抑、忧郁等不良心境，而空气清新、阳光明媚、晴空万里的环境则让人心境豁达、精力充沛。

2. 保持良好的心境

心境形成后，会影响人的认识和判断，甚至会影响人对世界的认识。如果长时间处于孤僻、自卑的消极心境中，会影响人对现实世界的认识，即使是一点小事情也会形成自我封闭的不良性格。当人们处于某种心境状态中往往容易触发激情。例如，服务员由于心情不好，整天无精打采、容易把不快的情绪迁怒在客人的身上。根据某宾馆的调查，客人多问几句，服务员就觉得很讨厌，认为客人是有意找麻烦，所以服务员的不良心境是导致服务员与客人发生口角的主要原因。因此，为了提高服务质量，要求旅游从业人员要善于调节消极心境，在工作中保持良好心境，对待工作生活中出现的各种问题，用坚强的意志克服消极心境状态。保持良好的心境，可以从以下两个方面着手。

（1）树立崇高的信念和理想，培养坚强的意志　树立崇高的信念和理想，可以帮助我们克服困难，以乐观的态度迎接挑战。

（2）注意锻炼身体合理安排作息　养成良好的生活作息习惯，适度的体育活动使我们具有健康的体魄和清醒的头脑，也使我们时时保持良好的心境。

二、培养高尚的情操

情操对人的思想和行为有重要的影响，无论从个人或职业的角度，高尚的情操都是每一位旅游从业人员应具有的品质。

（一）培养高尚的道德感

道德感主要反映出人们对国家民族社会、人际关系、个人行为和职业等的态度体验。道德感的基础是道德标准，不同的历史、民族和国家都有不同的道德标准。同时，不同的职业也有相应的职业道德标准。

在现实中，每个人对各种道德标准有不同的认识和理解。因此，培养高尚的道德感应做到：首先，要求我们对道德标准有正确的认识和理解，能够分辨哪些行为是符合道德标准的，哪些行为是违背道德标准的；其次，要求我们自觉地遵守各种职业道德和社会公德，在实践锻炼中形成与现实社会相符合、获得普遍认同的道德感。

（二）培养良好的理智感

理智感是由真假的现象所激起的心理波动状态，是在认识过程中产生迷惑时，当有新发现时会产生愉快、喜悦的情感体验；在出现矛盾或困难时会产生不安体验；在不能做出判断和决定时会产生焦虑的情感体验；在做出判断后而依据的情感体验。理智感是在认识过程中发展出来的，它反过来又推动认识过程的进一步深入。

（三）培养健康的美感

美感是人接触到美的事物所引起的一种感动，是一种赏心悦目、怡情悦性的心理状态，是人对美的认识、评价与欣赏。不同的历史时期，审美观受到一定社会历史条件和道德标准的影响。例如我国古代人认为妇女裹足“三寸金莲”是美丽的，而现在我们则认为这是封建社会对妇女的迫害，是极其丑陋的。审美观常常与道德标准融为一体，凡是符合道德标准的事物和行为，我们都觉得是美的，而那些不符合道德标准的事物和行为，我们就认为是丑恶的。但从根本上说，审美观是由事物的内容决定的，有一些事物比如自然风光、艺术品等，无论在什么时代、哪个国家，都被人们一致认为是美的，这就是超越时代和社会局限的“共同美”。

美感在我们生活中具有重要的意义，一个人如果没有健康的美感，他的生活将是枯燥无味的，他的精神是空虚的，他的言行举止也是粗俗的。我们要培养健康的美感。首先，要树立正确的审美观，善于分清美和丑，自觉抵制低级、丑恶的事物；其次，通过艺术作品的熏陶培养美感；再次，在大自然中陶冶美感，如森林、草原、河谷和海滩等地方，通过欣赏和感受美丽的自然风光来丰富自己的美感。

本章小结

旅游者的旅游决策受其情绪和情感的影响。情绪是人类对各种认知对象的一种内心感受或态度，情感是情绪的内在内容，是情绪的社会化。在具体的人身上，两者很难截然区分开来。两者总是同时存在，彼此交融为一体，人类最基本的四种情绪是：快乐、愤怒、恐惧和悲哀。根据情绪发生的强度、速度、持续时间的长短，可以把情绪的状态划分为三种：心境、激情、应激。情感是人所特有的，与情绪相比，它具有更大的稳定性和长期性。人类特有的高级情感主要有道德感、理智感和美感，旅游者的情绪与情感具有兴奋性、易变性、敏感性、多虑性和即时性等特点。旅游资源、旅游设施、旅游服务、旅游行政管理、气候条件以及旅游者在旅游过程中所处的旅游群体内部的人际关系，旅游者自身的人格特征等，都会影响旅游者的情绪与情感。

思考与练习

1．什么是情绪、情感？它们对人们的行为有什么影响？

2．情绪与情感有什么区别和联系？

3．旅游者的情绪、情感对旅游行为的影响有哪些？

4．旅游者的情绪、情感自我调节的方式有哪些？

案例分析

摘草莓的故事

一次，导游小李在带领旅游团进行了一天的游览后，乘车返回酒店。在行至某乡间公路时，旅游车坏了。小李与旅行社取得联系，旅行社答应派汽车来接应，但由于路程比较远，要一个多小时才能赶到。这时候，旅游者怨声一片，有的说累了，要休息；有的说饿了，要吃饭。小李忽然发现公路旁的大棚里正在摘草莓，可以低于市场价购买。来自城市的旅游者听说可以摘草莓都很高兴，而且价格便宜，大家就兴致勃勃地动起手来，完全忘记了刚才的烦恼。导游通过积极转移的方法改变了旅游者的情绪。接应的车来了后，旅游者还意犹未尽，纷纷表示旅游车“坏”得好，使他们多得到一份难忘的记忆。

讨论：本案例中导游小李用了什么控制激情的方法？对导游服务有什么作用。

拓展训练

分组对各种情绪情感进行演练，练习如何控制自己的情绪。

第八章
旅游服务

学习目标

1．了解旅游服务的基本含义。

2．掌握旅游服务的综合特征与分类。

3．掌握并灵活运用旅游服务中客我交往的关系技巧。

案例导入

饭店少给两间客房

导游小颜是个从事导游工作时间不长的小伙子，一次，旅游旺季的时候，他出任全陪带一个26人的旅游团去黄山。依照计划，该团在黄山住某某饭店，客房由黄山地方接待社代订。下了车，进了饭店，小颜把游客安顿在大厅，就随地陪、领队来到总台拿客房房卡。地陪刚报完团号，总台小姐就不好意思地跟地陪、小颜及领队说："对不起，今晚饭店客房非常紧张，原订的13间客房只能给11间客房，有4个游客要睡加床，但明天就可以给13间客房。"山上饭店少，附近没有其他饭店，而此时天色已晚，若下山找饭店，因索道已停也无可能。小颜是个急性子，这种情况又是第一次碰到，当确知饭店已不可能提供客房后，他转过身来对着站在自己后边的地陪，脱口说道："你们社怎么搞的，拿客房能力那么差！"地陪也不是个好捏的软柿子，听了这话，起先还一愣，但马上回了一句："有本事，你们社可以自己订吗？何必委托我们订房呢？"说完，就离开了总台，赌气地在大厅沙发上坐了下来。领队看到小颜和地陪闹意见，也没多说什么，拿了11间客房的房卡，他把游客召集到一起，把情况和大家说了，然后态度诚恳地说："各位，情况就是这样，希望大家能相互体谅，也能帮我的忙。有愿意住加床客房的请举手。"说完，领队自己先举起了手，跟着好几位游客都举起了手。就这样，领队轻而易举地解决了一个让小颜恼火、为难，又让地陪赌气的问题。

第一节　旅游服务概述

一、什么是旅游

（一）旅游的字义

旅游（Tour）来源于拉丁语的"tornare"和希腊语的"tornos"，其含义是车床或圆圈，围绕一个中心点或轴的运动。这个含义在现代英语中演变为"顺序"。后缀ism被定义为"一个行动或过程，以及特定行为或特性”，而后缀ist则意指“从事特定活动的人”。词根tour与后缀ism和ist连在一起，指按照圆形轨迹的移动，所以旅游指一种往复的行程，即指离开后再回到起点的活动，完成这个行程的人也就被称为旅游者（Tourist）。

“旅游”从字义上很好理解。“旅”是旅行，外出，即为了实现某一目的而在空间上从甲地到乙地的行进过程；“游”是外出游览、观光、娱乐，即为达到这些目的所作的旅行。二者合起来即旅游。所以，旅行偏重于行，旅游不但有“行”，且有观光、娱乐的含义。

（二）旅游的定义

纵观旅游从萌芽、产生到不断变化和发展的历程，可以得出旅游是人类文化意识的发展和经济条件的成熟而选择的一种特殊生活方式的结论，决定了跨地域流动和跨文化交流的必然性。

旅游是以旅行方式离开常住地到异地进行的一种综合性的社会活动，因而必然要与自然的、社会的方方面面发生各种各样的联系，是一种复杂的社会现象。

从古至今的旅游，尽管在外部形式或各种条件上都存在着较大的差异，并处在不断发展变化中，但却一直有着内在传统和本质联系，那便是通过旅游来愉悦身心的目的是不变的。

对旅游的定义既要注意到旅游的历史传统和一贯本质，又要重视旅游的现代化特征。

因此，旅游的定义可以表述为：旅游是人们为了寻求精神上的愉快感受而进行的非定居性旅行和在游览过程中所发生的一切关系和现象的总和。

（三）旅游其他相关定义

（1）交往定义　1927年，德国的蒙根·罗德对旅游的定义是，旅游从狭义的理解是那些暂时离开自己的居住地，为了满足生活和文化的需要，或各种各样的愿望，而作为经济和文化商品的消费者逗留在异地的人的交往。注意，这个定义强调的是：旅游是一种社会交往活动。

（2）目的定义　20世纪50年代，奥地利维也纳经济大学旅游研究所对旅游的定义是，旅游可以理解为是暂时在异地的人的空余时间的活动，主要是出于修养；其次是出于受教育、扩大知识和交际的原因的旅行；再次是参加这样或那样的组织活动，以及改变有关的关系和作用。

（3）时间定义　1979年，美国通用大西洋有限公司的马丁·普雷博士在中国讲学时，对旅游的定义为，旅游是为了消遣而进行旅行，在某一个国家逗留的时间至少超过24小时。注意，这个定义强调的是，各个国家在进行国际旅游者统计时的统计标准之一：逗留的时间。

（4）相互关系定义　1980年，美国密执安大学的伯特·麦金托什和夏西肯特·格波特对旅游的定义是，旅游可以定义为在吸引和接待旅游及其访问者的过程中，由于游客、旅游企业、东道政府及东道地区的居民的相互作用而产生的一切现象和关系的总和。注意，这个定义强调的是：旅游引发的各种现象和关系，即旅游的综合性。

（5）生活方式定义　我国经济学家于光远1985年对旅游的定义为，旅游是现代社会中居民的一种短期性的特殊生活方式，这种生活方式的特点是：异地性、业余性和享受性。

（四）定义旅游的三要素

尽管上文中所提及的技术定义应当适用于国际旅游和国内旅游这两个领域，但是在涉及国内旅游时，这些定义并没有为所有的国家所采用。不过，大多数国家都采用了国际通用的定义中的三个方面的要素：①出游的目的；②旅行的距离；③逗留的时间。

综上所述，旅游是人们为了休闲、商务或其他目的离开他们惯常环境，到其他地方访问，连续停留时间不超过一年的活动。

知识链接

最早的旅游

旅游的先驱是商人，最早旅游的人是海上民族腓尼基人。

旅行作为一种社会行为，古代即已存在，中国是世界文明古国之一，旅行活动的兴起同样居世界前列，中国早在公元前22世纪就有了。当时最典型的旅行家大概要数大禹了，他为了疏浚九江十八河，游览了大好河山。之后，就是春秋战国时的老子、孔子二人了。老子传道，骑青牛西去。孔子讲学周游列国。汉时张骞出使西域，远至波斯，即今伊朗和叙利亚。唐时玄奘取经到印度，明时郑和七下西洋，远至东非海岸，还有大旅行家徐霞客作了游记。

二、什么是旅游服务

（一）服务的定义

服务是指生产社会效益和使用价值的活动形式，是为满足他人特殊需求所从事的非物质性产品生产以及从事可用于直接消费的物质性产品生产的社会化有偿性劳动，是为解除他人日常生活中劳动压力的代劳行为和使人得到享受的活动。

（二）旅游服务的定义

旅游服务是指旅游业服务人员通过各种设施、设备、方法、手段、途径和“热情好客”的种种表现形式，在为旅客提供能够满足其生理和心理的物质和精神的需要过程中，创造一种和谐的气氛，产生一种精神的心理效应，从而触动旅客情感，唤起旅客心理上的共鸣，使旅客在接受服务的过程中产生惬意、幸福之感，进而乐于交流、乐于消费的一种活动。

旅游服务是接待旅游者过程中所提供的各种服务，主要包括导游服务、饭店服务、交通服务和组织管理方面的劳务活动。服务是一种生产性活动，它在整个社会再生产过程中是一种必要的社会劳动。通过旅游服务活动，使旅游资源、旅游设施成为人们享受和消费的对象，从而创造一种满足人们旅游需要的特殊使用价值。

（三）旅游服务的内容

1. 旅游服务是触动游客感情的服务

旅游服务不同于一般的服务，它是人与人之间的沟通，心与心之间的碰撞。情感在旅游服务中是融洽主客关系的润滑剂，是拉近服务人员与旅游者关系的纽带。事实证明，在旅游服务过程中，如果主客双方关系融洽，彼此在心理上就容易产生共鸣，旅游服务人员感到愉悦，旅游服务就会更主动、更积极，旅游者也更乐于接受旅游服务。当然要使旅游服务能够触动旅游者的感情，就必须了解并掌握旅游者的消费倾向和个性特点，熟悉主客之间的角色关系、人际关系，向旅游者提供有针对性的个性化服务，这样才能真正打动旅游者的心。

2. 旅游服务质量体现在主客双方身心上

旅游服务质量一方面要通过旅游服务人员的表情、动作和语言体现出来；另一方面则体现在旅游者的内心感受中。旅游服务质量的评估，一方面要看旅游服务人员是否按规范和标准进行了服务，是否进行了个性化服务，是否从面部表情到动作及语言体现了对游客的热情、尊重、理解和信任；另一方面还要看旅游者的价值观念和评价标准。在实际生活中，有时质量一般的甚至较差的服务可能没有被投诉，而质量较好甚至相当好的服务可能会被投诉。因为，尽管服务质量按标准来说比较差，但游客在自己的纵向比较中却认为比自己过去经历的要好，或游客知道服务比较差，但认为多一事不如少一事，所以不投诉。相反，有的游客尽管享受了优质服务，但他们较为挑剔，仍然会投诉。因此，旅游服务质量的高低是主客双方综合评判的结果。旅游企业不要认为没有投诉就是服务没问题。

3. 旅游服务是全方位的服务过程

旅游服务是个系统工程，涉及的领域和范围很广。它既要为潜在的旅游者提供咨询和广告信息，又要为游客筹划线路、办理签证、购买机票或车票、预订房间、准备有关资料等。

（四）旅游服务的范围

（1）为游客提供门票和告知游客如何使用。

（2）让游客在景区内能快速而有效的找到自己要去的地方和想看到的景点。

（3）告知游客哪里是安全的地方，哪里是危险的地方，保证游客的人身安全。

（4）为游客讲解景区的文化，让游客感受到景区的魅力。

（5）满足游客在景区的饮食和休息等方面的需求。

（6）满足游客对于拍摄和留念的需求。

（7）当游客遇到特殊情况可以及时得到服务人员的帮助。

知识链接

某五星级酒店717房的张先生因晚上接待喝了酒，回房间喝水时不小心把酒店的水杯摔坏了，他将水杯碎片扔到垃圾桶后就入睡了，第二天完全忘了这个事，到前台结账时，前台服务员根据客房部的报告，非常委婉地问客人："张先生，请问您是否将房间的水杯放在房间的什么地方了吗，客房服务员没有找到。"张先生回忆了一下，十分抱歉地说："哦，我昨晚喝多了把水杯摔碎了，扔垃圾桶了。"服务员十分关切地问："您没有受伤吧？"张先生说："没事，只是水杯摔碎了。"服务员微笑着说："没关系，您也不是有意的，没伤着就好。"张先生听了十分感动，主动要求赔偿。

第二节　旅游服务的特征与类别

一、旅游服务的特征

旅游服务既具有一般服务的特征，又具有其独有的特征。

（一）综合性

社会上各种服务行业的业务范围都较为单一，而旅游服务却具有综合性特点。其主要原因有三个方面：一是旅游消费须在一定时间段内完成，需要各种不同的服务环节紧密连接，尤其以组合成完整的旅游日程安排最为典型。二是因为受到旅游者多样化需求的驱动，以参加团体旅游的客人将一切事务都委托旅行社办理为突出表现。这就要求旅游服务必须具有完整性、系统性和科学性，不能有任何细微的疏忽和大意，否则会造成整个服务的失败。三是旅游服务涉及的部门和行业众多，其中包括导游、餐饮、住宿、娱乐、购物等服务，还有其他部门提供的保险、外汇、海关等服务，还有间接向旅游者提供产品和服务的行业、部门，如教育、卫生、商业等。

（二）无形性

旅游服务的无形性表现在其为旅游者提供的是一系列活动，而不是实实在在的物品。旅游服务的无形性增加了服务提供者满足旅游者需求的难度，旅游者只能以主观的方式来衡量或评价旅游服务的好坏。让参与购买的旅游者感受到服务的价值与价格的对等，增加了旅游企业对服务质量进行管理的复杂性。

（三）直接性

旅游服务人员向旅游者提供的服务是一种面对面的直接的客我交往过程。在服务过程中，旅游服务人员的举止、仪态、态度、情绪、语言等都直接展示在对方的面前，直接影响旅游者的情感和情绪，并且旅游者据此评价其服务质量。

（四）情绪性

旅游并非是生活必须消费，其精神享受的成分占主导地位，所以旅游者要求得到服务，不仅为谋求服务特有的活动功能，更需要得到精神上的满足，其中包括自我欣赏性的自尊和社会认可性的他人尊重，因此，旅游者对服务明确提出了态度方面的要求。

服务具有明显的情绪性作用。当消费者提出服务要求时，他必然期望得到满意的服务结果，加之他表现出购买服务产品权利的自豪感也使其自然产生出应得到尊重的要求。虽然服务有其客观标准和规定的程序，但每一次服务的提供都是一个崭新的服务过程和服务产品。服务属于一次性消费，它与物质性商品的明显区别在于消费中途不能退换，所以要求服务尽量一次成功。对服务提出的标准应是优质服务，而不应是优良服务或是其他等级的服务。如果服务很差，激起消费者的不满情绪，即使企业道歉、退货、赔偿，也于事无补。

（五）艺术性

旅游是享受，服务质量对旅游者情绪会产生很大的影响，除前期服务所创造的环境外，还要求服务过程中也显示出艺术魅力，特别是通过接待语言和劳动操作两个方面给人以美的享受。语言交流是消费者接触服务的最初阶段。服务语言是否得体，能否为消费者所接受或信赖，似乎成为贯穿全部服务过程的艺术。亲切的表情、生动的语言、和蔼的语气、得体的手势，都能使消费者感到满意。

有些服务项目对技能技巧的基本功训练已成为职业工作的必需。其中有许多劳动操作的熟练技巧甚至可以达到近乎艺术表演的程度。它的干练、利索、敏捷、轻盈的动作能使人产生音乐节奏和舞蹈造型的和谐美感。

二、旅游服务的主要类别

旅游业不像传统行业只需要销售有形的商品，它还需要为旅游者提供服务，而旅游者的购买经历是否满意很大程度上取决于该次服务的水平。为了使旅游者获得一次满意的身心享受，旅游服务除了为旅游者解决一些实际问题外，还应该使旅游者得到心理上的满足。因此，旅游服务具有双重性。

（一）旅游服务的类别

1. 功能性服务

功能性服务是旅游者必须得到的受法律保护的有形服务，是以旅游工作者的技能、技艺为旅游者提供的服务，是有偿服务。

导游员对景点的讲解，餐厅提供符合品质要求的饭菜烹制过程和用餐服务等，就是功能性服务的表现形式。

2. 心理性服务

心理性服务是指为旅游者提供功能性服务的同时，根据不同旅游者的心理需要进行的一系列没有直接报酬的活动。如旅游工作者在旅游服务过程中善解人意，体现出对旅游者的关心和爱护。

心理性服务需要旅游工作者具备良好的心理服务能力，提供以人为本的旅游服务，使旅游者感到物超所值。

（二）功能性服务与心理性服务的关系

功能性服务是心理性服务的基础。功能性服务是实现旅游服务的必要因素，功能性服务的有形性，形成对旅游者的直接吸引力，是心理性服务的基础。

心理性服务是功能性服务的延伸。良好的心理性服务成为优质旅游服务的主要内容，心理性服务保持旅游产品的高水平品质，使旅游服务功能具有审美性，给人以美的享受，形成吸引旅游者的魅力。旅游服务中的心理性服务提升功能性服务的价值。

（三）心理性服务是旅游服务的核心

功能性服务常常以物质产品为载体，心理性服务常常以旅游工作者为载体。由于旅游者需要的变化，心理性服务已经成为旅游市场竞争的核心。

心理性服务的高回报的特点也引起业内人士的密切关注，旅游企业重视旅游工作者的心理服务业务培训，不断提升旅游心理服务的水平。

旅游工作者学习和研究旅游心理学，成为做好旅游服务工作的重要基础之一，具备旅游心理学的知识和技能，才能为旅游者提供优质的心理服务。

知识链接

服务中的十把金钥匙。

（1）顾客就是上帝；

（2）微笑；

（3）真诚、诚实和友好；

（4）提供快速敏捷的服务；

（5）经常使用两句具有魅力的话语，即“我能帮助您吗？”和“不用谢！”；

（6）佩戴好自己的名牌；

(7) 修饰自己的容貌；
(8) 有与他人合作的团队精神；
(9) 先用尊称向顾客问候；
(10) 熟悉自己的工作。

三、旅游服务的双重性

服务的问题是旅游接待的核心问题，旅游服务人员要为客人提供“双重”的优质服务，掌握“让客人觉得你和蔼可亲”和“做客人的一面镜子”的服务技能。

（一）人际交往的双重性

人与人打交道，一方面是事情是否顺利办成了，问题是否解决了，这些属于“功能方面”。另一方面，人与人走到一起，相互之间产生了好感还是产生了反感，双方的交往是愉快的、值得回忆的美好的经历，还是不愉快的、不堪回首的难过的经历，这些是属于“心理方面”的感受。

人际交往既有“功能方面”，也有“心理方面”。人们之所以要与他人交往，既是为了获得功能上的满足，也是为了获得心理上的满足。所谓获得功能上的满足，一般是指把事情办成功，或者是使问题得到解决；而获得心理上的满足，虽然有时只是为了避免孤寂，但更多的是指得到他人对自己的关心、理解和尊重。

从心理学角度，可以把服务看作是一种特殊的人际交往。服务发生于人与人之间的交往之中，是通过人际交往来实现的。当然，服务与一般的人际交往有所不同，交往的双方所扮演的社会角色不一样，一方是提供服务者，而另一方是接受服务者。既然人际交往有其“功能方面”和“心理方面”的双重性，那么作为特殊的人际交往的服务也必然具有其“功能方面”和“心理方面”的双重性。

（二）旅游服务的双重性

旅游者作为旅游经营者的客人，他们希望旅游服务人员帮助他们解决旅行途中的种种实际问题，还期待着旅游服务人员成为他们的知心人，帮助他们获得种种愉快的享受。因此，旅游服务人员一方面要为旅游者提供优质的功能服务，另一方面还要提供优质的心理服务，此即旅游服务的双重性。

旅游服务中的功能服务是指帮助客人解决食、住、行、游、购、娱等方面的种种实际问题，使客人感到安全、方便和舒适的服务。

旅游服务中的心理服务是指能让客人获得心理上的满足的服务。对心理服务较为完整解释是：让客人获得心理上的满足——让他们在旅游中获得轻松愉快的经历，特别是要让他们经历轻松愉快的人际交往，从中获得亲切感和自豪感。

功能服务的质量往往受到旅游企业所具备的种种物质条件的制约，同时也取决于旅游服务人员所具有的知识技能；而心理服务的质量主要取决于服务人员是否具有爱心、满腔热忱，是否善解人意和具有一定的表现力。

知识链接

导游小李带团到泰国旅游，在去海岛坐快艇的途中，因为海上风浪太大，游艇颠簸厉害，一位游客头撞在了船柱上，导致头晕想吐。小李作为导游担心游客会因为这件事对旅行社的服务水平产生不满，于是找到当地地陪和游艇公司，商量下一步应采取的举措。游艇公司也正在考虑如何进一步消除意外事件的负面影响，给游客留下更好的印象。游艇公司立即安排工作人员和小李一起带受伤游客到当地医院检查，确认没有大问题后才带游客回酒店。随后游艇公司高层晚上赶到客人入住的酒店，送来鲜花和水果表示歉意，并表示若后续有什么问题，及时联系解决。受伤的游客对整个事情的处理十分满意，旅行社也得到了该旅行团的很高评价。

第三节　旅游服务中的客我交往

一、什么是客我交往

客我交往是指旅游服务人员与游客之间为了沟通思想、交流感情、表达意愿、解决在旅游活动中共同关心的某些问题而相互施加影响的各种过程。没有客我交往就没有旅游服务，客我交往是旅游服务存在的条件和方式。旅游活动的特殊性决定了旅游服务中的客我交往不同于一般人的人际交往。

客我交往的形式分为两种：一种是直接交往，包括语言、面部表情、身体语言等；另一种是间接交往，包括书面语言、大众传播媒介、通信技术手段等。

二、客我交往的特性

在旅游服务中，由于旅游服务人员的特定角色以及客人所处的特定位置，决定了旅游服务和其他服务的不同，其特殊性决定了客我交往具有以下特点。

1. 交往时间的短暂性

旅游工作人员与旅游者之间接触的时间和交往的时间比较短暂，客我交往具有短暂性的特点，导致双方相互沟通熟悉和了解时间也就比较少。

2. 交往过程的不对等性

旅游者是旅游服务的接受者，旅游工作人员是旅游服务的提供者，因此两者之间的交往过程是不对等的。在交往过程中，旅游者会向旅游工作人员提出各种要求，甚至可能以下达指令的方式要求其完成，而旅游工作人员却不能向旅游者提出各种要求或下达指令。

3. 交往的表面性

旅游服务中客我交往的内容和形式仅包括旅游消费服务的范畴，不涉及双方的隐私。

4. 个体与群体的兼顾性

在旅游活动过程中，旅游工作人员既要兼顾整个旅游团的利益，又要考虑个别旅游者的个性需求，因此客我交往具有个体与群体兼顾的特点。

三、客我交往的心理状态

相互作用分析理论（Transactional Analysis，简称“TA”理论），是由美国精神分析学家伯恩于1959年创立的一种心理治疗的理论和方法，也是当今世界上流行较为广泛的一种专门分析人际交流的理论。

伯恩将人的自我状态分成三种：父母自我状态（P）、成人自我状态（A）、儿童自我状态（C）。父母自我状态（P）是由父母或父母型人物的行为内化而来的，是一大堆装在脑子里的个人早年获得的、印象深刻的外部经验，包括“必须”和“应该”。父母自我状态是“权威的”“教诲的”。儿童自我状态（C）的特征是“情绪的”“冲动的”“自发的”，常常凭感觉。成人自我状态（A）的特征是“理智的”“逻辑的”，注意事实资料的搜集，能够站在客观的立场上冷静地分析，而不受“父母自我状态”和“儿童自我状态”干扰。

人作为独立的个体常常在这三种状态中进行变化。相互作用分析理论认为，成人自我状态不像儿童自我状态那么脆弱、冲动、情绪化、忧虑，也不像父母自我状态那么陈旧、恪守惯例。成人自我状态能够预计到事情的结果及延续下来的喜悦，更关心维护个体发展。因此，相互作用分析的目的是帮助人们建立一个强有力的成年自我状态，从而促进人的成熟成长，建立良好的人际关系。

相互作用分析理论运用在旅游服务的客我交往中，可归纳为家长型、幼儿型、成人型三种心理状态。这三种心理状态与年龄没有关系，只是在某种场合下人们心理状态的表现形式而已，也没有好坏之分。在客我交往中要分析他人的心理状态，也要用最佳的心理状态与他人交往。

（1）家长型　这种心理状态以权威为特征，通常表现为两种形式：一种是命令式，主要表现为专制、统治、责骂等命令式作风的行为。另一种是慈爱式，主要表现为关爱和怜悯的行为。

（2）幼儿型　幼儿的行为表现往往以情感为基础，所以容易表现出冲动、任性、行为受感情的支配。处在这种心理状态下的人们表现为两种模式：一是服从式，表现为顺从于某种想法的行为。二是自然式，是指人们处于喜、怒、哀、乐等自然情感的状态，随性而为。

（3）成人型　成人以思考为特征，每做一件事都会以过去的经验为参考，表现为理智的行为。表现为询问式、回答式、提议式、赞同式、反对式、道歉式等。

四、客我交往的形式

在旅游服务工作中，虽然旅游工作人员与旅游者之间的交往形式有很多种，但归纳起来主要为平行式和交叉式两种类型。

1. 平行式

这种交往是平行的，是一种符合自然状态下的反应，双方都以对方所期待的心理状态做出反应，交往双方的心理符合对方的心理需求，所以双方关系融洽、心情愉快、交往顺利。主要表现为三种形式：一是成人型对成人型的交往，这种方式非常常见，表现为成人型的建议或道歉式及成人型的赞同或道歉式。二是家长型对幼儿型的交往，一方面表现为家长命令式，另一方面表现为幼儿服从式。三是幼儿型对家长型的交往，客人表现为幼儿型的自然式，服务人员表现为家长型的慈爱式。

2. 交叉式

这种交往形式表现为不符合对方的心理需求，导致双方关系比较紧张，交往不融洽，甚至中断交往。主要表现为四种形式：一是成人型对家长型交叉，表现为成人型的道歉和提议式，以及另一方家长型的命令式。二是家长型对家长型交叉，表现为家长型命令式，以及服务员的家长型命令式。三是成人型对幼儿型交叉，表现为成人型的道歉式和提议式，以及服务员的幼儿自然式。四是幼儿型对幼儿型交叉，表现为幼儿型的自然式，以及服务员的幼儿型自然式。

五、客我交往的原则

人们在人际交往中的种种表现形式都是以双方的心理状态为基础的。双方的表现符合对方的心理需求，人际交往就顺利，双方关系比较融洽。根据以上的分析，在旅游服务中应该遵循以下原则。

1. 保持平行性交往的原则

注意引导对方成人型心理状态。在三种心理状态中，成人型是最容易让双方保持理智，进行合理的、理智的人际交往的一种方式。在工作中，为了引导旅游者以成人型心理状态来进行客我交往，旅游工作人员首先要做的就是保持平行交往，满足旅游者的心理需求，然后引导其进入成人型的交往。

2. 尊重旅游者，平等对待，一视同仁

旅游者应该得到应有的尊重，只要其感受到是被尊重的，旅游者的心理就会得到基本的满足，在以后的客我交往中也会比较顺利。同时，旅游者来自不同地方、不同阶层，拥有不同的文化，具有不同的经济水平，旅游工作中要一视同仁，尊重每一位旅游者，不能因人而异、以貌取人、以职取人，应平等对待，处理事情以尊重、公平为基本原则。

3. 角色意识，双赢服务

旅游工作人员应该正确认识自己的角色，在旅游工作中不要有不平等的感觉。正确认识了自己的角色，就更能明白双赢服务的道理。在旅游服务的客我交往中双方都能获得胜利，实现双赢的高境界。

知识链接

一位旅客出差到北京，对所住酒店的前台服务员说："我是第一次来北京，明天我想到某某地方办事，可以麻烦你给我买一张地图吗？"服务员热情地回答："当然可以。请您稍等一下，我马上拿给你。"（标准化服务）

过了一会儿，服务员拿来一张地图，微笑着说："北京的交通线路比较复杂，我给您说说比较方便的行走路线，好吗？"（超值服务）

于是，服务员将地图摊放在茶几上，先用铅笔标出酒店所在的位置，再标出客人想去的位置，然后告诉他，哪几路公交车可以到达，并且建议他走一条比较远的路，因为近路红灯多、塞车多，远路却通畅，用时反而较少。（用心服务）

本章小结

旅游产品的主要构成是服务，服务水平的高低和服务质量的优劣直接决定着旅游企业的存亡兴衰。现代旅游是一种美好的经历和体验，旅游者从中获得精神上的享受，达到消除紧张的目的。旅游者在旅游活动中对精神享受的追求比物质享受更为强烈，他们对服务水平的期望值更高，这就决定了心理因素在旅游活动中起着非常重要的作用。

思考与练习

1．如何理解“旅游是一种生活方式”？

2．旅游服务和一般服务有什么区别？

3．旅游服务中怎样处理好客我交往的关系？

案例分析

地毯烧了一个烟洞

林先生是某机械厂的厂长，因公务经常到省城出差。某四星级酒店距离他办事的地方比较近，因此林先生每次都住在该酒店。有一次，林先生办完事后去总台结账退房，前台服务员李小姐一边熟练地为他办理离店手续，一边热情地同客人寒暄。说话间林先生拿出一根烟点上，李小姐赶紧送上烟灰缸。正在这个时候，前台电话响了，原来是客务中心打来的，说林先生所退房间的地毯上烧了一个烟洞。李小姐当即询问客人，但客人矢口否认自己在房间里抽过烟。李小姐看看客人手上的烟，觉得处理此事有点为难。

面临这种问题，李小姐该如何处理呢？请对此案例进行分析。

拓展训练

情景1：一群客人排队等着餐位，并且不断地问服务员：“我们还需要等多久？”，服务员应该怎样做？

情景2：客人发现自己的手表不见了，找到经理问：“我的手表在酒店房间不见了，你们怎么处理这件事情？”

情景3：晚到的客人发现酒店因为超额预订，没有保留自己已预订的房间，酒店应如何解决？

请分组模拟以上几个情境，服务人员面对不同类型的客人应该怎样应对。

第九章
导游服务心理

学习目标

1．了解导游良好形象所形成的游客的心理定式，有利于全程旅游服务工作的开展。
2．掌握导游仪容、仪表和仪态的具体内容要求。
3．了解导游在旅游过程的不同阶段的工作重点。
4．认识审美信息传递的各种方式，掌握导游讲解的多种方法。
5．掌握讲解时机的重要性。

案例导入

看好大人

和儿子随团去北戴河旅游，大概是因为暑假的缘故吧，我们这个团带孩子的人很多。到第一个景点时，导游站在长长的队伍面前，拿着喇叭嘱咐了大家一通，约定了再次集合的时间、地点。最后导游又提高嗓音说了一句话："我特意提醒一下，所有带大人来的小朋友，请看好你的大人，牵住他们的手，不要叫你的大人跑丢，这是我交给你们的任务，宝贝们，好不好？"

顿时，队伍里的孩子齐声道："好。"与此同时，我发现几乎所有的小朋友都牵住了身边大人的手。我的儿子刚刚还忍不住新奇闹着要跑出队伍转转，而这时，他却拉紧了我的手，说："听到了吗？不许乱跑哦！"

导游的这种讲法极大激起了孩子的保护欲，整个旅游的过程，我儿子不住地提醒我别乱跑，偶尔他会忘掉，独自撒腿跑到一处玩，我只要说一声："看好你的大人，你的大人快丢了。"他马上会笑着跑到我身边，叫道："跟紧点嘛，别丢了！"

本来独自带儿子来玩，一直担心他会乱跑，看不住，没想到，导游的一句话却解决了我的问题。

第一节　导游带团服务心理

旅游者外出旅游主要目的是为了满足物质和精神享受的需要。在这个过程中，导游员充当了导演的角色。服务是导游员最根本的职能或属性，导游服务主要包括带团和讲解两个主要服务环节。

一、导游带团心理准备

一个旅游团，少则几人，多则几十人，都要由导游员来率领指挥。导游员必须把握不同旅游者在不同情况下心理活动的规律，充分运用自己的魅力、能力、智力和技巧，才能带好旅行团。

（一）塑造导游员良好形象

导游员在旅游全程都会与游客接触，为游客提供服务，对游客的影响最大，所以也成为游客最关注的对象。旅游者初到异国他乡总是怀有新奇、兴奋又不安的复杂心态，几乎所有的游客都希望有一位有知识、有水平、可信赖、热心肠的导游员做向导。

1. 仪容、仪表及仪态要求

塑造导游良好形象首先要给旅游者良好的第一印象，构成游客的心理定式，在不知不觉中成为其日后判断导游员，直至全部旅游接待过程的重要依据。

（1）仪容　首先头发要干净整洁，发型自然大方，男士发式侧不过耳，后不过领，女士发式前不过眉，后不过肩，面容应该清洁大方，悦己宜人，男士上岗前要剃须并保持面部清洁。女士应以淡雅自然的淡妆上岗，应保持自身清洁，避免异味，气味浓烈的香水也同样被视为禁忌。口腔卫生也很重要，上岗之前忌进食大葱、大蒜之类的食物。

（2）仪表　是指人的外表，一般包括服饰、容貌、姿势、神态及风度，主要指服饰要求，服饰能够展现一个人的品位和修养，能在不经意间传递很多信息。莎士比亚说过："服饰往往可以表现人格。"导游员服饰要求是：端庄、典雅、规范和便于行动，其色彩、款式、质地等相互协调，也应与场合和气氛相协调，因此，穿职业制服更有利于强调其社会功能，职业服饰强化导游员的角色意识，有利于导游约束自己的职业行为，职业服饰也便于旅游者对其工作性质和角色地位的辨识。职业服饰还有利于旅行社的监督。导游员服饰的佩戴也应与职业形象保持一致，少戴为佳，色彩宁暗勿亮。

（3）仪态　仪态是人的内在美的自然流露，是个人行为举止和谈吐的综合表现。仪态通过站姿、坐姿、行姿和交谈举止等可视因素来表现。导游员既要站着讲解，又要坐着交谈，也需要时常走动，所以特别讲究"坐有坐相，站有站相。"

①站姿：站姿是一种静态造型，却也是一切静态和动态美的开始。优雅端庄的站姿能够传达

出一个人的自信，也能给人一种亲切感，导游员良好的站姿能够让游客感受到被尊重，感受到导游员的真诚和友好。良好的站姿要求是挺胸抬头，双脚与肩同宽，收腹提臀。重心要放在两脚之间，身体不能摇晃，更不能东倒西歪、依靠墙壁。手叉腰、抱在胸前都属于失礼行为，不能出现。

②坐姿：坐姿是体态美的重要内容，良好的坐姿要求入座动作轻且缓慢，坐好之后上身要保持正直。男士双腿分开与肩同宽，双手可以平放在腿上，双脚平踏于地面。女士则可以将双腿并拢后倾斜放在后侧，双手置于腿面。侧坐时，依然保持上身的挺直，臀部向一侧靠，一脚在前一脚在后，双腿保持并拢。

③走姿：走姿属于动态美，导游员步态应稳健从容，轻巧敏捷而富节奏，潇洒自如，不忸怩作态，抬头含颌，目光平视前方，双腿自然摆动，摆幅适中，不晃肩摇头，前摆后扭，低头弓背，以免破坏形态的平衡与和谐。在饭店里行走过程中需超越游客时，应先致歉后致谢；无故不得随意奔跑。随意奔跑，既失风雅，又可能给公众造成心里紧张。

④言谈：言谈是导游服务的最基本手段，导游员无论是自己在讲解还是倾听别人，都要保持精神专注，注视对方的眼睛，有需要的站起来以保持对对方的尊重，并保持一个手臂的距离。口沫飞溅、手舞足蹈、矫揉造作、心神不定、无精打采等欠雅之举，都是对游客的失礼和失敬。导游员与游客相对而言是处于从属地位的，这一点应体现于双方的交谈之中，也就是在交谈中，导游员应多用敬语、服从语和谦语。言谈的内容应力求简明准确，有理有节，雅而不俗。遣词造句要得当，不使用可能使游客产生不良反应的词句，不用或少用“大概”“也许”等模糊语词。还应避免涉及有关交往对象收入、年龄、婚姻家庭等内容的话题。

⑤手势：手势伴随着有声语言的交流而出现，使得我们的发言更具有感染力，得体地运用手势可以使发言更加精彩，但是乱用手势则会起到相反的效果，甚至可能因手势不当犯了禁忌（如用手指指人）。导游员的工作手势运用应力求做到少而准，幅度适中、优雅自然，符合旅游者的习惯和风俗。

2. 导游员工作的持久性

导游员的工作是在旅游活动全程都在进行的，所以不能因为给游客留下一个好的第一印象就算成功了，必须持之以恒，把良好形象保持到最后。这一方面是由游客的知觉心理（也是人们一般社会知觉心理）所决定，另一方面是由导游服务的特点决定的。

（1）游客在旅游过程中的社会知觉心理特点决定了良好形象保持的持久性　在导游服务过程中，导游员努力塑造的良好的第一印象往往可以“先入为主”，游客会对导游服务的感受起到强烈的影响。这种首因效应的神经机制是：首先发生作用的材料（导游员形象）带有新异性，容易引起主体（游客）注意的集中，从而提高兴奋过程的强度，加强信息活动，有利于建立牢固的信息组合。因而形成了对对象的深刻印象，同时，刚产生的兴奋过程可能对以后有关的信息活动发生“前摄抑制”（同时负诱导）的作用，以削弱后来形成的印象。

但是，游客与导游员最初的见面往往不是实质性交往，第一印象很可能给游客以错觉。游客在以后还有很多机会通过接受服务不断验证和校正自己最初的感觉，并使感觉上升为知觉。如果导游员在获得最初的好评后就松懈下来，对后期带队工作不认真、不重视，可能会造成游客抱怨，甚至投诉，以后导游员的麻烦也就多了。这种在知觉过程中最后给人留下的印象最深刻且强烈地影响了以后的印象的现象，称作近因效应。

所以游客对导游员的评价是凭其一贯表现做出的，不仅有第一印象，也有最后印象。导游员应提供始终如一的良好服务。

（2）导游服务的特点决定了良好形象保持的困难性　旅游产品不同于一般商品，其商品交换不是一次性完成的。以服务形式出现的旅游商品，实现其综合性的服务要通过多次交换才能完成。从游客入境或出境起一直到游客出境或入境止，如果导游员不能全程待在游客身边为游客服务，那么旅游商品的交换就不能完成。导游员的服务作为旅游行业中最具特色和代表性的工作，通常有以下特点，这些特点也使得导游员始终保持良好形象有一定的难度。

①导游服务独立性极强，游客唯一能评价的对象就是导游员。导游员在带旅游团时，需要一个人面对突发的问题，执行国家相关规定，要保证旅游团队的行程质量，对不同受教育程度、文化水平和爱好的游客做出有针对性的讲解和安排。导游员的这些任务，其他旅游服务人员无法代替，往往也无其他人为之“补台”。游客在持续的观察体验中，面对单一的评价对象，目标一致，在旅行团这种临时群体中，情绪的感染性极强，因此导游员任何一个主观性和客观性的不足都将被“放大”。

②导游服务知识含量高，难以形成理想的导游形象。导游员的工作性质要求其必须具备极为广泛的知识面，要和各种类型的人都聊得上来，就需要对各方面的知识都有所涉猎。导游员所接待的游客中，各种文化水平的人参差不齐，也许还能遇到学者和教授，所以在进行旅游的讲解时，就需要熟练运用掌握的知识，根据听众的不同，讲出不同的内容，这对导游员的要求极高，这也是为什么难以形成理想的导游形象的原因。

③导游工作是高强度的工作，难免使服务质量受影响。导游员在导游工作中要执行导游规程中的任务，要在游览过程中讲解，还要随时随地帮助游客解决一些大大小小的事。每带一个团，都要经过好几天休整才能恢复体力。遇上旅游旺季，不少导游员往往在同一个机场刚送走一个团又接上一个团，连续的高强度劳动，又常常无法休息，必然引起体力下降，机体器官的感受性降低，从而使服务质量受到影响。

④游客的复杂性和游客需求的多样性导致服务质量标准的不确定性。游客来自世界各地，其文化传统、民族心理以及不同思维方式、价值观念各异，游客的职业、年龄、性别、宗教信仰和受教育程度的不同，导致了性格修养和习惯爱好的千差万别。这些跨文化差异和个性差异，必然使游客在规范的旅游接待中提出一些个性化的要求。不同的对象、不同的时间、不同的场合、不同的导游员，游客的满意度各不相同，情绪化的游客有可能因主观上对某一个性化的服务不满意

而以偏概全，因跨文化差异而造成的沟通障碍也可能导致游客的不满。

⑤居于旅游服务网络的中介枢纽地位，导游员避免“代人受过”，导致自己的形象受损。导游员要经常同饭店、餐厅、景点、商场、娱乐场所、交通等部门的人员接洽安排和组织游客进行有关活动。如果因为各种利益关系和其他主观上的种种原因，这些部门的服务质量不高，而游客不可能全面、客观地了解和分析原因，导游员不便也不可以全部推卸自己的责任，这样导游员很可能因此而“代人受过”。

（二）对旅游团的认识和管理

1. 旅游团的特点

旅游团是临时性质的群体，这个群体有以下特点。

（1）临时性　除了少量的亲朋好友相邀以外，旅游团在组团前，其成员很可能是互不相识，经过几天的旅游生活后，每个人又都离开这个偶然的“交点”，沿着自己的“轨迹”前进。因此，旅游团成员之间相互没有成见，人际关系简单。

（2）一致性　旅游者参加同一旅游团，虽然动机不尽相似，但购买同一旅游线路是一致的。追求美的精神享受和物质享受，希望旅途平安，留下美好的记忆……这也是一致的。在这一前提下，旅游者容易形成群体规范，服从群体利益，服从导游员安排，有较强的从众倾向。

（3）矛盾性　游客之间由于民族、性别、年龄、性格、受教育程度、旅游动机、习惯、爱好、态度等各不相同，产生矛盾的可能性很大，其矛盾的内容也各不相同。但是在旅游团这个矛盾统一体里，一致性是占主导地位的。

2. 建立旅游团规范

规范是指一个群体所有成员的行为标准，是得到成员认可并必须遵守的规则。这个规则可以由群体正式规定，也可以在群体中自发形成。而在一个旅游团队中，不可能有时间自发形成行为标准，这就需要导游员在带团的初期就利用自己已经塑造的良好形象，利用旅游者在这个阶段对导游员的期望和依赖性，用较轻松的口吻宣布旅游团的正式规定，建立群体规范。

规范一旦形成，就会对旅游团产生作用，它促使旅游团成员在共同生活、朝夕相处的旅游行程中沟通思想，交流感情，通过互相模仿受到暗示等，形成维系旅游团的群体零距离。在以后的行程中加上旅游团规范对游客的行为定向作用，游客的惰性和认知的标准化倾向会使游客从众行为较多出现，大家都乐于在旅游活动中遵守共同的行为模式。

3. 通过群体压力，协调游客矛盾

规范往往代表了旅游团中大多数成员的要求和愿望，所以对每一个成员都有着约束力，使他们共同遵守一定的行为准则，这是由一种大多数成员的意志所组成的无形的力量，让群体中的每一个个体都在这种力量的作用下与大多数人保持一致性，这就是群体压力。群体压力不是硬性要求，不具有强制性，但是却让每一个个体都难以违抗。

一般而言，无论国外游客和国内游客都不愿意在与他人的矛盾对立中度过旅游生活，因此，严重的对立不会多，但小争执难免。有些小争执只是由于导游员经验不足而产生的，如乘车时的位置之争，因此，导游员应在旅游初始阶段，根据不同情况合理分配座位，并使之成为群体规范的组成部分，要求每人届时回到自己的位置上，避免纠纷发生。如在乘车时把靠窗、靠前的位置分配给老弱、妇女和有威望的游客，一般游客不会有意见，但在带团中如有较大的事件最好与领队商量后再做决定。

导游员在带团的初始阶段，需要观察在这个旅游团中是否有特别有威望、有影响力的核心人物，是否有亚群体和次级群体存在。旅游团虽然是个临时群体，但也时常有游客，因为小矛盾而发生大冲突互相争吵，互不理睬，有时还造成“一人向隅、举座不欢”的局面。这时导游请领队出面调解或向核心人物矛盾双方游客的亚群体发出暗示，群体压力，协调矛盾，以免影响活动的团队气氛。导游员应注意不介入评理，不背后评论，以免卷进去。

（三）加强与游客沟通

旅游团是由游客组成的，导游员要带好团，要把主要注意力放在游客身上，实现与游客的良好沟通，真正使他们高兴而来，满意而归。导游员同游客的沟通分为意见沟通和感情沟通两方面。导游员在导游服务过程中难免会因为双方的文化差异，对事物的理解角度不同等原因而产生意见分歧。导游员必须创造条件，主动抓住时机与游客实现双向沟通，求得意见一致。有经验的导游员往往注重与游客在情感频率上寻求一致，满足游客正当的情感需求。这样在感情沟通的基础上，才能顺利地实现意见沟通。良好的感情沟通要注意从每一件小事做起，于细微处见真诚。

1. 记住游客姓名

在人际交往中，记住对方的姓名，用尊称称呼对方，特别适合见面就能叫出对方姓名，能使人顿感亲切、温暖和受尊重。西方国家更是把记住对方姓名并用尊称、爱称称呼对方视为被人喜欢的秘诀之一。导游员要尽快与游客缩短心理距离，应在短时间内记住游客的姓名，了解他们的身份，并在随后的导游服务中经常正确的称呼他们。游客经常从尊称中感受到对他的尊重，油然生出好感，多了几分亲近，愿意主动配合，甚至还会原谅某些小过失，使导游服务工作更加顺利。

2. 形成伙伴关系

导游服务的顺利实现与游客的合作态度关系密切。旅游活动的顺利进行往往离不开游客的积极参与，与游客合作才能使活动达到预期效果。而想要获得游客的支持和合作，最好的办法就是与游客建立伙伴关系，获得游客的信任。

伙伴关系就是一种情感关系。导游员除了以自己热情周到的服务，诚恳尊重的态度获得游客的赞赏外，及时恰当的赞扬游客，使之有一种自我成就感是十分必要的。例如，得到游客的主动合作，应赞扬其团队精神；游客之间互相帮助和谦让，应赞扬其利他主义；游客尊重妇女应赞扬其绅士风度；游客答对了有关景观的问题，应赞扬其学识渊博等。

伙伴关系不是一种无原则的讨好巴结，更不是不道德的低级趣味。导游员还应注意与每一位游客都建立情感关系，对游客一视同仁，切忌太亲近爱说话的游客，而冷落了言语不太多的游客。

3. 提供个性化服务

个性化的服务是导游员在做好各种规范化服务的基础上，根据不同游客的不同要求，尽可能地提供有针对性的服务。个性化服务不是服务于所有人，不涉及团队的利益，只是为了解决个别游客的需求。如游客购买的东西需要快递了，餐饮上需要软糯一点的米饭，需要帮忙拍照和摄影，需要照看一下老人和小孩……这些不起眼的“小事”看似简单，做起来却不那么容易。一是需要导游员处处留心，二是需要导游员携带简易工具，并有一点小技术。当游客处于尴尬处境时，导游员帮他解决了问题，或者对游客的特殊服务需求给予“特别关照”，这都会使游客感觉备受优待，享受到超值服务。游客感受到导游的真诚精神和实干作风，内心觉得满足，也会对导游员产生更大的信任。

知识链接

导游执业管理（摘自《导游管理办法》）

第十九条 导游为旅游者提供服务应当接受旅行社委派，但另有规定的除外。

第二十条 导游在执业过程中应当携带电子导游证、佩戴导游身份标识，并开启导游执业相关应用软件。

旅游者有权要求导游展示电子导游证和导游身份标识。

第二十一条 导游身份标识中的导游信息发生变化，导游应当自导游信息发生变化之日起10个工作日内，向所在地旅游主管部门申请更换导游身份标识。旅游主管部门应当自收到申请之日起5个工作日内予以确认更换。

导游身份标识丢失或者因磨损影响使用的，导游可以向所在地旅游主管部门申请重新领取，旅游主管部门应当自收到申请之日起10个工作日内予以发放或者更换。

第二十二条 导游在执业过程中应当履行下列职责：

（一）自觉维护国家利益和民族尊严；

（二）遵守职业道德，维护职业形象，文明诚信服务；

（三）按照旅游合同提供导游服务，讲解自然和人文资源知识、风俗习惯、宗教禁忌、法律法规和有关注意事项；

（四）尊重旅游者的人格尊严、宗教信仰、民族风俗和生活习惯；

（五）向旅游者告知和解释文明行为规范、不文明行为可能产生的后果，引导旅游者健康、文明旅游，劝阻旅游者违反法律法规、社会公德、文明礼仪规范的行为；

（六）对可能危及旅游者人身、财产安全的事项，向旅游者做出真实的说明和明确的警示，并采取防止危害发生的必要措施。

第二十三条 导游在执业过程中不得有下列行为：

（一）安排旅游者参观或者参与涉及色情、赌博、毒品等违反我国法律法规和社会公德的项目或者活动；

（二）擅自变更旅游行程或者拒绝履行旅游合同；

（三）擅自安排购物活动或者另行付费旅游项目；

（四）以隐瞒事实、提供虚假情况等方式，诱骗旅游者违背自己的真实意愿，参加购物活动或者另行付费旅游项目；

（五）以殴打、弃置、限制活动自由、恐吓、侮辱、咒骂等方式，强迫或者变相强迫旅游者参加购物活动、另行付费等消费项目；

（六）获取购物场所、另行付费旅游项目等相关经营者以回扣、佣金、人头费或者奖励费等名义给予的不正当利益；

（七）推荐或者安排不合格的经营场所；

（八）向旅游者兜售物品；

（九）向旅游者索取小费；

（十）未经旅行社同意委托他人代为提供导游服务；

（十一）法律法规规定的其他行为。

第二十四条 旅游突发事件发生后，导游应当立即采取下列必要的处置措施：

（一）向本单位负责人报告，情况紧急或者发生重大、特别重大旅游突发事件时，可以直接向发生地、旅行社所在地县级以上旅游主管部门、安全生产监督管理部门和负有安全生产监督管理职责的其他相关部门报告；

（二）救助或者协助救助受困旅游者；

（三）根据旅行社、旅游主管部门及有关机构的要求，采取调整或者中止行程、停止带团前往风险区域、撤离风险区域等避险措施。

第二十五条 具备领队条件的导游从事领队业务的，应当符合《旅行社条例实施细则》等法律、法规和规章的规定。

旅行社应当按要求将本单位具备领队条件的领队信息及变更情况，通过全国旅游监管服务信息系统报旅游主管部门备案。

二、导游带团服务

人的生理和心理活动是处于动态过程中的。兴奋过程之后必然转向抑制过程。休息过后又恢复了精力。旅游活动从日程发展的纵向来看，有起伏的规律性，从活动项目进展的横向来看，有节奏的规律性。游客的旅游活动要劳逸结合，导游员的工作要分轻重缓急，才能收到最佳效果。

（一）根据游客在旅游活动各阶段的心理变化，妥善安排活动日程

旅游者抛开日常的喧嚣和紧张，到异国他乡旅游，渴望能有一段自由自在，无拘无束，快乐愉悦的日子。但是，人一旦离开了习惯的生活轨道，生活环境和生活节奏变化了。其心理和生理也会随之发生变化。在旅游活动的前、中、后三个阶段，导游员应根据游客的心理活动规律，妥善安排活动日程。

1. 前期阶段

游客初到异地停留期间为前期阶段。前期阶段的游客初来乍到兴奋激动，目不暇接。但人地两生、语言不通、环境反差大，也难免产生些许孤独感和不安全感，存在着拘谨和戒备的心理。有的游客还有茫然感和恐慌感，因而沉默寡言，谨慎小心。这些心理的变化也与异地因素相关，游客作息生物钟突然改变，适应不了。有的游客还要倒时差，在这一阶段，导游员应当为游客安排一个了解和适应新的生活环境的过渡时间。

一般情况下，导游员在接团后应立即分发给游客日程安排表和当地导游图。向全体游客说明，并请其记下接待旅行社的名称、下榻饭店的名称、联系电话等有关事项，必要时要让有的游客带上印有中英文的饭店名片，当天上午、下午的游览活动应当少而精。晚上安排的文娱活动可自由参加，游客身处轻松愉悦的气氛中有利于调节好身心，适应状态，为下一阶段较紧张的活动养精蓄锐。

这个阶段时间活动虽少，但导游员不可认为自己的工作就轻松了。首先，在该阶段，游客对导游员的依赖性较大，导游员应利用这种心理，致力于建立起旅游团群体规范，以利于以后的带团工作顺利进行。其次，导游员应以随和轻松的心态与游客自由交往。以生动精彩的讲解和耐心细致的解答满足游客的好奇心。旅游者出门旅游，其注意力和兴趣从日常生活转移到旅游目的地，总会四处寻其猎胜，以满足其追新、求异、长知识的心理需求。新到一个地方，游客对什么都感到新鲜，当地人司空见惯、熟视无睹的平常事，他们都会运用感官去观察、去倾听，加以思索，免不了还要提问。游客的问题五花八门、海阔天空、无所不包，导游员必须认真耐心地回答。

2. 中期阶段

经过了前期阶段旅游者对新的环境有所适应，与导游员之间的陌生感消除了，不安和拘谨的心理逐渐解除。在平和轻松的心态下，游客往往情绪放松、性格袒露，有的游客自控能力下降，在行动上自行其是、自由散漫、时间观念差，在言论上无约束，无理、傲慢、放肆的言行时

有表现。因而使旅游团开始出现了一些矛盾。群体规范受到挑战，个别人还会有不友好的挑衅性言行。

与放松的心理同时出现的是求全心理。游客过了早期阶段，经过休整后精力充沛，想多跑些地方，多看些地方，跃跃欲试。游客往往会把旅游活动理想化，心理期望过高。而当现实感觉与思维表象不一致时，就会造成较大反差，不满情绪强烈，抱怨投诉、甚至言行过火。中期阶段是旅游中最紧张、最辛苦的阶段。导游员必须根据旅游合同严格按照计划，一站接一站的落实交通、食宿和活动。在这些过程中，难免会遇上意外的困难。为顺利完成这一阶段的工作和让游客得到安全优质的导游服务，导游员应注意以下几点。

（1）与下一站有关部门保持联系　旅游活动是一站接一站，一环扣一环的活动，任何一个环节脱节，都会带来一系列的麻烦。因此，必须与下一站有关接待部门和人员保持联系。

（2）服务人员之间相互合作　这个阶段的服务工作繁多复杂，必须是全陪、地陪、领队和司机紧切合作、互相尊重，遇事多商量，避免产生矛盾，才能共同完成任务。

（3）强化时间观念　个别游客的自由散漫，往往会引发游客走失、遭窃、交通事故等意外事件。导游员应不失时机地在旅游团中强调时间观念，其方式方法可灵活多样。

（4）关心游客生活细节　导游员应主动与饭店、餐厅配合，使游客吃得好、睡得好，保持旺盛的精力。及时防病治病，对老、弱、病、残者给予特殊照顾。在游客购物时，帮忙照看和搬运行李。

3. 后期阶段

在旅游活动结束前即将返回的后期阶段，游客经历了中期的兴奋和紧张，游览心理逐渐趋向松懈，在人际关系心理上也表现平和。但是，临近返程时游客的心情却难以平静，如想多买些当地土特产又担心不好快递、拍的照片过少、给家人朋友的纪念品还没有去购买等。还有个别游客在旅游过程中的投诉尚未得到满意答复，赔偿还未兑现，遗失物品已有着落但尚未收到等。

针对后期阶段游客的心理，首先，导游员应在日程上把活动项目安排少些，给予游客回味空间；把活动节奏降下来，给游客留有充分的个人支配的时间；导游员也需要为旅游团行程结束做些准备。其次，导游员应与有关方面加强联系，争取把游客的各项遗留工作处理完毕。最后，导游员还应力所能及地做一些补救工作，对产生的失误和不周之处给予弥补，如赠送纪念品、正式道歉等。

到了后期阶段，导游员经过长期的工作，也感觉很累，但一定要振奋精神，善始善终，去争取最后的胜利。

（二）根据游客旅游活动的生理心理活动规律，合理调节游览节奏

1. 根据游客不同的生理和心理活动规律，松紧配合

游客活动日程安排是一种艺术。尽管也有可能因具体原因变更活动日程，但这里不是说可以随心所欲地更改具有契约性的旅游计划。这里所讲的是在正常情况下，考虑紧张与放松的问题。

一般来说，旅游者经过长时间的旅行和长距离跋涉，赏景的兴趣就会减弱，因为处在身体疲倦和心理劳累状态下，眼睛、耳朵等感觉器官的感受性会下降，甚至麻痹。只有生理节奏正常，心理节奏适度，游客处于悠闲舒坦的生理和心理状态下，才能真正感受到自然美、社会美和艺术美。

（1）处理好全程活动不同阶段的松与紧　前面已阐述旅游活动可分为前期、中期和后期三个阶段，不同阶段旅游者的心理是不一样的，导游人员应处理好不同阶段游览的松与紧，以帮助游客在每个阶段都处于悠闲舒坦的生理和心理状态，达到一个最佳旅游体验过程。在旅游前期阶段可适当轻松，为后面的游览做好准备；中期活动可略为紧张，让游客体验旅游快乐和刺激；后期阶段活动又可适当轻松，让游客身心得以调整，旅游得以回味，还可腾出时间购买旅游纪念品。

（2）处理好在各地游览活动的松与紧　旅游团中专业性强的旅游团成分比较简单。各位旅游者对安排的松紧感觉相差不会太大。但这样的旅游团较少，多数旅游团游客有不同职业、不同兴趣爱好、不同年龄、性别，甚至国籍也不同。因此，活动日程的安排、游览项目、游览内容的选择既要满足不同属性的旅游团的需求，又要普遍注意到团中成员的年龄和体力。对以青壮年为主体的旅游团，可以适当紧张些。对专业性旅游团可选择与专业相关的浏览点，节奏可以紧凑些，有利于它们进行比较研究。而对于年龄、性别等方面成分比较复杂的旅游团，日程安排上应注意远近结合，劳逸结合。比如第一天要去远郊，第二天就在市内活动。一般原则应是既使体力强，精力充沛者有发挥的余地，又使体弱者不至于过分疲劳，注意每天活动不太紧张劳累，注意活动不雷同，用文娱购物的活动多样刺激，对体力恢复进行积极性调节。

2. 根据观赏过程中不同的游览内容，动静结合

导游员在组织安排游览路线和景点逗留时间时要注意游览方式与景观类别和性质相适应。即根据观赏过程中不同的审美观感和审美兴趣，动静相间。有动有静、有快有慢、一张一弛，使游览观赏过程具有节奏感。一般而言，自然山水、皇家园林、山陵、现代大型游乐园等游览活动项目动的因素多，可以根据游客的年龄、体力和审美需求，用较快的速度侧重其美的内容游玩、游览。而博物馆、寺庙、园林、古迹遗址、民居等则是一种相对较雅静的游览项目，氛围或幽雅、或肃穆、或静谧、或平和，行进速度自然应当缓慢。

导游员不仅要在活动日程上注意动静相间安排，在游览空间、移动方式上也要注意选择，如游览自然山水，可跋山涉水、可乘车盘山、可泛舟江河，也可在缆车中居高临下，各种形式交替使用，使游客动静交替、静中有动、动中有静。减少体力消耗，增添游玩趣味。如果路线安排和游览方式选择不当，比如连续的徒步爬山登顶。游客的体能消耗过大就会体会不到登山的乐趣，只会觉得单调乏味。所以爬山要缓，中途应分段间歇。

3. 根据对不同景观的美感经验和感受能力，“导”“游”交错

导游员不是单纯的“导”，而是还要在游览中作指导性的讲解，而“游”则要让置身景观之中的游人有随心漫步、独自观赏品味的时间和余地。导游员应“导”“游”交错，处理好导和游的关系。导游员在带领游客进入具体的景点之后，要通过恰到好处的讲解和介绍，帮助游客了解

和理解景观的丰富内容、自身特色和精彩之处；又要引而不发，给游客机会和时间自己独立欣赏和体验个中情趣，感受审美快感。旅游审美在很大程度上是一种具有个性特征自我鉴赏和自我判断过程，而游客由于民族、社会地位不同，各人的审美需求也不尽相同，其美感经验和审美感受能力更是千差万别。所以，导游员不可热情过头喋喋不休地讲解，也不能“金口难开”，只是“放羊式”的游而不导，应当“导”“游”交错，根据实际有所侧重，有的放矢。一般来说，较大空间的自然山水景观以“游”为主，以“导”为辅，导游员重在掌握观赏时机，指点好的观赏角度讲解景观特色，帮助游客全身心投入进行具体的审美体验。而对古迹文物、民居等人文景观则以“导”为主，以“游”为辅，通过比较详细的讲解、介绍、问答，使游客了解人文景观的特色、功能和历史等背景知识，以利于游客进行鉴赏和评价，进行对深层文化底蕴的情感体验。

知识链接

世界服务业协会对“SERVICE”的新意表述

世界服务业协会曾经把“SERVICE”的七个字母拆开，扩展为一连串的句子，用于表述“服务”的深层内涵。即：

S——Smile for everyone.（微笑待客）

E——Excellence in everything you do.（精通业务）

R——Reaching out every customer with hospitality.（亲切友善）

V——Viewing every customer as special.（一视同仁）

I——Inviting your customer to return.（邀请再来）

C——Creating warm atmosphere.（宾至如归）

E——Eye contact that shows we care.（凝神关注）

第二节　导游讲解服务心理

旅游者到异国他乡旅游，首要目的大多是通过观光游览欣赏不同于居住地的自然景现、人文景观和社会风貌。旅游是一项综合性很强的审美活动，在活动期间还能收获不少知识，陶冶自己的情操。这要求导游员在为游客讲解时，向文化水平不同、审美情趣不同的游客提供个性化的服务，满足他们既要欣赏美景，又想获得知识的心愿，提供良好的游览服务。

一、了解游客心理需求，激发游客审美行为

（一）了解游客心理需求，传递审美信息

认知心理学和美感心理学认为，只有被人们感知了的和认识了的事物才能引起美感。随着认识的深化，美感也随之升华，即使是风光再美，虽然几乎人人都能直接感受到，但是感觉和知觉还是较低层次的审美，只有在较多地了解信息的基础上，才能达到理解和领悟，而游客可以更主动、更深入、更全面的观赏，才能获得最大的美的享受。

游客初到目的地，对风土民情不了解，对景观的各种信息认知也会受到很大限制，不知其美在何处、为何是美、怎样欣赏。例如，自然美的观光角度，与社会美和艺术美的联系，社会美的背景，艺术美的特征等，如果没有人适当的指点，一般游客特别是地域跨度大的远程游客、文化差异大的外国游客就很难领略其内涵。

帮助游客感受、理解和领悟各种景观美的形式和内容，是导游员导游服务的基本内容之一，是导游员的责任。导游员要从较高审美层次上向游客传递自然风光、社会风情和文物古迹等旅游信息，还要通过导游讲解，向游客传递审美信息，用生动形象的语言介绍风光美景，帮助他们获得真正美的享受。对外国游客而言，导游员不仅懂得中国人的审美观和审美情趣，又了解游客所在国人们的审美观和审美情趣，从而在讲解中比较差异，效果就更好。

（二）遵循审美心理规律，激发游客审美想象

人的审美过程是通过对审美的知觉经过积极的思维活动，在已有的知识和经验参与下进行再造想象和创造想象的过程。导游员恰如其分、恰到好处的讲解，能更好地帮助游客完成这个美感升华的过程。

景观审美是风光美景作用于游客的主观意识而产生审美冲动的过程。审美冲动的强烈程度不仅与对较深层次的景观内涵的了解相关，还与游客的审美情趣的差异有很大的关系。作为审美主体的游客，由于其审美需求的多样性和审美意识的差异性，形成了很大的审美选择性。由此决定了导游员讲解的针对性和灵活性。导游员在安排旅游活动、引导游客游览时，不可把自己的审美兴趣强加于游客，强迫游客接受自己的审美选择，尽管这种做法的愿望是好的。导游员要处理好游客一般的审美需求和特殊的审美需求之间的辩证关系，遵循其审美心理特征和思维规律，进行有的放失的导游讲解。

优秀的导游员除了对祖国、家乡的名胜如数讲解以外，不仅要尽可能多地熟悉客源国的情况，还要了解中外不同的审美观。游客的审美个性，通过寓景于情、借景抒情、情景交融的讲解，将景物的外在形式美和内在内容美的特征与游客的审美需要和美感经验结合起来，突出最能引发游客审美情趣的内容，借用蒙太奇手法调动游客的感觉能力和联想能力。游客在游览观赏过

程中，由于导游员优质导游服务的中介作用，与审美对象产生了情感交流，达到物我交融、情景交融的境界，从而获得美的极大享受。

二、导游灵活讲解，传递审美信息

（一）动静结合，情景交融

旅游审美活动是经常处于“动”的状态的，但是景观的奇妙之处引起游客的注意又必须停留片刻，在相对静止的状态下，在感觉、联想和想象等审美基础上欣赏美和体验美感。这既是审美体验的深化，也是审美情感的升华。处于这种最佳心理境界的游客，心中得到无比的快适和满足。至于何时“动观”，何时“静观”，这就要求导游员熟悉沿途各景点的情况及观赏价值，灵活应用。不可“静”得过了头，把人拖得感到无聊，而后又匆匆忙忙赶路，也就谈不上什么“动观”，景观在游客的心目中是流动的、生动活泼的三维空间。随着游客的运动，景观的空间形象才像一轴画卷逐渐地展现，“步换景移”，景观变换影响了审美情感，情景交融，“登山则情满于山，观海则意溢于海”，游客获得了空间进程的流动美感。

（二）虚实结合，引人入胜

导游员在导游讲解中，应当把这两者有机地结合。讲“实”就是多用叙述性语言，介绍山水风光之美，说明景观成因或历史变革，从而传递有关审美信息和知识；讲“虚”就是在讲解景物的过程中，特别是一些象形自然风光和动态人文景观，即景起兴、见景生情，多用富有感情色彩的描绘性语言把与景物密切联系的典故、传说和故事娓娓道来，引发游客的广泛联想和想象。就物讲物、就景说景、开门见山、平铺直叙往往令游客味同嚼蜡，而如若避实就“虚”，专讲故事传说和趣事逸闻，可逗得游客开心一笑，但却往往一笑了之。唯有实中有虚、虚中有实，以实为主、虚为实用，才能加深“实”的存在和游客对“实”的理解，使游客真正获得身临其境的精神享受。

（三）制造悬念，渐入佳境

制造悬念，提出问题，要因人而异才能真正起到引人入胜的效果。游客在游览过程中通常乐于倾听导游员的讲解，但是因为好奇心，一些无关刺激时常分散了游客的注意力。导游员除了要使讲解更加生动形象，更富表达力外，还要利用游客追寻景观特征，了解文物来历、故事结局和景区历史变迁的迫切心情，巧妙安排讲解内容，紧要关头来个“且听下回分解”，或提出一些问题让游客思考、议论。这种制造悬念，或者称“卖关子”的做法常常使得游客不得不全神贯注地听下去，或开动脑筋寻求问题的答案。由于游客被调动而积极地参与到思考和观赏过程中，从而使讲、听双方在情感上得以共鸣。当然，提出的问题并非真正全由游客一一回答，常常需要由导游员最后点破。

（四）点面结合，重点突出

点和面是一对相对概念，相对于旅游资源遍布幅员辽阔的中华大地，每个景区又只能算是一个“点”。游客在有限时间的旅游历程中，只能到数量有限的景区（城市）游览，导游员在讲解介绍时，应有意识地运用“以点带面”的方法，在讲当前的景区，眼前的景物时，举一反三顺理成章地介绍行程内和行程外一些景区景点，使游客在有限的行程和时间内获得更多的审美信息，开阔眼界，而且还可以使意犹未尽的游客萌生下次到那些没有去过的景区景点旅游的欲望。

点面结合的讲解服务，既可以深化游客的审美观念，又可以使游客获得更多的审美信息。从一个具体的景区看，虽然总体上是美的，但其美的特质往往凝聚在若干个特定的点上。导游员在引导游客进入景区作“面”上的概要介绍的同时，要注意突出重点，把那些具有鲜明外在美或蕴藏深厚内在内容美的最具代表性的点讲深讲透，道出其妙点化其神，以加深游客印象，增添审美情趣，深化审美享受。

（五）运用类比，事半功倍

类比有明显的效果，但游客对景物的认识还只是停留在表层，导游员还应进一步运用比较方法，进一步点出接待地景物不同于异国他乡的特色，激发游客进一步比较景物成因、背景、历史变革、规模大小差异，提高游览观赏兴趣，获得新的审美体验。如对欧洲游客介绍苏州时，可说是“东方威尼斯”；介绍《梁祝》时，可说是“中国的罗密欧和朱丽叶”等，导游员运用类比往往可达到事半功倍的效果。

导游员在讲解中，可利用同类相似的景物对比，以熟喻生，以避免游客因为社会历史、地域和文化心理的差异对讲解内容产生困扰或障碍，达到使游客对陌生事物容易理解和接受，油然而生一种亲切感的目的。例如，讲园林，西方园林艺术是彻底运用建筑原则而修建，中国园林是“力图模仿自由的大自然”的一种“绘画”；讲建筑，西方人着重于建造一个独特的永久固定的生活环境，中国人却着眼于营造一个能适应自然条件的现实空间等。

三、把握讲解时机，引导游客审美行为

好的导游讲解，还要求导游员对景物的特色、游客的心理变化、行车路线和速度以及日程安排等诸多旅游行为的影响因素进行综合考虑，在最佳时机进行讲解，引导游客审美行为。导游讲解主要有途中讲解和景点讲解两种。

（一）途中讲解

途中讲解可细分为接团讲解、游览途中讲解和回程途中讲解三个阶段。

1. 接团讲解

接团讲解时机是在游客到达时或在景点游览活动之前，地点可以在接站的机场或车站，可以在到下榻饭店的路上，也可以在下榻饭店。讲解内容除了表示对游客尊重的欢迎词和介绍导游接待人员外，一般是向游客介绍旅游行程中诸城市（景区）的地理位置、历史沿革、社会经济、交通、人口、民族、对外关系、旅游业发展等基本情况，概要介绍著名的风景游览点等。对游客马上参观游览的对象讲解可详细些。游前通常由导游员（全陪或地陪）讲解，也可根据游客的身份地位及与旅行社的关系由经理，直至总经理参加并讲话。

2. 游览途中讲解

这是从离开饭店向游览景点出发时就开始的。旅行车行进在通往景点的路上，导游员就开始了导游讲解服务。车上导游必须对行车时间、路边风景、景点游览内容等情况综合考虑，选择讲解时机和内容。到小规模的景点，车上导游可讲解沿途风光；到较大规模的景点，一些景点概况、历史背景等内容就要考虑安排在车上讲。行车时间短，导游讲解可多些；行车时间长，导游也不应喋喋不休，否则效果适得其反。讲解还应选择游客情绪稳定、注意力集中时进行。在旅行车刚开动、途中出现新奇的景物以及将到终点时，游客的注意力尚未集中或容易分散，讲解就几乎没有效果。

3. 回程途中讲解

这是游览结束后在回程的车上，有些景物会对游客心理产生极大的震撼力，使之心绪难以平静，游客有一种不吐不快的冲动，必然会发生一番议论。由于见仁见智，有时还会很热烈，导游员在适当的时机参与议论，并做些必要的讲解补充，这就是回程途中讲解。回程途中讲解会深化游客的观赏和审美效果，也加强了与游客的沟通，实际上也是与游客进行的文化交流。但回程途中也要注意到游客游览了很长时间，身心都比较累，导游根据情况不应作大量的讲解，而是对今天的游览作简要的总结，然后叮嘱大家注意休息，养精蓄锐准备下一段旅程。

（二）景点讲解

景点讲解是导游工作的重要内容，游客旅游的主要目的就是来旅游目的地观赏风景名胜，了解文物古迹，导游要采用各种讲解方法、讲解技巧进行景点讲解，抵达景点后，要提醒游客记住旅游车标志、车牌号、停车地点和开车时间；在景点示意图前，对景点进行概括性介绍，如景点的历史背景或自然成因、景点规模和主要特色等，并向游客讲明游览路线、所需时间、集合时间、地点及参观游览中注意事项；导游员带团进入游览线路，应充分利用这些媒介向游客介绍游览线路、主要景点位置和该景点的历史及规模，着重说明游览对象的观赏价值，使游客在游览前先有了整体的美感。不少景点把游览平面图印在门票上，导游员应及时把门票分发至每一位游客手中。在游览中，要做到引导与讲解相结合，集中与分散相结合，劳逸适度，讲解时语言要清楚、生动，富有表达力，以增长游客的知识和获得美的享受；游览中，要随时清点游客人数，注意游客安全，防止游客走失。

旅游过程中随时满足游客的求知、好奇需要。及时提问，及时讲解或是导游员根据游客的审美趣味和审美情感，见景生情，随机应变的讲解。导游讲解绝不能只会围绕游览点，按导游手册宣读。游客旅游的目的不仅是看看名山大川、名胜古迹，他们还要了解社会，了解民俗风情。他们不但要听和看，还要参与其中，这就要求导游员要有较高的文化素养和思想素质，有丰富的信息和广博的知识，在游客发现新奇的或不理解的事物和社会现象时，在游客提问和尚未发现时，及时讲解，游客更能感受到轻松愉快旅游的乐趣。

知识链接

导游讲解技巧

一是有问有答或自问自答法。问答法是一种常见的方法，可以启迪人们的思维，满足人们的求知欲望。一般可由导游采用自问自答或是游客问导游答的方法。

二是简述或详述法。所谓简述，即扼要地作一概括说明；而详述法就得翔实细致地、甚至无一遗漏地做出具体、完整的介绍。在景观高度集中场合，导游应根据不同的服务对象和当时不同的情况有所选择，或交替使用。

三是典故和故事法。例如讲解苏州狮子林内的“立雪堂”应把“立雪”两字的典故讲清楚。据《宋史·杨时传》:“见程颐于洛，时盖年四十矣。一日见颐，颐偶瞑坐，时侍立不去，颐既觉，则门外雪深一尺矣”。后人引用为尊师重道的“程门立雪”的典故出处。

四是类比和对比法。所谓类比即是同类相比；对比则是相对而比。例如在园林建筑中，亭、台、楼、阁、厅、堂、馆、斋、回廊、漏窗是经常见到的，但它们既有相互间的共性，也有各自的特性。举“廊”为例游览苏州沧浪亭，能见到直廊、曲廊、回廊、复廊等多种样式；而游览拙政园则有名为“小飞虹”的一架小巧桥廊凌跨于水面上；至于游无锡蠡园滨湖长廊时，一湖碧水尽收眼底，有所谓“浮廊可渡”的美誉。用类比或对比，使旅游者取得更理想的审美效果。

五是制造悬念法。即引而不发留下悬念，讲解时可适当制造一些悬念，使旅游者产生求知求新欲望，从而增加游兴，强化游览效果。如游览杭州西湖“湖心亭”，它是杭州现存的最大的一所亭类建筑，导游可问:“最小的在哪里呢？”旅游者一定想急于知道，导游可表示到孤山西南麓的六一泉再找答案，游客游孤山时肯定游兴勃然。

六是情景交融法。也称导入意境法。导游把旅游者带入游览点后，要使旅游者见到的景物和听到的讲解融会贯通。“见景生情，情中怀景”的情景交融境界。

（全国导游资格考试丛书《导游业务》）

本章小结

旅游者外出旅游主要目的是为了满足物质和精神享受的需要。在这个过程中，导游员充当了导演的角色。服务是导游员的最根本的职能或属性，导游带团时要做好仪容、仪表及仪态准备，同时要塑造良好的第一印象；旅游团是由游客组成的，导游员要带好团，要把主要注意力放在游客身上，实现与游客的良好沟通，真正使他们高兴而来，满意而归，要记住游客姓名，形成伙伴关系以及提供个性化服务；游客的旅游活动要劳逸结合，导游员的工作要分轻重缓急，才能收到最佳效果。导游员在为游客们讲解时，向文化水平不同、审美情趣不同的游客提供个性化的服务，满足他们既要欣赏美景，又想获得知识的心愿，提供良好的游览服务。

思考与练习

1. 塑造导游员良好形象在导游服务中有什么重要意义？
2. 导游服务起了什么样的纽带作用和标志作用？
3. 为什么在旅游团这种临时群体中要形成群体规范？
4. 导游员如何与游客实现良性沟通？
5. 在旅游的前、中、后三个阶段，导游员应如何根据游客的心理活动规律安排日程？

案例分析

某年8月，西安的导游员小李接待了一个20人的旅游团。这个旅游团原计划在西安活动3天。其中第三天上午参观兵马俑，下午乘飞机去桂林。第二天晚上11点，小李突然接到全陪打来的电话，说该团原定明天下午去桂林的飞机改为上午7点起飞。小李一听非常着急，因为航班一改将牵扯到游览、用餐、行李、送机和通知游客等一系列问题。此时游客都已休息了，司机也早已回家了，怎么办呢？她马上与旅行社联系，旅行社的内勤人员告诉小李情况属实，并让她马上到旅行社取机票。小李质问内勤人员为什么不提早通知她，对方讲给她的手机打了电话，但没联系上。小李没有同他继续争辩，而是请他帮助联系第二天的用车、进餐等事宜，然后又请全陪通知客人第二天早晨出发的时间和准备出运行李，在同饭店落实早餐、出运行李、退房等事宜后，她赶去旅行社取机票，夜里12点才赶回饭店。当时，旅游团的随员和全陪正等着她，等一切安排妥当已经是凌晨1点了。

第二天早晨5点，该团从饭店出发赶往临潼机场。兵马俑看不成了，大家的脸色都很难看。小李忙向大家解释改变飞往桂林时间的原因。她说："最近去桂林的航班很紧张，那里又下大雨，为了保证今后的旅程顺利，所以改变了飞桂林的时间。"又说："没有看到兵马俑确实很遗憾，这是我们安排上的失误。请大家多谅解。不过现在兵马俑博物馆正在维修，只开放少部分坑道，今天西安又要下大雨，即使航班不变，我们也可能会改变游览路线。"说完她再次向大家道歉。大家听完小李的解释并没有发火，他们仍对前两天小李的导游服务感到满意，对旅行社的安排表示理解。可小李的心里却不是滋味，如果天气预报失误，桂林和西安都没有下雨，兵马俑也只是小规模的维修，那我岂不是在撒谎？从机场回来的路上，西安下起了大雨，此时桂林也在下雨。游客不会怀疑小李撒谎了，但小李的心情却像雨天一样阴沉，她因游客没有看到兵马俑而感到不安。

请对此案例中小李的导游服务进行点评。

拓展训练

分组扮演不同旅游团队（老年团、外国团、夏令营），模拟对其进行导游讲解。

第十章
旅游交通服务心理

学习目标

1．理解旅游交通是旅游活动的第一环节。
2．认识安全和准点是旅游者对旅游交通服务的最主要心理需求。
3．熟悉游客对旅游交通的心理需求，掌握旅游交通服务的具体策略。

案例导入

据成都《华西都市报》2006年3月2日的报道：2006年3月1日，一辆由四川遂宁射洪县开往深圳的大客车在广西境内自行燃烧。车内既没有消防设备，又没有供逃生砸碎车窗玻璃的铁锤，导致车辆最终被烧焦报废。更令人痛心的是，全车旅客中有16人被活活烧死，侥幸逃生的人都被烧成重伤或轻伤。在遇难的16人中，男性10人，女性6人，其中有2岁和6岁女童各1人。死亡的人中之所以男性多于女性，是因为在灾难面前，这些男人们让妇女、儿童先走，把死亡留给了自己，令人敬佩。据逃生者讲，这辆客车出站后就问题不断，沿途多次修理，进入广西境内后车下就开始冒烟。这是一辆典型的病车，却居然能载客人上路，真令人费解！

第一节　旅游者的时间知觉

一、时间知觉的概念

时间知觉（Time Perception）是指对客观现象延续性和顺序性的感知。既与活动内容、情绪、动机、态度有关，也与刺激的物理性质和情境有关。此外，人们对较长的时间间隔往往估计不足；而对较短的时间间隔，则估计偏高。刺激编码越简单，知觉到的持续时间也就越短。在判断时间间隔正确性方面，各感官是不同的。听觉和触觉对时间间隔的估计最准确。由于年龄、生活经验和职业训练的不同，人与人之间在时间知觉方面存在着明显的差异。

二、时间知觉误差

感觉通道的性质在判断时间的精确性方面，听觉最好，触觉次之，视觉较差。一定时间内事件发生的数量和性质在一定时间内，事件数量越多，性质越复杂，倾向于短估；事件数量少，性质简单，倾向于长估。回忆往事时，同样一段时间，经历越丰富，就觉得时间长；同样一段时间，经历越简单，就觉得时间短。

人的兴趣和情绪导致对自己感兴趣的东西，会觉得时间过得快，出现短估；对厌恶的、无所谓的事情，会觉得时间过得慢，出现高估。在期待某种事物时，会觉得时间过得很慢；对不愿出现的事物，会觉得时间过得很快。

三、旅游者的时间知觉

（一）旅行要求快速

在提高工作效率的心理压力下，人们在旅游中也总是想尽可能地缩短时空距离，现代社会人们收入增加导致时间更紧张，人们对“经济距离”越来越敏感。经济距离是指往返于客源地和目的地之间所需要的时间和费用。

（二）游览要求慢速

旅游者作为审美主体在游览审美过程中必须保持轻松自在、怡然悠闲的审美心境，获得美的享受。

（三）乘车要求准时

“准时”是旅游交通服务部门基本的工作规范，也是旅游者正常、普通的时间知觉。不准时、不守时，就会打乱旅游者生活和旅游的节奏，使宾客产生强烈不满的烦躁感。

（四）时间知觉随情绪发生变化

情绪情感会造成时间知觉误差，因此，时间知觉可以控制和调节。

第二节　旅游交通服务心理

一、游客对旅游交通的心理需求

（一）安全

马斯洛的需要层次论认为安全需要是人们生理需要得到满足后最基本的一种心理需要。旅游者对旅游交通服务同样也有“安全”的心理需求，而且是作为一种最为关注的首要需求。任何人都期望“一路平安”，决不希望发生交通事故。安全是旅游活动的前提，可以说，没有安全就没有旅游。旅游包括“旅”和“游”，只有保证旅游者旅途中“一路平安”，不发生任何交通意外事故，才能使其充分享受旅游活动的乐趣。

（二）快捷

在旅游活动中，旅游者通常认为“旅”是到达旅游目的地的条件，“游”才是目的，旅游者对时间的知觉是旅途要快、游览要慢，即“旅宜速、游宜缓”。

“旅宜速”是一般旅游者对旅游交通最普通、最常见的心理诉求。旅游者都希望以最快的速度到达目的地，能尽量缩短在交通工具上的时间以增加游览时间。

（三）准时

在旅游活动中，时间通常被分为旅途时间、游览时间、用餐时间和休息时间等。又因为旅游交通带有严密的连贯性，前一站的误点和滞留会影响下一站的活动，因此而误了航班、车次、食宿及游览活动。对部分游客还可能诱发一些涉外事件，如有些入境旅游者不能按时出境返回本地被业主解雇等。所以，旅游者对旅游交通服务普遍具有“准时”的心理需求。这种需求是人们计划旅游活动内容，保持正常的生活和工作节奏的基本需要。

（四）舒适

旅游是一种高层次、全方位的审美活动，旅游者在旅游活动中的消费属于享受性消费。在现代旅游活动中，人们已经逐渐放弃“吃苦饱眼福”的旅游观念，转向追求舒适和快乐的新旅游方式。这种舒适和快乐贯穿于旅游活动全过程，自然也包括对旅游交通舒适的需要。人们休闲外出旅游是为了放松自己而得到物质和精神的快乐享受，旅途“舒适方便”的交通服务，正是迎合了这种生理和心理需求。旅游交通服务不仅要为旅游者提供“行”的方便，而且也要为旅游者提供“行”的舒适和快乐。

二、旅游交通服务策略

（一）确保旅游者安全心理需要

（1）交通工具在运行过程中受机械故障影响，有发生事故的可能性，因此，在旅行开始前，必须对交通工具进行认真检查。

（2）旅游交通部门应选择技术水平良好、经验丰富、责任心强的司乘人员，对司乘人员进行安全方面的教育，尽量避免技术事故的发生。

（3）旅游交通部门可以通过多渠道对旅游者加强交通安全的宣传和教育，丰富旅游者旅行安全常识及增强旅游者自身交通安全的保护意识，发现违规操作的情况，能够及时举报和制止，减少交通事故的发生率。

（二）加强交通服务设施的现代化

为了确保旅游者对时间知觉和安全的满足，必须不断提高区际、区内的旅游交通硬件条件，包括道路、基础设施和交通工具三个方面。

（三）提供人性化的交通服务

1. 提高服务人员的服务质量

服务日渐成为指导人们各项活动的理念之一，服务意识的内涵早已超出“微笑服务”的范畴。做好本职工作、合乎制度要求，只能是合格的员工；而能够真正站在服务对象立场着想，才是真正优秀的员工。我们要努力提高服务质量。有句话叫“生气不如争气”。与其被动接收批评，不如主动提高服务质量和服务水平。要提高服务质量，必须以遵守服务规范、增强服务意识、提高服务能力为条件。

2. 强化服务人员的服务意识

培养旅游从业人员树立积极的服务意识、掌握出色的沟通技巧、建立妥善的投诉处理机制，以把濒临破裂的客户关系重新拉回到双赢互利的正轨上来，一直就是急需解决的问题。人们似乎总在口头上高谈阔论客户有多么重要，但是落实到实际的行动上却并不踏踏实实地加以实践。

3. 服务人员应具备良好的职业心理素质

（1）过硬的知识、技能　为确保旅游者生命财产的安全，必须加强对服务人员的安全教育，强化安全意识，提高安全操作技能、服务技能，对交通工具、基础设施进行严格的维护与检查，加强安检。

（2）高尚的情感品质　高尚的情感品质是提供优质服务的前提，具备高尚情感品质的服务人员，要有顽强的毅力、高度的责任心、丰富的情感，能真心诚意地关怀旅游者，服务时才会体现出浓浓的人情味。

（3）敏锐的观察力　思维敏捷的服务人员能主动察觉旅游者的需要，并及时提供体贴入微的服务，正所谓“想旅游者之所想，急旅游者之所急”，能机敏和果断地判断、分析、处理各种事件，使服务更有针对性。

4. 建立“一条龙”服务体系

“一条龙”服务体系要求旅行社、旅游交通部门、景区景点、餐饮、娱乐各部门相互配合、协调一致，强化质量意识和服务意识，在政府有关部门的监督指导下，加强日常的自检、互检、专控手段，优化整体素质、减少内耗、简化手续，使旅游者的旅途安全、舒适、准时、便捷。

本章小结

旅游交通是现代旅游业的三大支柱之一，它不仅是实现旅游者从常住地到游览地的空间位移的工具，也是旅游活动中不可或缺的构成部分。整个旅游过程中，旅游交通服务带给游客的体验是否愉悦，同样是旅游者评价整个旅游产品的重要依据之一。因此，在保障游客出行安全的前提下，旅游交通服务人员必须想方设法满足旅游者求尊重、求便捷、求准点、求舒适的心理需求。

思考与练习

1. 怎样理解旅游交通是旅游活动的第一环节?
2. 为什么说安全和准点是旅游者对旅游交通服务的最主要心理需求?

案例分析

贵宾厅里的艺术享受

我国首都机场不仅有现代化的航空设备，而且在机场设有银行、电话、电报室、画廊、商店、出租车站、餐厅，贵宾休息室内有70多幅壁画，使旅客置身于美丽的画廊中，得到美的享受。

请分析这种享受对旅游者的作用。

拓展训练

试调查分析不同类型的旅游交通方式的主要游客类型，并研究不同类型的交通方式对游客满意度的影响程度。

第十一章
饭店服务心理

第一节　前厅服务心理
第二节　客房服务心理
第三节　餐厅服务心理
第四节　康乐服务心理
第五节　会议服务心理

学习目标

1．了解宾客在前厅的心理需求。

2．理解让宾客有“宾至如归”的心理需求的重要性。

3．理解餐厅服务中的标准化和个性化服务。

4．熟悉会议服务心理，掌握会议服务的技巧。

案例导入

一杯茶的故事

一天晚上，某酒店中餐厅来了一位姓吕的客人，是一家公司的总经理，今天他是主人，所以很早就到了房间，服务员小李很热情地询问需要什么茶水。“来杯苦丁吧，多放点茶叶。”客人说。服务员泡了茶水，吕总边喝边说：“我最喜欢喝这个茶了，可以清热祛火，还不影响睡眠。”小李微笑着点头示意，表示赞同。然后吕总接着说：“等会儿我的客人来了，就泡一壶算了，每人一杯太浪费了。”

接着吕总就拿来菜单开始点菜，过程中他一直说菜太贵，只要了一些特色菜，并要求服务员上菜时要把菜介绍得好一点，就说这菜是这里比较有特色的，以免自己在客人面前丢脸。

客人入席后，一杯杯不带茶叶的茶水放在每一位客人面前，主宾看了看旁边的吕总，然后巡视了一周，对服务员小李说：“是不是我不经常来，连茶叶都不给我放，你看吕总的，你知道他今天买单，给他放那么多茶叶，快！拿下去，重新泡一杯吧，怎么回事？怎么不泡一样的呢？”

小李并没有着急，望着吕总杯里的片片茶叶，真的很漂亮。双眼巡视整个台面，吕总的杯子在灯光和众多客人的注目下，显得格外夺目，很快小李微笑着走到主宾前用柔和甜美的语调，说道：“今天吕总来得比较早，先点了一杯茶，可是在喝的过程中，总是喝到茶叶，吕总觉得这样很不方便，所以就特别交代我们，准备充足的上等茶叶，提前放在茶壶里，这样避免了茶叶倒在杯中，喝起来也比较浓郁可口。您如果不喜欢这样喝，我马上给您多放些茶叶，您看呢？”说着就拿起托盘要为客人重新冲茶，这时客人决定不换茶叶了，说这是吕总的一片心意，并连声向吕总道谢！顿时房间的气氛达到了顶点，有笑声、掌声和称赞声……最终响起了碰杯声。

大家尽兴地喝完了第一杯酒，整个用餐过程大家都非常高兴。从此以后，吕总成了这家餐厅的常客，也很少让其他服务员给他服务，都是小李为他服务。

第一节 前厅服务心理

饭店前厅是客人进入饭店的第一个接触点，又是离开饭店的最后接触点，它直接关系到客人的住宿满意程度和对饭店的印象。它通常是设在酒店的大堂，负责推销酒店产品与服务、组织接待工作、业务调度的一个综合性服务部门。前厅在酒店管理中具有全面性、综合性和协调性，被称之为饭店的“中枢神经”和“形象窗口”，是整个饭店的核心部门，无论是在前厅设置、员工素质上还是在管理手段上都要求高于其他部门。因此，客人从进店询问到办理好入住手续直至进入客房，所用时间虽然很短，但对客人的影响却是非常深的。所以对前厅服务的心理学研究是重要的一环。

一、前厅服务在饭店服务中的心理效应

前厅作为宾客步入饭店接受服务的起点和宾客离开饭店脱离接触的终点，在宾客的心目中，能引起诸多的心理效应。

（一）第一印象效应

第一印象效应是人与人第一次交往中给人留下的深刻印象，在对方的头脑中形成并占据着主导地位的效应。也称首因效应、首次效应、优先效应。个体在社会认知过程中，通过“第一印象”最先输入的信息对客体以后的认知产生影响作用。第一印象作用最强，持续的时间也长，比以后得到的信息对于事物整个印象产生的作用更强。

有一位心理学家曾做过一个实验：把被试者分为两组，同看一张照片。对甲组说，这是一位屡教不改的罪犯。对乙组说，这是一位著名的科学家。看完后让被试者根据这个人的外貌来分析其性格特征。结果甲组说：深陷的眼睛藏着险恶，高耸的额头表明了他死不悔改的决心。乙组说：深沉的目光表明他思维深邃，高耸的额头说明了科学家探索的意志。

这个实验表明若第一印象形成肯定的心理定式，会使人在后继了解中多偏向发掘对方具有美好意义的品质。若第一印象形成的是否定的心理定式，则会使人在后继了解中多偏向于揭露对象令人厌恶的部分。

良好的第一印象效应，让人产生满意感和归属感，宾客心甘情愿消费，内心愉悦畅快，对以后的接受服务过程中乐意合作，投诉概率减小，成为回头客的可能性大；不好的第一印象效应，使人产生后悔的反感，宾客在恼羞成怒的同时可能向外传播不满的情绪，这样，不仅失去客源，而且损坏饭店声誉。饭店前厅的环境、服务人员素质等都是宾客产生第一印象效应的因素，也是饭店经营成败的关键。例如：客人进入饭店，服务人员的亲切问候、笑脸相迎、热情应答就是最好的第一印象效应。

（二）日晕效应

日晕效应又称“光环效应”“成见效应”“光圈效应”“晕轮效应”“以点概面效应”，它是一种影响人际知觉的因素，指在人际知觉中所形成的以点概面或以偏概全的主观印象。

美国心理学家凯利以麻省理工学院的两个班级的学生为实验对象分别做了一个实验。上课之前，实验者向学生宣布，临时请一位研究生来代课。接着告知学生有关这位研究生的一些情况。其中，向一个班的学生介绍这位研究生具有热情、勤奋、务实、果断等品质，向另一个班的学生介绍的信息除了将“热情”换成了“冷漠”之外，其余各项都相同，而学生们并不知道。两种介绍间的差别是：下课之后，前一个班的学生与研究生一见如故，亲密攀谈；另一个班的学生对他却敬而远之，冷淡回避。可见，仅介绍中的一词之别，竟会影响到整体的印象。学生们戴着这种有色眼镜去观察代课者，而这位研究生就被罩上了不同色彩的晕轮。

人们对他人的认知判断首先主要是根据个人的好恶得出的，然后从这个判断推论出认知对象的其他品质的现象。如果认知对象被标明是“好”的，他就会被“好”的光圈笼罩着，并被赋予一切好的品质；如果认知对象被标明是“坏”的，他就会被“坏”的光环笼罩着，他所有的品质都会被认为是坏的。日晕效应是在人际相互作用过程中形成的一种夸大的社会现象，正如日、月的光辉，在云雾的作用下扩大到四周，形成一种光环作用。常表现在一个人对另一个人的最初印象决定了他的总体看法，而看不准对方的真实品质。有时候日晕效应会对人际关系产生积极作用，比如你对人诚恳，那么即便你能力较差，别人对你也会非常信任，因为对方只看见你的诚恳。而日晕效应的最大弊端就在于以偏概全。

饭店的前厅管理中，如果宾客对前厅有非常好的知觉和印象，就可能掩盖对其他方面的全面了解，甚至忽略掉房价、服务、设施设备等方面的不足；反之，哪怕是一个微不足道的错误，有可能也会造成100-1=0的效果。所以前厅的装饰陈设，服务人员的相貌、仪表、态度、谈吐、举止、效率，即前厅的整体形象都具有日晕效应。

（三）窗口效应

窗口顾名思义就是一个对外敞亮的地方。现在社会都把直接为群众生活服务的服务区域统称为窗口，常反映或展示精神上、物质上各种现象或状况的地方，在服务行业中都被用作评价服务的水平。

首先，前厅本就是饭店的形象窗口，它的硬件设施（如设计、装饰、设施设备标准）可以显示饭店的级别和档次。我国的旅游饭店星级的划分及评定标准中就分别对三星级、四星级和五星级饭店的前厅装修作了相应标准的规定，当宾客踏进饭店前厅，就可从前厅的装修水平上知晓饭店的级别和档次，从而对其在这里的消费进行首要评价。

其次，前厅是饭店的中枢神经，它的管理职责和业务范围（如预订、接待、问询、行李、电话、电传、打字、复印、汽车、票务、旅游、结账、投诉等）涉及内容多，操作性强，人员的形象与文化综合素质要求高，特别对语言交际能力更是要求运用自如。这些足以代表饭店的整体服务质量。

所以，客人从下榻饭店开始，前厅就在承担客人随时随地的各种询问和突发状况，及时为客人提供商务、通信等各项服务。这些服务又从服务人员的操作、礼仪等方面体现出来，明面上是服务员素质问题，实际上标志着饭店的管理水平。

（四）沟通效应

沟通是人与人之间、人与群体之间思想与感情的传递和反馈的过程，以求思想达成一致和感情的通畅。模式上包括语言和肢体语言沟通，信息流动方向方面可分为上行沟通、平行沟通和下行沟通三种。在工作中，需要与上级、下级、相关部门，尤其是客户进行各种不同层次的沟通，有了良好的沟通，办起事来就畅行无阻。沟通涉及获取信息或提供信息，在这种或那种之间，或对他人施以影响以理解旨意并愿意根据愿望行事。对客服务过程中，沟通更是重要一环。

作为饭店的“神经中枢”，前厅不仅沟通、协调饭店内部各部门之间的关系，而且也沟通、协调饭店与客人之间的关系。饭店经营的外部市场信息（如旅游业发展状况、国内外经济信息、宾客的人均消费水平、年龄构成等）和内部管理信息（如开房率、营业收入、客人投诉、表扬、客人住店、离店、预订以及消费情况等），前厅不仅要及时收集，还要对其加工、整理，传递到饭店经营管理各部门。各部门依据这些信息进行科学决策。另一方面，宾客的需要和投诉往往也都首先向前厅反映，前厅如能妥善处理，有利于提高客人的满意程度，减少服务交往矛盾的发生，从而提高饭店的社会和经济效益。所以说良好的沟通能力是前厅提供优质服务的前提条件。

二、宾客在前厅的一般心理需求

心理学提出感觉是人们对客观世界认识最简单的形式，也是人全部心理现象的基础。而消费者对服务工作的认识同样也是从感觉开始的，这就要求饭店的服务人员在客人入住期间能为客人提供热情、周到、细致的服务，想客人之所想，做到“宾客至上”，这样才能让客人对本次住店服务留下深刻的印象，从而再次光临。

（一）求快速休息和高效率心理

旅游者长途跋涉后一般都感到身心俱疲，最想的就是尽快找到条件好的一个地方好好休息，以便进行第二天的快乐旅程。所以他们一入店就希望能快速、便捷开房。结账退房的宾客则急于赶赴机场（车站），等待的时间错觉也容易产生。尤其对于星级饭店，宾客更会用星级的标准来要求和评判服务的质量与效率。

（二）求尊重和方便心理

旅游者在外都希望得到更多的关注，希望服务人员热情接待、笑脸相迎，最重要的是服务人员能够尊重他们，包括自己的生活习惯、宗教信仰、喜好等。又因为在旅途中会发生许多意想不到的事情，如当地旅游情况、人文地理、订票、订餐、商务等，所以他们都希望服务人员能第一时间解决自己的困难。

（三）求沟通心理

旅游者来到异国他乡，人生地不熟，语言和思想的沟通成为优势需求，宾客希望与服务人员没有沟通障碍，能从服务人员的交流中获取更多的信息。饭店的一切服务始终是以客人为中心，所以与客人交流中掌握好沟通技巧，准确揣摩客人的心理是一门大学问。

三、针对宾客心理需求做好前厅服务工作

宾客踏入饭店前厅不仅期望服务员热情接待，还希望其人格、习俗及信仰得到尊重，同时对服务效率，如住店、离店、休息、饮食等方面，都要求快速高效，实现高兴而来，满意而归的愿望。因此，前厅要做好以下服务工作。

（一）塑造良好的第一印象与最后印象

宾客一般下榻饭店的时间都不长，往往在前厅接待服务产生深刻的“第一印象”还未消失时，又带着“最后印象”离开了。因此，饭店都十分重视前厅服务中这两种印象的巨大心理作用。

1. 注意美化前厅环境

前厅环境是一种对宾客的“静态服务”，它在时间上虽只有一瞬间，但作为记忆表象却能保留很长时间。前厅环境主要包括布局、装饰和陈设等。前厅布局应合理，如停车场与前厅的距离不宜太远；通信、外币兑换方便；休息区面积大小适应，相对安静并且不受干扰，具有优雅的光源格调，以产生一种凝聚的心理效果，使人乐于在此休息交谈。有的饭店还设有无烟楼层、装饰中庭、观光电梯、背景音乐……更会使静止的前厅产生缓缓的动感。

2. 优雅的员工仪表

宾客进入饭店，首先为其提供服务的是前厅的工作人员。当宾客离开饭店时，最后一个为他提供服务的也是前厅的服务人员。在宾客心目中，最终留下的饭店形象实际上是前厅的形象，其中就包括了前厅服务人员的形象。由此可见，前厅服务人员对宾客第一印象和最后印象的形成关系极大。这就要求前厅的所有工作人员，一进入工作岗位就要进入各自的“角色”，以自己端庄大方、精神饱满、自然礼貌的仪表吸引宾客，努力营造一种信赖和亲近的心理效果。客人在这些着装整洁、举止大方、态度可亲的服务人员当中，会感到自己是一位高贵的受欢迎的客人，内心充满自信和愉快，对饭店留下良好的印象。由此可见，前厅服务员的仪表直接关系到对客人的尊重与礼貌。

3. 优美的服务语言

语言是人们沟通信息、交流思想感情的媒介。服务人员的语言方式和质量，会直接影响宾客的心理活动，能令人欢喜，也可招人厌恶。前厅从门卫到大厅、从总台到行李运送、从电梯到电话的服务人员，应主动热情地说好第一句话，先声夺人，使服务工作在良好的气氛中进行，让宾

客产生亲切、愉快的感觉，留下良好的印象，为以后的服务打下良好的基础。前厅员工的语言在内容上应简洁明确、充实，在语气上应热情、诚恳、有礼，在语言语调上应清晰悦耳。另外，要尽可能地多掌握几种外语与方言。服务语言中常用到的“五声”（欢迎声、问候声、致谢声、道歉声、告别声）和禁语（禁蔑视语、烦躁语、斗气语、否定语）都是最基本的要求。

（二）服务中的循环印象

饭店前厅服务的好坏直接影响着宾客满意度和忠诚度。因此，做好饭店前厅服务创新是赢得宾客忠心的捷径。

1. 娴熟的服务技能

宾客经过长途旅行后踏入饭店，总是希望尽快休息，比如：希望入住手续办理得准确、快捷，行李搬运平稳迅速。这就要求前厅工作人员有娴熟、快捷的系列化服务技能。许多饭店规定总台服务员必须在1分钟之内问候客人，3分钟之内为团队客人开好房间。除了快捷、高效外，总台服务员还应具备验证、登记、住房分配、上传证件、财务计算、电脑操作、解答询问、代理服务等系列化技能。再例如，总机话务员必须在铃响3次之内接听电话，熟悉饭店主要管理者的声音，对常用电话号码的查询应对答如流，熟练操作转接、留言、叫醒、免干扰等系列化服务。商务中心员工不仅应掌握传真的发送和接收，而且还应具备外语听、说、译的能力，并能熟练进行电脑打印、排版和电子邮箱服务技术。前厅工作人员只有具备了娴熟的服务技能，才能消除宾客心理的焦虑，满足宾客对前厅服务方便、快捷、准确的心理需求，产生“饭店是我家”的温馨感。

2. 强烈的服务意识

服务是顾客通过花费一定的成本获取商家提供的符合顾客需求的体验，所以站在顾客的角度来看，服务是一种体验，是顾客和商家的一个互动过程，服务质量高低是根据每一个人的期待服务质量和实际服务质量的对比，而产生差异化的感知。宾客在前厅期望受到服务员的热情接待，看到服务员的笑脸，听到服务员礼貌友好的语言，让自己的旅途物有所值，这就要求前厅服务人员有强烈的服务意识。

首先，前厅服务人员要主动、殷勤、微笑服务。所谓主动就是向客人提供的每一项服务要在宾客要求之前进行。如服务员见到客人进入前厅时要主动打招呼，遇到客人有困难时要主动协助解决，对客人的提问要主动回答，服务工作发生一般失误要主动承担责任，见到客人要问好、发现地上有小垃圾要主动捡起，看到客人需要什么时要主动前去询问需要帮忙吗？殷勤就是热情而周到地关心宾客，嘘寒问暖，关怀备至，积极为客人提供超常服务。微笑是服务工作的“活广告”，也是饭店工作人员必须具备的职业情感和体态语言。事实证明，没有微笑的饭店员工，就没有微笑的宾客。这是因为微笑不仅体现了饭店把宾客当作“上帝”的服务宗旨，表现了服务员友善、热情的好客精神，而且代表了饭店的管理水平和服务员良好的职业素质。同时，在人际交往中，微笑还起到营造缩近心理距离、增强友好、融洽气氛的催化剂作用。

其次，建立客史档案，提供个性化服务。客史档案记载了常住客人的个人情况，如姓名、职业、籍贯、出生年月、通讯地址、爱好、生活习惯、忌讳、特殊要求、投诉情况等。这些资料是饭店向客人提供个性化服务的主要依据。个性化服务不仅使客人感到自己在饭店受到尊重，自尊心得到充分满足，而且有利于饭店公关营销策略的实施，起到扩大客源市场空间，树立饭店形象的作用。特别要重视回头客的潜在作用，他们是酒店的宝贵资源。为把回头客塑造成忠诚顾客，饭店更要细心收集回头客的消费习惯，形成VIP客史档案。一旦有回头客预订，预订中心要及时查看客史档案，根据其喜好的房间号码、朝向、楼层、房型等安排房间。如果因房间较满等无法满足其个性化需求，应在客人未抵达前电话通知宾客，并采取一些弥补措施，取得宾客的谅解。一旦其他宾客退房，能满足其要求，应及时征询其意见是否调换房间。这样最终就会形成良好的社会传播链，拥有稳定忠诚的客户。

3. 提升大堂副理的服务作用

大堂副理又称大堂值班经理，职务相当于前厅部副经理，其工作岗位设置在前厅，直接面向客人，代表饭店全权处理客人投诉、保护客人生命安全和财产安全等复杂事项。宾客在饭店内遇到困难，或者有什么特殊要求，自然会想到大堂副理，并期望他们提供高效、准确、周到、完美的服务，给自己解决难题，得到尊重。

4. 强化“满意+惊喜”的服务

何为“满意”。汉王充《论衡·佚文》：“奏记长吏，文成可观，读之满意，百不能一。”满意，指意愿得到满足，符合心愿。那么作为饭店行业，如何才能真正让我们的客人在下榻饭店期间，能感受到真正“满意”的服务呢？通过企业文化的建设、标准化管理体系建立与宣传，加上客人满意度的调查，真正全方位，360度立体打造客人满意服务工程，切实让每一位下榻于饭店的客人，从真正意义上感受到“乘兴而来、满意而归”的极致体验。

“惊喜”出自《后汉书·袁敞传》：“臣俊徒也，不得上书；不胜去死就生，惊喜踊跃，触冒拜章。”客人的“惊喜”体验是必须建立在“满意”的基础上。利奥·巴斯卡利亚曾说：关注每个细节，我们往往低估了一次接触、一次微笑、一句友善的话语、一双聆听的耳朵、一席由衷的赞誉，或关怀他人的一个微不足道举动中所蕴含的强大的力量，这些力量，足以为我们的世界带来翻天覆地的巨变。

在客人满意的基础上为其创造惊喜。这种惊喜的创造方式很多，有物理属性的，也有情感层面的，比如给予赠品，价格便宜一点，或是给客人一个预期之外的消费体验等。特殊天气比如大风、大雾、冰雹、暴雪等，前厅可以启动特殊天气服务预案。这些惊喜也并非需要付出多么大的代价，因为，只要超出客人期望值哪怕只是一点点，也会让顾客兴奋甚至是感动。从营销实践中发现，单纯让出一些价格为顾客创造出的惊喜远不及为增加服务的综合价值为客人创造的惊喜来得有效。

如果实际服务质量小于期待服务质量，顾客就不会满意，从而产生投诉；如果实际服务质量等于期待服务质量，顾客就会觉得理所当然，不会做出好的或坏的评价；如果实际服务质量大于期待服务质量，顾客就会感到惊喜，不仅会成为这个服务的忠诚顾客，在有需求的时候持续购买该服务，而且还会成为这个服务的传播者，乐意向身边的朋友宣传，从而形成病毒式的口碑传播。所以，在服务行业中，仅仅是满足顾客需求，并不是我们追求的，我们追求的是提供可以让顾客感到惊喜的服务，超出顾客预期的服务水平。所以“满意+惊喜”是饭店服务的永恒追求。

知识链接

主动服务意识

所谓主动服务意识，即是把服务做在客人提出之前，只有做到了这一点，才能让客人感觉到这家饭店的服务是高质量的，否则我们所提供的服务不是被动的便是机械的。然而要做到主动服务，是非常不容易的。据观察，我们一线的员工在为客人服务时大多处于“客人先提出服务要求，再为客人提供服务”的状态，如果想要让他们将服务做到在客人提出之前，这就需要我们管理人员时时刻刻地提醒与督导。而这首先需要饭店管理人员必须具备这种主动服务的意识，才能把这种意识贯彻到每一位员工身上，而只有每一位员工都具备了这种主动服务的意识，才能让整个饭店的服务提高到一个“尽善尽美”的境界，进而提高我们的整体服务质量与服务效率。

（三）做好总台接待工作

总台是整个饭店的中枢神经，工作是烦锁的，从客人进门直到进入房间，涉及方方面面，所以只有总台人员做到准确、高效，才能满足客人更多的心理需求。

第二节 客房服务心理

品质源自于细节。面巾的光边朝外，毛边朝内；淋浴房门把手上的浴巾朝向恭桶的一边是光边；浴缸上浴巾光边朝门；四块小方巾拼在一起两侧都必须是光边；枕芯开口反向床头柜……这些物品摆放的标准正是饭店客房美的展现。客房是饭店的主体部分之一，是饭店向客人提供住宿、休息的主要设施，还是客人在饭店停留时间最长的地方。客房的安全、卫生、舒适、方便、安静、隐私是客人的期望所在；保持客房设施设备完整、环境布置优雅、室内卫生整治是服务人员的职责所在；为客人提供标准、规范、热情、周到、细致、耐心、贴心、超值、个性化的服务是饭店品牌运营的要求，因此，客房服务质量的高低直接影响饭店的社会效益和经济效益。

一、旅游者在客房的主要心理需求

客房是饭店的基础设施和重要组成部分，是旅游者休息的重要场所。作为一个入住饭店的客人，无论他们是短暂停留还是长住一段时间，他们对饭店客房都有相应的心理需求。

（一）求卫生和保护隐私的心理

客人在选择入住饭店时，首先考虑的因素就是这个饭店客房的卫生情况如何，是否能够满足自己干净卫生的心理需求。因为饭店的客房为成千上万的人所使用，在此当中各种人都有，可能有的客人患有传染病。客人希望饭店客房的用具是清洁卫生的，特别是容易传染疾病的用具如茶杯、马桶等，特别是对自己身体接触的用具特别敏感，如浴缸、面盆、床铺等，他们不希望外出旅游在异地染上疾病，都希望能严格消毒，保证干净。曾经有研究人员调查发现其中60%的游客把整洁、卫生作为选择饭店的第一要素。因为空气清新、环境优雅、卫生洁净、设施完好的客房会让他们对自己的整个旅途充满愉快的心情，身体也是健康的。此外，由于客房是客人在饭店停留时间最长的地方，是他们最放松的地方，客人会强烈要求自己的隐私权得到保障。因此，服务员应尊重客人对房间的使用权，未经客人同意不得进入，更不能乱翻客人的私人用品，更不能未经客人同意扔掉客人的东西，哪怕是半瓶没用完的物品。只要是客人的东西，就只能保管好、整理好，决不能随便扔掉。

（二）求安全的心理

安全需求是马斯洛需求层次理论中仅次于生理的需求，是必须要得到满足和保障的。安全包括财产安全和人身安全。旅游者入住饭店期间，饭店本就有责任和义务保障客人的生命及财产安全，所以客人希望能保障他的财产以及人身的安全，不希望自己的钱财丢失、被盗；不希望自己在酒店的一些秘密被泄露出去；不希望发生火灾、地震等意外事故。万一出现火灾则希望服务员能及时采取措施保障其人身安全。客人还希望在自己喝醉酒、有病或出现危险情况时，服务员能及时采取措施，保障自己的人身安全，不出危险。这样他们才能够放心地休息和游玩。诚然，这个是饭店的第一保障，如果失去了这个保障，就算饭店客房再好，住得再舒服都不会打动他们。

（三）求舒适和休息好的心理

心理学家研究发现，如果剥夺人的睡眠权利就会导致人烦躁不安，记忆力降低，可能会导致死亡。睡眠不好的人特别容易发脾气，导致不良的心境。中国有句俗话：“人困则多怒”，游客因各种原因远离家乡，来到一个陌生的地方，环境、气候、生活习惯的改变令他们有生疏感和不适感，他们都希望饭店的客房能让他们感到舒适、惬意，从而产生“家外之家”的轻松感。所以饭店服务要注意满足旅游者的这一心理需求。当客人回房休息，要保证客房有一个安静的环境，让他们休息好。因此，客房服务中，对服务员要求做到“三轻（走路轻、说话轻、操作轻）”，让客人享受完全的舒适和良好的休息状态。

（四）求方便的心理

周边的交通是否方便，吃喝玩乐购物是否齐全，饭店客房里设施是否齐全，这些都会影响客人的入住欲望，毕竟，每个人都是有方便需求的。游客在饭店客房住下后，都希望生活上十分方便，要求饭店设备齐全，服务项目完善，例如：需要洗衣只要填张单并将衣物放进洗衣袋；有什么问题要打听一下，只需向服务台挂个电话，就能送到房间或得到满足，一切都像在家中一样方便。因为旅游者外出旅游，饭店客房就是他们临时的“家”，他们希望客房能提供像“家”一样的方便服务。这就要求服务员热情、主动、周到，尽量满足客人提出的合理要求，不要怕麻烦，永远把客人放在第一位。

（五）求尊重和个性化服务的心理

每个人都渴望被尊重，这是人之常情。客人希望自己是饭店和服务员欢迎的人，希望见到服务员热情的笑脸，希望服务员能尊重自己的人格，尊重自己对房间的使用权，尊重自己的意愿，尊重自己的朋友、客人，尊重自己的生活习俗、信仰等。服务员是否笑脸相迎，笑容灿烂，是否亲和力十足，耐心对待，这会在客人心中留下很深刻的印象。另一方面，对于客人来说，在干净卫生的基础上满足自己的个性化需求会增加其黏性。这就包含饭店装饰和饭店服务两个方面，很多饭店会根据不同的情趣布置客房，吸引客人的注意。当然服务上就得同时跟进，主动探求客人的多样化需求，竭尽全力地满足他们。客人是非常希望饭店能满足自己多样化的个性需求，让自己在身体和灵魂上都能充满愉悦感，获取非凡体验。倘若饭店服务还能满足客人的这些个性化需求，那就更会让客人获得非凡体验，达到双赢局面。

二、客房部做好对客服务工作的措施

（一）满足客人的求卫生、方便和安全心理，提前做好准备工作

准备工作是客房优质服务的序幕。准备工作做好了，才能有针对性地提供优质服务，满足客人休息、住宿的需要。准备工作的内容主要包括：①掌握客情，特别对于VIP客人，饭店一般都有客户档案。服务人员要熟知客人的姓名、房号、生活习惯、禁忌、爱好、宗教信仰、外貌特点等情况，以便在服务接待中有针对性地提供优质服务。②整理房间。客人预订的房间，要在客人到达前一小时整理好，保持清洁、整齐、卫生、安全。设施要齐全完好，符合客房等级规格和定额标准，以保证客人需要。③检查房间设备、用品。房间整理完成后，领班要全面、逐步、逐项地检查房间的设备和用品，包括：门窗是否安全、电器开关有无损坏、卫生间设备是否灵便、物品是否放在规定的位置、窗帘轨道是否完好、掀开被角有无发丝等。④调节好客房空气和温度。客人到达前要根据气候和不同地区的实际需要，调节好房间的空气和温度。⑤楼层服务员要整理仪容、仪表、服装、发式，等候客人的到来。

（二）满足客人求舒适和尊重心理，客房优质“四化”服务

1. 服务设施规格化

服务设施是客房提供优质服务的物质基础。俗话说“巧妇难为无米之炊”，没有规格化的服务设施，提供优质服务就是一句空话。规格化的服务设施主要包括两个方面：一是设施配备必须齐全。主要设施设备包括床铺、床头柜、办公桌、沙发椅、小圆桌、沙发、地毯、空调、壁灯、台灯、落地灯、音响、壁柜、电视机等。二是设施质量必须优良。客房的设施和设备，就其数量而言，各客房基本相同；但就质量而言，因客房等级规格不同而区别较大。设备质量优良的具体要求是：造型美观，质地优良，风格、样式、色彩统一配套，注意各种等级、各种房间的同一种服务设施保持一致，不能给客人以东拼西凑的感觉，以此反映客房的等级规格。

2. 服务用品规范化

客房服务用品是直接供客人消耗的，同样是提供优质服务的物质基础。如果服务用品配备不全，质量低劣，就不能提供规范化的优质服务。客房服务用品规范化的具体要求：一是客用一次性消耗物品必须按规格配备，保证需要。客房客用一次性消耗物品是每天需要补充的，这些物品的配备要根据间／天客房消耗定额，保证质量优良；二是客用多次性消耗物品必须符合配备标准，及时更新。客房的床单、枕套、毛巾、浴巾等棉织品和烟缸、茶杯、玻璃杯等要根据客房的等级规格配备。

但是服务员在按程序和标准操作过程中还应根据客人意愿调整客用品的配置。客用品摆放的原则是让客人使用方便。有些客人根据自己的习惯会对客用品的摆放作一些调整，服务员要尊重客人意愿，而不必按规范恢复。如客人自带食品要存放冰箱而将酒店配备的饮料挤成一堆或放到冰箱外面，服务员不能为标准摆放而将饮料复原，如果客人食品很多，并且一直没有使用酒店提供的饮料，可在征求客人同意后将冰箱清空以便客人存放自己的食品。

3. 服务态度优良化

服务态度是服务人员思想觉悟、服务意识和业务素质高低的集中表现，是规范化服务的基本要求。客房服务态度优良化的重点是要做到主动、热情、周到、耐心。具体有以下几方面。

（1）主动　就是服务于客人开口之前，是客房服务员服务意识强烈的集中表现。其具体要求：主动迎送，帮提行李；主动与客人打招呼，语言亲切；主动介绍服务项目；主动为重要客人引路开门；主动叫电梯，迎送客人；主动为新到的客人带路到别的娱乐区域；主动照顾老弱病残客人；主动征求客人和陪同人员的意见。

（2）热情　即在客房服务过程中态度诚恳、热情大方、面带微笑，在仪容仪表上要着装整洁、精神饱满、仪表端庄，在语言上要清楚、准确、语调亲切、柔和；在行为举止上要有乐于助人、帮助客人排忧解难的精神，恰当运用形体语言。

（3）礼貌　就是要有礼节、有修养，尊重客人心理。既不妄自菲薄，见利忘义，在客人面前低三下四，丧失人格和国格；又不夜郎自大，盛气凌人；反对店大欺客、以貌取人的思想和行为，要继承和发扬中华民族热情好客的一贯美德。

（4）耐心　就是不烦不厌，根据各种不同类型的客人的具体要求提供优质服务。工作繁忙时不急躁，对爱挑剔的客人不厌烦，对老弱病残的客人照顾细致周到，客人有意见时耐心听取，客人表扬时不骄傲自满。

（5）周到　就是要把客房服务做得细致入微，周详具体。要了解不同客人的生活喜好，掌握客人生活起居规律，了解客人的特殊要求，有的放矢地采用各种不同的服务方法，提高服务质量。并且要求做到有始有终，表里如一。

4. 服务操作系列化

从服务操作系列化的要求来看，主要是贯彻执行“迎、问、勤、洁、静、灵、听、送”的八字工作法。

（1）迎　礼貌大方，热烈迎客。客人来到客房，主动迎接，既是对客人礼貌和敬意的表示，又是给客人留下良好第一印象的重要条件。热情迎客，一要举止大方，衣着整洁，精神饱满；二要态度和蔼，语言亲切，动作准确适当；三要区别不同对象。

（2）问　热情好客，主动问好。客人住店过程中服务员要像对待自己的亲人一样关心爱护客人，体现主人翁责任感。要主动向客人问好，关心他们的生活起居、身体状况、生活感受，主动询问他们的要求，满足他们的爱好。

（3）勤　工作勤快，敏捷稳妥。勤是服务员事业心和责任感的重要体现。勤快稳妥，要做到“四勤”：手勤、眼勤、嘴勤、腿勤。手勤就是要及时准确地完成工作任务；眼勤就是要注意观察客人的需求反应，有针对性地为宾客提供随机性服务；嘴勤就是要见了客人主动打招呼，主动询问需求，切不可遇到客人不言不语，低头面过；腿勤就是要行动敏捷，不怕麻烦，提高服务效率。

（4）洁　保持清洁，严格卫生。客房服务过程中，清洁卫生是客人的基本要求之一。每次整理客房、卫生间、会客室、书房后，都要做到严格消毒，消除被消费的痕迹，保证各种设备、用具和生活用品清洁、美观、舒适。

（5）静　动作轻稳，保持肃静。客房是客人休息或办公的场所，保持安静也是优质服务的基本要求，服务人员在准备用品，打扫卫生时要做到“三轻一快”：动作轻，说话轻，走路轻，操作快。服务过程中，不得大声喧哗、吵闹、唱歌。随时保持客房、楼道的安静气氛，以体现客房服务的文明程度。

（6）灵　灵活机动，应变力强。服务过程中必须具有较强的应变能力。必须根据客人的心理特点、特殊爱好采用灵活多样的方法。如对动作迟缓、有残疾的客人应特别照顾；对性格开朗的客人说话可以随和一些等。

（7）听　“眼观六路，耳听八方”。服务人员要随时留心观察客人情况，征求客人意见，随时发现服务过程中的问题和不足之处。一经发现，就要及时改进和弥补。

（8）送　送别客人，善始善终。客人离店既是客房服务的结束，又是下一轮服务工作的开始。为了保证服务工作取得良好的效果，给客人留下美好的回忆，同时也为了争取回头客，就必须让客人旅途愉快，还能再度光临。

（三）满足客人求个性化服务心理，针对性做好客房细致化服务

1. 洞察客人兴趣

客人的兴趣爱好多种多样，服务员善于发现，才能做好针对性的服务。例如服务员在清扫房间时发现客人房间里经常会有打开的饮料，可见该房间的客人有喝饮料的习惯，那么，服务员就应及时补进客人喜欢的饮料和用具，客人再次入住时就可以预先放置这些用品。

2. 捕捉客人爱好

通过与客人的交流发现客人的爱好，并为之提供相应的服务。例如当了解到某位客人平时喜爱吃某类水果或常饮某类饮料时，在每次给该客人送水果或赠送饮料时，适当加入客人喜爱的品种。若酒店平时无法提供该类水果或饮料，也可以在某个特别的日子专门为该客人特别奉上他喜爱的水果或饮料。

3. 根据客人情况调整服务规范

服务规范是根据客人共性需求制订出来的，但遇到具体客人时还是要变通。例如客房部员工要养成敲门进房的习惯，一定要敲三次。但当服务员面对空房、退房时，也必须要按规范去敲门，只是可以减少敲门次数。服务员按规范把客人引领进房时，应向客人介绍客房的设备设施，但如果是常客就可以不用介绍。

再如，服务员平时进入客房是不用脱鞋的，而且清扫房间时最好是乘客人不在房间时进行。但当发现客人有洁癖时，服务员进入该房可以考虑脱鞋，脚上套上塑料套，清扫要耐心细致，当着客人的面进行清洁工作，以实际行动来消除其顾虑。

综上所述，细致化服务是在个性化基础上发展起来的，是根据不同类型的客人，将个性化服务落到实处，服务的过程中注重细微，关注细节，想客人之所想，想客人之未想，及时发现并满足宾客的潜在需求，达到提高宾客满意度和对饭店的忠诚度，实现双赢目标。

知识链接

酒店金钥匙服务理念

（1）酒店金钥匙的服务宗旨：在不违反法律和道德的前提下，为客人解决一切困难。

（2）酒店金钥匙为客排忧解难，“尽管不是无所不能，但是也是竭尽所能”，要有强烈的为客服务意识和奉献精神。

（3）酒店金钥匙组织的工作口号是“友谊、协作、服务”（Service Through Friendship）。

（4）酒店金钥匙的人生哲学：在客人的惊喜中找到富有乐趣的人生。

第三节 餐厅服务心理

餐厅是饭店增加收入的主要渠道之一。宾客在餐厅的心理需求就是对服务的需求，包括对菜品的需求，但有时主题需求十分突出，有时需求却具有随意性，所以服务人员必须在充分理解宾客的心理需求的基础上，主动提供优质服务。优质的服务和优质的实物产品完美结合，才能产生“宾至如归”的效果。

一、宾客在餐厅就餐时的一般心理需求

宾客就餐的心理需求就是对餐饮产品或劳务的认识过程、情绪过程和意志过程，以及三个过程的融合与统一。例如，餐饮消费者在就餐时对餐厅环境、菜肴外观与质量以及餐厅服务人员的服务态度等通过视觉、听觉、嗅觉和味觉等感觉器官的感知觉过程会产生不同的心理效应。他们走进餐厅的目的主要就是“吃”，因此他们在餐厅里的心理活动也是有其不同特点的。

（一）满足基本心理需求

1. 满足解决饥饿、补充营养等生理需求

这是宾客对餐饮产品的直接需求。其特点是宾客在餐厅能明确地表达自己的饥饿直接需求，餐饮实物产品的质量也比较明确化、直观化和客观化。

2. 求食品及用具干净卫生的安全心理

这是旅游者安全需求在餐厅的反映，也是最基本的需求。他们希望在这个餐厅吃的一切食物都是新鲜、符合卫生标准的，餐具也经过严格的清毒，餐厅的环境干净整治。不希望吃到不干净的东西而导致染上某种疾病。

3. 价位心理

价位心理也就是定价的艺术。以中间线为基准线，上可升下可降。上升价格要突出一分价钱一分货，好货不便宜，下降要突出物美价廉，价格下降品质没有下降，服务依然有保障。在产品同质化的情况下，其附加值的确是销售的重点。对于宾客而言，在看重产品的同时，更注重它的服务附加值。就目前而言，附加值除了带给宾客的名誉、荣耀、自信外，更多的就是售后服务。

4. 占便宜心理

研究消费心理的人都知道，宾客都喜欢实惠，都喜欢占点“便宜”。便宜感并不意味着就是降价，当他觉得物有所值时就是他认为的便宜感。如餐后赠送菜品、饮品、糕点、打折促销、限时限量、图片暗示等，就会让宾客有“意外收获”之感。宾客在心理上感觉菜品很便宜，进而能够更爽快地进行消费，并产生好感。

5. 求快心理

宾客都希望餐厅是高效率的，一进餐厅很快能找到位置，服务员也会马上来到眼前，并尽快满足自己的需求。宾客在餐厅接受服务前后及期间，对时间和地点总是要求便利。如果有什么特殊情况，如需坐飞机、火车时，服务员能给予其特殊照顾，当然餐后也希望服务员能快些结账。

（二）满足享受与更高层次心理需求

1. 从众心理

当顾客进入餐厅并发现没有客人或客人较少时，会对餐厅的质量和服务质量持怀疑态度，用餐过程也会感到不舒服。相反，如果是一个拥挤的、生意火爆的餐厅，即使客人排队等候在店门外，他们也会相信这家店的味道肯定不错，服务自然会更好，否则不会有那么多人愿意排队等候。群体心态促使餐厅期望超越客人的期望，让每一位体验过它的客人都会有意无意地进行口碑传播，听到传闻的顾客自然会来，这个从众心理的另一半是受求新心理的影响。

2. 求新心理

味蕾是人类愉悦的敏感区位。虽然人类因饥饿而进食，即使他们感到饥饿，食物也必须在通过味蕾区域后进入胃部。因此，菜肴的味道非常敏感！目前，生活水平有了很大提高。饮食不再是因为饥饿，而是为了享受味蕾，所以宾客喜欢体验不同口味的不同菜肴。通常客人这顿饭吃过的食物，下一餐不希望会重复，即使中午在这家餐饮店，晚餐也不会再在这里吃，除非有其他特殊情况！求新的心理学使顾客对一些新的独特餐饮店产生了兴趣。菜肴的新鲜度和多样性是吸引顾客的关键点，甚至环境的新颖性和异质性也是宾客感兴趣的地方。

1715年，来自英吉利海峡泽西小岛的一个年轻人尚・马爹利，在法国干邑镇创立了世上最古老的干邑白兰地品牌。三百多年来，这个品牌始终保持好奇心，先后有九代马爹利人倾注了毕生心血，以创新的眼光和前瞻的视角开拓精致美食的新境界，一瓶瓶马爹利连同标识上的那只金色飞燕，飞向了世界各个角落。2019年在广州开设了一家"好奇餐厅"，每位大厨配上了全新的名号：意境泰斗大董、淮扬刀客侯新庆、新京先锋段誉、厨林猎手黄景辉、闽海诗人吴嵘、川府双杰徐氏兄弟以及寻味新爵陶晓东。

3. 体验心理

体验心理又是求新心理和从众心理的完美结合。客人希望餐厅不光饭菜的质量要好，其次餐饮的环境和餐饮的过程最好有些别样的感受，虽然客人不知道自己究竟需要什么样的体验，但客人潜意识里有这样的需求，比如包厢的名称，以一些城市和国家甚至风景区的名称而命名，再配上内部装饰或者服务形式；又或者从菜品的命名来体现不同的餐厅文化特色，让宾客感受到独特性的体验。

4. 求尊重的心理

这个心理其实是共性，餐厅处在公开场合，宾客的求尊重心理表现得更为强烈。具体表现为身份地位感和自我满足感等。比如：一位衣着土布鞋、破旧衣服的客人与那些衣着考究的人相比，并不代表他没有消费能力，所以不能以貌取人，也不可因客人的生理缺陷而歧视，不以客人消费多少而待客，要坚持“以客为尊”的宗旨一视同仁、真诚对待每一位客人。

二、不同类型就餐宾客的服务技巧

在现实生活中，人有多种多样的需要，宾客就餐有着多种极其复杂、极其微妙的心理活动，造成就餐过程中不同类型的宾客出现，大致可分为以下几类。

（一）朋友型宾客：适当推荐

这种客人性格开朗，随和，与人见面熟。当这种客人步入餐厅时，能够造成一种轻松的气氛，他们与服务员之间就像老朋友见面一样，互相问长问短。比如：“我点一个扒牛排，你看如何？”在为这种客人服务时，要尽量随和一点，参与客人的点菜，帮助他们选择可口的食品。如果这种客人成为常客时，服务员应当记住他们的饮食习惯，适当介绍一些符合他们口味的饮料和食品。

（二）挑剔型宾客：掌握分寸

这种客人被服务员称为“麻烦制造者。”服务员在为他们服务过程中，稍微不小心，就会招致投诉，像上菜不及时了，每道菜之间相隔时间太长了，菜的味道不好了等。

这种宾客一般有两种心态表现：第一种是把自己工作或生活中甚至在饭店其他地方的不愉快带到餐厅，总想找个机会或借口发泄一下心中的怨气。像这种客人从他们的脸上和他们的言谈举止上就可以发现，脸上阴沉沉的，带有一点怒气，说话时口气很冲，态度非常不耐烦。第二种是吝啬，这种客人想吃好，又不想花太多的钱，可是他们嘴上却经常说不怕花钱，因为他怕旁人认为他小气，于是总想找点麻烦或借口，好打折扣。

对第一种宾客，服务员说话时一定要简练不可太烦琐，听客人点菜和酒水时一定要仔细，不能听错，最好不要重复订单，不然他们会认为你太啰唆。凭服务经验上菜时，间隔要适中，上菜时和上菜的顺序决不能有错误。餐间服务时，不要老是围着他们的桌子转，免得顾客嫌你碍眼。服务员之间不要当他们的面交头接耳，以免引起客人疑心而发生误会。第二种宾客从他们的言谈中也能表现出来，比如看菜单时，嘴里说着菜太贵，用餐时又认为菜的分量太小。不要随便为他们推荐酒水或菜，最好向他们推荐特价菜系列。同时服务时掌握好分寸，要有结账可能会要求打折的准备。

（三）家长型宾客：顺着他的思路

这种客人脸部表情总是具有一种威严，说话时爱用祈使句或肯定句，希望服务员服从他的指挥，不愿听解释，而且很好面子。比如，当他们步入餐厅时，会对服务员说：“给我们安排一张好桌子”，同时他们的目光会巡视一遍餐厅，然后停留在一张桌子上，预示这就是他们所想要的。点菜时说：“我要一份牛排，五成熟”等，说话非常肯定。服务员在给他服务时，要顺着他的思路。比如，当他步入餐厅时，要求给他们安排一张好桌子时，服务员就要立即从他的语气中判断出他是什么类型，然后搜寻他的目光所注视的地方，等他的目光固定在一张台上时，立即用手势带引他们到这张台边，拉椅让他们坐下。点菜之前要先征求他的意见，比如："我可以为您点些开胃酒（菜）吗？"在得到他的许可后，再点。点完后要当面重复每一位客人所点的内容，这表示服务员在认真地为他们点菜，另外也可避免点错和漏点。在客人要求结账时，服务员一定要事先检查账单，无错漏后，方可呈递上去。

（四）主人型宾客：给足面子

这种客人一般来到餐厅时，就好像回到家里一样，不等服务员与他打招呼就径直朝餐桌走去，并招呼自己的客人，不管此桌是否有别的客人或预订，总之先坐下再说。点菜时，根本不看菜单，随口就点，好像他点的菜就应该有。当然这种客人一般会经常光顾这里，对菜单也比较熟悉，他们很可能向他带来的朋友夸耀过这家餐厅，并以自己在这里用过餐而自豪。如果他当着服务员的面向他带来的客人夸赞餐厅时，服务员应当面表示感谢。这种宾客希望自己带来的朋友也喜欢这里，因此服务员在为他们点菜过程中，应尽量满足他们的要求，不使他们失望，否则会使这种宾客丢面子，而被投诉。

如果宾客点菜时，点了一道菜单上没有的菜时，服务员应立即告知其这道菜没有，但请他稍候片刻，自己先去厨房问问厨师能否加工。如果能做当然好，如果不能做应婉转地向宾客说明并道歉，然后推荐一道类似的菜询问宾客是否能接受。总之，对待这种宾客，要顺着他们的思路去为他们服务，这样在不知不觉中，就可以调动他们进入到为他们编好的餐厅服务"程序"中，使服务员不致太为难，宾客不致太遗憾。

（五）儿童型宾客：帮他安排

这种宾客一般分为两种：第一种为"不愿劳神者。"当他们步入餐厅时，愿意让服务员为他安排一切事情，甚至结账时，都不愿意看账单，服务员为他引坐时，他会说"随便，你看哪合适就坐哪。"点菜时，也愿意让服务员为他安排。作为服务员就必须熟悉菜单，先问客人喜欢吃哪一类型的菜品，再具体安排哪道菜，然后征询他的意见，得到同意后，再送交厨房。第二种客人是性格内向，自己拿不定主意，而需要服务员去安排，尤其以初次来的居多。当他们进入餐厅时会东张西望，服务员带他入座后，不知所措，拿不准应该点什么时，服务员决不能嘲笑客人，而应当细心引导，提出一些有目的性的建议，让他的思路尽快靠近餐厅服务为他制定的框架，这样他就会感到点菜容易多了。对以上两种客人，服务员应当细致入微地关心照顾，让他们感到服务员就是他最可信的朋友、亲人。

（六）旅游型宾客：多介绍多关心

这种客人基本是以旅游团队为主，他们一般都是头一次光顾这里，他们会对这里的一切都感兴趣，不停地问这问那，比如风土人情、旅游景点，并且希望能够得到让他们满意的回答。这就要求服务员知识面要广一些，基本上回答出他们所提出的问题，否则会令宾客感到失望。上菜时给他们介绍一下食品名称和制作方法，可能会提高他们的食欲；在服务时注意微笑和周到，这样会令他们非常满意。

（七）工作型宾客：服务迅速

有些客人在来到餐厅后，通常是边吃边谈生意，有时是很重要的生意，这时，饭菜质量和服务质量的好坏很可能影响生意的成败。这种客人在整个进餐过程中，不希望有人站在一旁或经常打断他们的谈话，因此对待这种宾客一定要随机应变，谨慎小心。比如有的宾客落座以后，把菜单放在桌上，就开始谈起来。他们可能忘记点菜了，也可能不忙于点菜，这时，服务员就应站在适当的位置观察他们。若十分钟左右还没有点菜的意思时，服务员可以上前换换烟灰缸，倒一下饮料，问一问是否可以添些酒水，然后再问一问是否可以点菜。语言一定要婉转，另外，还要跟上一句“对不起，打断您谈话了”把他们的注意力转移到点菜上。当宾客看完菜单后应立即走上前，点菜要迅速，如果哪道菜没有听清楚，可以重复一次。上菜后，要立即离开，站在适当位置观察，决不能在顾客进餐时走过去打扰他们，否则会引起他们的反感。

三、餐厅做好对客服务工作的措施

餐厅服务的核心是“以客人为中心”。服务对象是客人，就得想办法使客人的需求得到满足，在满足客人需求中得到利润。当面对不同地区、不同生活背景、不同习惯习俗、不同性别年龄、不同心理状态的顾客群，要使每一位客人感到满意，服务员应在日常工作中注意观察、分析，及时准确地捕捉信息，了解和满足顾客需求，培养细致的洞察力，做到“知己知彼”，才能为顾客提供最优质的服务。

（一）满足宾客基本需求的服务工作

1. 打造清洁卫生的就餐环境

许多顾客正是因为餐厅的环境和气氛好才来餐厅消费的，如餐厅的装饰、美观适用、良好的色彩搭配、高雅的格调，通过灯光灯饰、艺术品、鲜花等烘托出的幽雅气氛等，都是顾客所需要的。人们除了物质上的需求外，更需要得到精神上的满足。客人就餐前，服务员要全面打扫餐厅的门窗、墙壁、服务台、桌椅等卫生；同时要注意食品卫生保持原材料的新鲜，对餐具要定时消毒；服务员操作规范要讲究个人卫生，讲话时不要口对食品，服饰整洁、不留长指甲，不能养成挖鼻、挠耳等不良习惯。为满足客人求卫生、干净的心理要求，服务人员应当每日对餐具实行严格消毒。

2. 重视餐饮环境气氛的营造

用餐的乐趣除了品尝饭菜的味道之外，还有就是享受餐饮店里的气氛。好的气氛在给人视觉享受的同时也能增进人的食欲，反之则会让人大倒胃口。试想这样的一个画面：在一家周围都是大玻璃，可以看见窗外景色的餐厅内，客人正高兴地享用美食时，服务员把厨房垃圾放在离客人只隔一道玻璃的路边。瞬间对用餐的客人来说，就好像是把垃圾放在眼前，给人一种在垃圾箱旁吃饭的感觉，对饭菜也就没有胃口了。所以，餐厅用心打造环境布局和氛围才能更好地激发客人的食欲，满足他们的享受需求。

3. 满足宾客求快速的心理

客人来到餐厅，一般点菜后都希望快速上菜，除了客人赶时间因素，主要是客人由于此时特殊的时间知觉造成的，因为客人经常会将菜品的等待时间估计得太长。这是由于人们对时间的知觉有一条共同的规律，认为一旦出现等待时，总会不由自主扩大时间的范围。因此，针对这些客人，服务员应先上茶，让其边喝边等待。当然服务员也要及时去催促上菜。对于一些急于就餐的客人，最好向其介绍现成的或易熟易快的菜品。服务员应当想尽办法使等菜的客人不觉得无聊。如可以先上小菜，客人边喝茶边吃小菜就不会觉得无聊；或者先上饮料、色拉和菜等，让他们边喝边动嘴。当然有一些商人在晚上宴请客人时，边吃饭边谈生意，言谈十分投机，忘记了吃菜，这时服务员可把上菜速度放慢点。如果客人话不投机，就应当加快上菜速度。客人用餐时，服务员一定要集中精神，及时关注客人的就餐动态，满足客人的正常和正当需求。当然服务员也要熟悉服务程序，尽量简化流程，快速服务，而当客人用完餐后，要快速结账。

4. 协调宾客和厨房之间的心理

餐厅服务员、厨房与宾客三者息息相关，餐厅向宾客提供的产品是厨房加工的有形产品和餐厅无形的结合体，因此，在宾客和厨房之间就有着间接的关系，餐厅服务员应很好地进行协调。点菜时，服务员应该主动介绍菜肴的口味，介绍厨师的拿手菜，使宾客对菜肴从不了解到了解，从尝试品尝到喜欢吃。厨师精心准备的色香味俱全的美味佳肴，传菜员应拿好走稳，图案精美的菜肴要等宾客欣赏后再进行分派。上菜时介绍菜肴特点，应同时告知宾客这是某某知名厨师为他做的菜，既提高了厨师的知名度，宣传了餐厅，也让宾客觉得自己受重视。当宾客特别是高档宴会宾客赞美菜肴并要求与厨师见面时，服务员应马上到厨房请出厨师与客人见面。

（二）满足宾客多样化需求的服务工作

1. 深入了解宾客的多种需求

一定要了解宾客的需求是什么：要想钓到鱼，必须要选对鱼爱吃的鱼饵；要学会捕捉并激发他人的需求，才能在交往中如鱼得水。那么你的宾客究竟需要什么样的鱼饵呢？这时候，把自己想象成是对面的宾客——我究竟想要什么？不要用不可置疑的语气向宾客推荐菜品，在适当的时候，送上自己的建议，消除他的疑虑，站在宾客的立场考虑问题，这会让服务员在服务中应对自如，面对的困难也会迎刃而解。

2. 满足宾客的自尊心理

客人到餐厅用餐，服务员上前引领入座要注意观察客人的特征，充分尊重他们的生理需求，同时观察好客人的言行举止，尊重他们的心理需求。因人而异，尊重不同类型客人各自的需求，同时也要尊重客人的宗教信仰和习俗。服务人员除应注意服务技巧外，还应尊重客人的不同口味。如有的客人口味重一点，有的客人则喜欢清淡一些，都应该充分尊重。特别强调的是对客人宗教信仰的尊重。如信仰佛教的人吃素；信仰伊斯兰教的人不吃猪肉；信仰印度教的人不吃牛肉等，餐厅服务员面对信仰不同宗教的客人，首先要弄清楚客人信仰的是什么宗教，在向客人推荐时要尊重他们的宗教信仰，并在点菜单上注明，提醒厨师注意在用料上不要触碰客人的宗教禁忌。当菜从厨房传往餐桌的途中，服务员还应当仔细检查、以免出错。另一方面，记住那些常来常往宾客的名字和特征会给他们一种被尊重的感觉。学会巧妙地恭维对方，称赞他的名字。这是一个简单、明显、有效地获得宾客好感的方法。所以，请记住宾客的名字。

3. 看到宾客的优点

蛮横无理的宾客、衣着简朴的宾客、其貌不扬的宾客，每一个人都有自己的闪光点。不能以貌取人，不能在还没开始服务，就已经在心里给顾客分了三六九等。无论是谁都希望得到别人的赞美，服务员的一句真诚的夸赞，会让宾客有一种“显要感”，但是要特别注意学会区分赞美与谄媚，不然不仅不能打动宾客，反而会令人生厌。

4. 耐心倾听

每个宾客都需要倾听者，当服务员用心灵去倾听他们时，他们也会真诚地接受服务员的意见。一个有能力、有魅力的服务员是一个怀着忍耐和同情心的倾听者。与有需求的宾客交谈，就要“投其所好”，把话说到他的心坎上。同时要注意，千万不要喋喋不休，没有宾客喜欢和说话啰唆的人完成更多的交流。这样才能使蛮横和爱挑剔的宾客也软化下来，从而掌握服务的主动权。

5. 友善心理

要想得到宾客的认可，服务员就要用真诚与友善的心来打动他们。服务员要掌握自己的情绪，一个好的情绪会赢得宾客的信赖。就好比一滴蜂蜜比一滴胆汁更能吸引人。用友善的心理对待宾客，才能使对方“心甘情愿”地来消费，赢得人心。

6. 克服沟通中的心理障碍

在面对“找麻烦”的宾客时，要想克服与他们沟通中的障碍，就要懂得用宽容的心去对待。及时总结经验和教训，尤其是面对某些宾客不公平的指责和批评时要克制，换位思考，只有这样，才会成为一个“屡战不败”的出色服务员。

（三）提供餐厅优质服务

服务质量、服务水准的高低不仅关系着饭店的效益、声誉，更关乎饭店的生存与发展。在制度化、程序化、标准化向个性化、多样化转化的过程中，我们所追求的服务目标是“优质与和谐服务”。也就是以服务员的亲情、技能、效率、知识和良好的修养表达和体现服务风格，是和谐对客关系的集中体现。而优质服务具体表现为：标准与个性相统一，快捷与稳妥相统一，热情与礼仪相统一，亲切与高雅相统一，守责与灵活相统一。同样地，餐饮服务中也需要以优质服务来满足客人的多种需求。具体来说，包括以下几方面。

（1）微笑　在餐饮日常经营过程中，要求每一位员工对待客人都要报以真诚的微笑，它应该是不受时间、地点和情绪等因素影响，也不受条件限制，微笑是最生动、最简洁、最直接的欢迎词，贯穿于整个服务过程。

（2）精通　要求员工对自己所从事工作的每个方面都要精通，并尽可能地做到完美。员工应熟悉自己的业务工作和各项制度，提高服务技能和技巧。“千里之行，始于足下”，只有精通业务，并在实际操作中不断地总结经验，取长补短，做到一专多能，在服务时才能游刃有余，这对提高餐饮的服务质量和工作效率、降低成本、增强竞争力都具有重要作用。

（3）准备　要求随时准备好为客人服务。也就是说，仅有服务意识是不够的，要有事先的准备。准备包括思想准备和行为准备，作为该准备的要提前做好。如在客人到达之前把所有准备工作做好，处于一种随时可以为他们服务的状态，而不会手忙脚乱。

（4）重视　要把每一位客人都视为“上帝”看待而不怠慢客人。员工有时容易忽视这一环节，甚至产生消极服务现象。这是员工看他们穿戴随便，消费较低，感觉没有什么派头等表面现象而产生的。而现实生活中往往越有钱的人对穿戴方面都特别随便，这是他们的自信；而衣服不能代表财富的多少。服务人员在这一环节上千万不能区别和歧视待人，而忽略细微服务，要重视和善待每一个客人，让他们心甘情愿地消费。服务人员应当记住“客人是我们的衣食父母”。

（5）细腻　主要表现于服务中的善于观察，揣摸客人心理，预测客人需要，并及时提供服务，甚至在客人未提出要求之前我们就能替客人想到并做到，使客人备感亲切，这就是我们所讲的超前意识。

（6）创造　为客人创造温馨的气氛，关键在于强调服务前的环境布置，友善态度等。掌握客人的嗜好和特点，为客人营造“家”的感觉，让客人觉得用餐就像回到家里一样随意、可口。

（7）真诚　热情好客是中华民族的美德。当客人离开时，员工应发自内心地、并通过适当的语言真诚邀请客人再次光临，以给客人留下深刻的印象。现在的竞争是服务的竞争、质量的竞争，餐饮业尤为激烈，服务的重要性是不言而喻的。

知识链接

餐饮服务五大要求：

微笑（Smile）、真诚（Sincere）、品质（Quality）、清洁（Clean）、设施维护（Facilities Maintenance）

餐饮服务六要素：

C. 美观整洁的环境	H. 真诚友善的服务
A. 准确无误的供餐	M. 优良维护的设备
P. 高质稳定的产品	S. 快速迅捷的服务

第四节　康乐服务心理

随着居民可支配收入和时间的增加，人们对休闲、健身、娱乐等更高层次的精神消费需求也随之增加，社会康乐消费意识也在不断提高。饭店康乐部已成为继客房、餐饮等部门之后的重要营业部门，其运行的好坏，将直接影响到饭店的整体服务质量、管理水平、经济效益及市场形象。

“康乐”是具有现代意识的旅游新概念，从字面上讲就是健康娱乐的意思，是指人们为达到调节身心、恢复体力和振作精神的目的，在闲暇时间，在一定场地和设施条件下参与的休闲性和消遣性的活动，它包括休闲类活动、娱乐类活动、保健类活动、康体类活动。饭店设立康乐部是为饭店客人提供康体、娱乐和休闲保健等活动场所的部门，是饭店为满足客人多样化消费的需要，吸引客人来此消费，从而提高饭店的社会效益和经济效益。

一、康乐服务中客人的基本心理需求

现代康乐是人类健康物质文明和精神文明高度发展的结果，也是人们精神文化水平提高的必然要求。目前，现代康乐活动越来越成为人们日常生活中不可缺少的内容。康乐服务员应根据不同客人的消费需求档次、文化层次以及兴趣和特殊的消费心理，来做好各项服务工作。

（一）安全保障的心理需求

这是最基本的心理需求。比如：客人打算去某一康乐场所花费时，首先斟酌的是安全问题，客人会留意康乐场合是否有良好的防火防盗设施与环境。另外，客人在娱乐、健身设施上也会对安全问题非常敏感。而且宾客在进行康乐活动时，除了强身健体，最不希望发生人身意外伤害和财物安全。所以服务人员应注意保护客人的隐私和安全。

（二）求卫生心理

康乐场所虽然是一个高雅、洁净的地方，但因客人流动量大，设备使用频繁，特别是游泳池等一些与皮肤直接相接触的项目，客人对其卫生要求更是苛刻的，所以服务人员要特别注意这类心理的需求，做好清洁卫生与保养工作。

（三）同步心理需求

因为社会时尚、潮流、风尚等社会因素的影响，客人会发生从众心理，即跟随一定的潮流去同步进行消费。比如：追求健身、美容、户外运动的心理，往往能够引发人们对某类、某种风格的时尚的追求，并形成流行趋势。

（四）保健心理需求

随着人们生活水平明显提高，特别是在大城市工作的白领以上阶层，上班时间全身心投入工作根本没有时间进行锻炼，于是兴起了“花钱买健康”之说，而康乐项目恰好满足宾客健身和娱乐的需求。客人都是想通过康乐运动达到保持身材的目的。这也是当下最流行的健身之道。

（五）爱美的心理需求

爱美之心，人皆有之，这就是人们在康乐消费中寻求美的心理。跟着科技发展和经济生涯水准的进步，人们对美的追求会更加强烈。很多康乐项目针对女性客人设置独特的美体项目，比如：先进的瑜伽设施结合化妆美容美体，练完瑜伽之余泡个芳香怡人的花水浴，放松身心的同时又有美容的功效。针对男性客人，高科技的健身项目和器材同时配备专业的健身教练，让男性顾客的健康得到合理规划的同时也可以从中获得尊贵感。这些服务温馨舒适而且具有个性，足以让客人流连忘返。

（六）体验和求新心理

越来越多的饭店在康乐项目上选择具有特色功能的项目来增强竞争实力，除了必备的健身设施，如健身房、游泳池、美容美发中心等，还增加了歌舞厅、音乐厅、投影电视、迷你电影厅、卡拉OK厅、夜总会歌舞厅、地方特色的民俗风情表演，如茶道、民歌、民族舞蹈等娱乐项目，而且可以选择网球场、保龄球室、桌球室、乒乓球室、高尔夫练习场、射击场或射箭场、溜冰场、潜水或冲浪、游艇、儿童康乐室、室内游泳池等运动休闲项目，棋牌室、桑拿、美容、按摩等保健服务项目，从而让宾客去选择和体验。有条件的饭店还会推出户外康乐项目，新鲜、刺激的项目，总会令宾客产生尝试、体验、求新、求异的心理，从而达到享受一种独特的经历和体验。

（七）求实和求尊重心理

客人抱有求实心理，是盼望得到价值上的心理均衡，即在消费某些康乐项目时觉得物有所值。同时每个宾客都是在一定的文化环境中成长并在一定的文化中生活，从而形成不同的价值观、生活方式、消费心理等，这些都应该受到尊重。共性心理需求中客人总是希望服务人员尊重他们的一切合乎情理的需求。

（八）求助和求补偿心理

旅游者在日常生活中承受压力，旅游的目的就是排解压力，寻求心理上的补偿，他们渴望被重视，享受被人关爱照顾的感觉。宾客出门在外，难免会出现遇到紧急情况需要帮助的时候。尤其在康乐项目中最易出现意外，受伤的概率更大些，这时的宾客特别希望得到求助和解决，客人肯定会要求给予赔偿，尽量满足客人正当的要求，让宾客在生理与心理上都得到了相应的安慰与补偿，减轻甚至消除了客人的不满心理，体现了顾客至上的宗旨。这样能让宾客对其消费产生好感，易形成回头客。

（九）特权心理

在客人潜意识里，他们普遍有一种要享受特权的愿望，这种特权表现在：“我是客人，我需要你为我提供服务，我有权享受服务，我有权提出任何要求”等。大部分宾客都是自费的，而且并不是很富有的。他们在消费的心理上就是花低价格，享受高质量服务，所以他们往往会提出一系列要求，有时是无理苛刻的，一方面是为了确保自己消费换来的服务质量物有所值，一方面是希望能在表达不满后得到相应的补偿，以减少开支。正是这种心理促使他们对服务质量期望很高，稍有不满就会抱怨，甚至投诉。首先，饭店应该采取一切预防措施避免顾客产生不满情绪，包括对员工的严格培训，对康乐卫生及设施的严格消毒与检查。其次，饭店管理者应该经常视察，主动了解宾客对服务的满意程度，及时发现宾客的不满情绪。最后，面对宾客投诉，即使是不合理的，态度蛮横的，也要坚持宾客至上的原则，控制好自己的情绪。时刻用友好、热情的态度对待宾客，面带微笑，先使客人的这种特权愿望得到满足，平息愤怒。然后理智地寻找解决问题的办法，在不损失饭店整体利润的前提下尽量满足宾客的需求。

二、针对客人心理做好康乐服务工作

强化员工的技能来指导现代社会的消费人群在进行消费时往往容易受到环境氛围的熏陶和影响。宾客更注重消费的环境与氛围。随着人们生活水平的提高，宾客消费需求差异化突显，这要求服务人员必须要关注客人的具体要求，根据具体的消费对象对其消费后的期望提供有针对性的服务。所以面对康乐宾客的不同心理需求，服务员在细节上的关注是服务质量得以提高的重点。

（一）熟悉岗位职责，满足宾客的求安全心理

康乐服务的技术性强，有很多专业设备，保障客人的安全是首要职责。服务人员一要熟悉本区域的设施设备、项目特点，负责本区域的接待及安排工作，为客人随时提供有效的服务。二要具有本区域康乐项目的基本知识，热情大方主动，有礼貌地接待来客，引导、安排客人进入相应的运动区域，善于运用语言技巧为客人提供最佳的服务，满足客人要求及解决疑难问题。三要负责所属区域的清洁卫生，每日清洁消毒，保持设施设备的卫生，环境整洁，空气清新。四要负责场所每日所需工作物品，保证营业的需要。五要熟悉卫生保健知识、本项目基本专业知识和设备器械，能为宾客展现示范动作，能指导宾客运用设备，宾客发生危险时，能进行救护，而发生意外事故时，能及时、迅速、安全地处理。

（二）以标准的礼节礼貌，满足宾客的求尊重心理

客人是服务人员的最爱，“客户就是情人”，从接触到客人的那一刻起，服务人员就应竭尽所能地使其成为饭店的忠诚客户乃至终身客户，因此，对客人发自内心的尊重便是首要任务。服务人员一要熟悉掌握问候语言，主动问候客人，能够根据时间、场所、情景、接待对象的不同，准确应用问候礼节。二要熟悉掌握称呼礼节，根据客人应用不同称呼亲切和谐，尽量记住常来客人的姓氏、职位，以便再次遇见时准确称呼。三要熟悉掌握应答礼节，根据场景，准确回答，反应灵敏，应对得体。四要熟悉掌握迎送礼节，根据迎接、送别，做到讲究礼仪顺序、礼仪形式，语言亲切准确示意得体。五要掌握操作礼节和服务操作规范，不打扰客人，礼貌大方。六要当客人走过时，主动问好，当领导经过主动点头致意。七要对客人时时表示谦虚大方、朴实、表情自

然、面带微笑、态度诚恳。八要尊重客人习惯习俗和动作，不品头论足，按客人习惯和要求提供服务。九要与客人交谈时保持微笑，声调平稳，站立时直腰挺胸，姿态优美，注重倾听，不插嘴，精神集中，时时表示尊重。

（三）注重细节，满足不同宾客的多样化需求心理

随着人们生活水平的提高，消费需求差异化突显，这要求服务人员必须要关注宾客的具体要求，根据具体的消费对象对消费后的期望，提供有针对性的服务。所以细节上的关注是服务质量得以提高的重点。比如，康乐场所应设立能迎合社会时尚与潮流的康乐项目，满足客人求同步的心理需求；在对客服务之前应给即将到岗的员工进行培训和指导，那么他们就清楚如何正确地按照服务标准进行服务，特别是在对客服务过程中出现差错，他们处理服务差错时就不会不知所措，缺乏信心，并且能快速地决定哪一种才是最好的解决方法。康乐经营的生命力在于不断地改变更新，要求经营者们扬长避短，尽最大可能、最大限度地发挥康乐部的优势，摒弃不受客人青睐的康乐项目，增加符合市场需求和客人期望的创新型和个性化康乐项目，再配上服务人员的真诚细致和周到贴心的服务素质与技术能力，饭店的康乐业务才会有参与市场竞争的实力，才能为饭店获取更大的利益提供良好的保障。

第五节　会议服务心理

上升的会议市场成为饭店的重要客源市场，会议业务带来的收入已成为饭店的经济效益增长点，所以会议服务代表着整个饭店的形象，会议接待已成为饭店的一大基本功能。在进行会议组织时，严密有序、精心周到的会议服务自然会在人们心中留下深刻的印象，为饭店的形象加分。会议服务也是提高饭店知名度的重要途径，提供好的、专业的会议服务，在一定程度上可以获得好的口碑评价，而好的口碑则能起到宣传饭店的作用，从而提高饭店的知名度。所以除了与饭店前厅、客房都相同的服务外，会议也有一定的服务心理。

一、会议宾客对内外环境的需求

由于会议服务的特殊性，会议具有种类多、方式多样化、灵活性强的特点，会议团队参会人员多、涉及面广，在饭店实行会议、住宿、餐饮、娱乐等一系列活动，因此，会议需要饭店根据会议形式，提供个性化服务，在会议过程中优化会议服务流程，提供快速、全面、周到的服务，

来满足客户的需求。

首先是对会议举办地的外部环境的要求：一是要求举办地周围交通方便；二是要求会议地点外部环境相对安静。其次是对会议举办地的内部环境的要求：一是要求具有现代化的会议设施；二是各档次的食宿、会议室类型都要具备；三是要有会议服务负责人予以对接；四是期望得到特殊群体的照顾。

二、会议期间宾客的一般心理需求

会议服务过程中，饭店会议服务经理必须以客户需求为导向，有相当的自主权和主动性，有权合理调配各部门的人力、物力，以做出快速的反应；会议金钥匙（与客户第一接触的销售人员）是会议组织的轴心，串接各部门的会议产品和服务，向宾客提供全过程、全方位、全天候的服务，以满足客户的会议心理需求。

（一）求周到和方便心理

会议双方都希望会议能圆满成功，没有任何纰漏。如果饭店在服务或设施设备上出现差错，主办方也会受到一定影响。所以大家都有期望周到的心理需求。这也是最基本的心理需求。另一方面，根据会议级别不同，场地要求与布置也不同，因此主办方与出席方都希望饭店能最大限度提供方便，做好一切会议服务保障工作。

（二）求尊重和安静心理

出席会议的可能是各国、各地、身份地位均不同的人，他们都希望从各方面受到尊重，尤其在会议这类的公共场合。同时会议是高强度的脑力劳动，需要高度集中注意力，因此对环境安静的心理要求特别高。

三、怎样做好会议服务工作

饭店应认真做好会前准备工作，按主办方要求，准备好会议用具、会议物品，并按主办单位要求布置好会场、安排好座位、布置好装饰花卉、准备好文化用品等。重要的会议还应在饭店大门挂有标语或LED显示屏滚动显示。所有的一切工作都要与会议相关的饭店各部门通力合作，同步完成，才能满足会议宾客的心理需求，保证会议的顺利进行。

（一）满足求周到心理

1. 检查卫生和会议设施

会议服务一定要考虑到环境卫生的问题，不只是会议桌面的卫生，墙面、地面、窗台、窗帘、椅子、会议室内各类设施、各个角落以及绿植叶子、绿植花盆等都需要检查到位。另外，如果是大型、贵宾到访的会议，还要对与会人员行走路线涉及的各个区域卫生状况进行检查。

随着科技的发展，会议设施也越来越完善，视频会议、电话会议、会议录像等需要用到麦克风、网络、电话、录像、投影、空调等各类会议设施设备。会议设施的使用一般在会议需求里有所体现，需要提前进行调试，特别是很多会议设施需要用到电池，一定要记录电池的更换时间、使用时间，提前更换电池，避免会议过程中电池没电的现象出现。

2. 检查会议摆台和会议用品

会议摆台包括椅子的摆放、茶水、矿泉水、玻璃杯、烟灰缸（禁烟城市一般取消烟灰缸）、小毛巾等，一般项目都有标准规范，关键是摆放一定要一致，能够标线的尽量标线（是直线的体现出直线，是弧线的体现出弧线）。按规范标准摆台后，应再仔细核对会议需求，不要遗漏比较特别的会议需求。

很多会议用品是入口的，对卫生的要求非常高：如果提供瓶装饮品、带包装茶点应注意保质期，不带包装的茶点、果盘应用保鲜膜覆盖，杯具应无污迹、无水渍，小毛巾按要求加湿或者加热，应检查温度是否合适、是否有异味、是否柔软。还要按会议需求查看会议用品的配置，比如是否按要求提供饮品、茶歇、白板、白板笔、会议用纸、笔、本等。

（二）满足求尊重心理

1. 检查服务人员的个人仪容仪表，真诚迎接宾客

服务人员一般要求是：着工服、化淡妆、头发盘起；不佩戴夸张首饰；不涂指甲油、不留长指甲；不喷浓烈的香水；使用无香型护手霜。会议开始前30分钟，服务人员应以良好的精神面貌，亲切热情地接待与会人员。服务人员应当到岗，在会议厅门口按标准的礼仪，用礼貌用语迎接宾客。较多宾客进入后，服务人员应协助入座，倒上茶水，对VIP客人还应递送小方巾擦拭。

2. 专人负责主席台

会议设有主席台时，应有专人负责主席台的服务。如果主席台有报告人在作报告，服务人员应特别留心把握提供服务的时机。如有的报告人喝水量大，就要勤为其斟水；有的喝水极少，就不要频繁上去打扰。

3. 服务期间尽量满足宾客的要求，做好送客工作

会议期间宾客可能提出一些临时要求，对宾客的合理要求要及时满足，不得推诿。会议结束后，服务人员应于会议结束前10分钟，站在门口，微笑着向客人道别，有礼貌地送客，并及时检查会议厅内有无宾客遗留物品，发现后立即送还或及时上交。检查有无损坏的设施设备及用具，如有，将数目及损坏情况与会务组人员核实后送收银处，数目准确、不弄虚作假。

（三）满足求方便心理

1. 协助主办方工作人员

主办单位工作人员在会议期间经常有分发文件等突击性任务，服务人员应主动协助。一是会议期间，饭店需要派出专人（服务人员）负责与会议组织者协商、联系、沟通，协助会议服务的指挥工作；二是饭店的会议服务人员要具备极强的组织能力、随机应变能力、资源调配和整合的能力，可以及时有效地解决会议中出现的问题；三是对与会者积极热心，要引导与会者进行拍照

留念或者以饭店场景为背景组织小活动，甚至要考虑送出饭店准备的精美小礼物。让与会者、举办会议方都能感受到饭店的服务态度和质量。而这些内容正是照片、视频的素材，不论在哪些社交平台传播，饭店都会成为得利者。

2. 会议住宿与就餐期间的服务优化

会议团队到达饭店时，由服务人员指引宾客到总台，到达总台后，前台接待主动协助领队确认，并做好团队其他宾客的接待工作，由于会议团队宾客数量多，大量宾客在大堂喧哗，影响饭店正常工作，给其他宾客带来不好影响，需要引领团队宾客落座休息，加快团队入住办理速度。

提供会议团队宾客餐饮服务时，由于参会人员多，有不同的需求，饭店的菜肴品种要不断创新，推出新的有吸引力的菜肴；会议期间宾客活动多，日程安排紧凑，用餐量大，饭店在餐饮上应针对会议宾客用餐量大的需求，增加菜量，为他们提供营养菜肴，满足体能的要求。会议一般要召开三至五天，为保持餐饮对会议客户的新鲜感，菜单要避免重复；烹调方法和宴会形式根据会议活动的需要灵活安排自助餐、正式宴会等形式，增强餐饮对会议宾客的吸引力。由于会议人数多，就餐时间集中，需要合适的上菜速度，需要服务员根据桌面菜品的数量、菜肴的加工时间以及客人的就餐情况等，掌握供餐时间，随时为厨房进行提醒服务，与厨房工作人员配合，提高上菜速度，提供高效率服务。

3. 开会期间的会议服务

会议进行过程中，服务人员要适时为宾客斟茶或添饮料，服务时动作要轻，不能干扰会议的进行。会中遇到特殊情况时，要按标准灵活处理，比如：客人使用话筒时，视情况调节音量大小；主席台领导半小时不喝茶，应重新更换一杯；每20～30分钟为台下客人巡回补充茶水一次；若主要客人开始讲话则停止一些茶水活动。整个会议期间要求保持会场安静，做到“三轻”和“四勤”，不随意打扰客人。

4. 会间休息服务

有的会议中间有休息时间，服务人员要快速进行会场小整理，补充、更换物品。有些会议还要求提供点心和饮料服务。服务人员要合理分工，让每位宾客都能尽快用上点心和饮料。所有的操作都要求服务人员动作敏捷，轻拿轻放，保持安静。

5. 会后做好检查与恢复工作

会后对灯光、音响、桌椅、门窗、地面、空调、消防栓、灭火器等进行检查，发现问题及时上报维修。同时关闭灯、空调及门锁，消除一切安全隐患。

（四）满足求安静心理

会议的特殊性就注定是一个十分安静的场所，因此，服务人员一定要备足物品，要预备多于与会人数的茶杯、香巾、台布等，以免因缺乏临时取物而干扰会议。会议进行中，如果没有马上要办的事，一般不允许服务人员随便进出会场，必须维护会场安静。

四、会议后续优质服务工作

会议结束，服务却并没结束。会议的后续服务实质上是对客史档案的总结与跟踪和回馈服务，这是服务宾客心理的高层次阶段。会议组织者或者承办方撤离后，参会的人员成为饭店的服务重点。抓住机会加强对会议服务人员的培训，以便更好地满足参会宾客的不同生理和心理需求，同时深挖本次参会人员的需求，提供匹配的服务。

结算工作是会后服务的重要一项。需要将各种费用梳理清楚，每笔费用明明白白，方便会议组织者结账。特别注意，对于有住宿和用餐项目的会议团队，会议团队离店时，由于人数多，用房多，查房时间较长，容易造成大量宾客停滞前台，给前台工作带来较大压力，影响其他客户办理手续。饭店在为会议团队退房前，应及时联系会议组织者，掌握会议团队离店日期和时间，安排宾客分批次退房，错开集体退房，并及时联系前厅部与管家部，增加服务人员或安排熟练员工，提前安排查房，做好相关准备工作，避免过多宾客积压在前台的现象，保证宾客满意离店。

会议的参与者是饭店的潜在客户，不管是从会议体验方面、住宿体验方面，只要给其留下正面印象，那么以后他有开会需求、住宿需求或其他需求时，首先想到的就是这里。所以要善于搜集参会者的信息资料，搜集会议过程中的参会者感受、提出的各种意见以及会议组织者的“吐槽”等，做好这些信息的归集、分类、分析、整理存储。同时做好会后总结，无论是协助会议组织者，还是饭店自己来做，都需要针对每一个会议进行总结。好的地方、坏的地方，原因是什么，以后怎么改善等，这将成为会议组织者工作总结的素材，甚至是成品，也能成为饭店提高服务的依据。

客户回访是会议后续服务工作的重要环节。在会议结束的7～10天内将前期整理的与会议相关的反馈信息送达到客户手中，既是回访，又是一份真诚的问候，或者是一份小而精致的礼物，都能让客户感受到服务的温度和升华。

总而言之，饭店在会议接待过程中，以宾客需求为导向，有效整合并合理配置，各部门团结协作，密切配合，实施“一条龙”的会议服务，在会议宾客的报到、用房、用餐、会议等一系列服务中优化会议服务流程，满足会议宾客的不同心理需求，提供快速、全面、周到的服务，提高会议服务运营管理效率，才能获得最佳效益。

本章小结

本章分析了旅游业中饭店服务心理，较为详尽地介绍了饭店前厅、客房、餐厅、康乐和会议服务方面的心理问题及相应服务工作，指出前厅服务是整个饭店产品的开始和基础。客房是宾客心理得以满足和实现的具体场所。餐厅服务更具复杂性，面对的客人也是五湖四海，口味不一，做好餐厅服务能满足宾客更多生理和心理上的需求。随着旅游业在国内外的蓬勃发展，康乐部的地位和作用也日益突显，客人的需求具备多样性和变化性。会议服务也会越来越突显其重要的地位，研究会议服务心理将是一个新的课题。

思考与练习

1. 请谈谈旅游者在饭店前厅的心理需求是什么？前厅服务的基本对策又是什么？
2. 宾客在客房有哪些心理需求？它们之间有什么关联？
3. 宾客在餐厅的心理需求有哪些类型？针对性的服务策略又是什么？
4. 试简述会议服务的优质后续服务工作内容。
5. 康乐部如何满足宾客多层次的需求？

案例分析

客人离店被阻

北方某宾馆，一位四十来岁的客人陈先生提着旅行包从512房间匆匆走出，走到楼层中间拐弯处服务台前，将房间钥匙放到服务台上，对值班服务员说："小姐，这把钥匙交给您，我这就下楼去总台结账。"却不料服务员小余不冷不热地告诉他："先生，请您稍等，等查完您的房后再走。"说完即拨电话召唤同伴。陈先生顿时很尴尬，心里很不高兴，只得无可奈何地说："那就请便吧。"这时，另一位服务员小赵从工作间出来，走到陈先生跟前，将他上下打量一番，又扫视一下那只旅行包，陈先生觉得受到了侮辱，气得脸色都变了，大声嚷道："你们太不尊重人了！"小赵也不搭理，拿了钥匙，径直往512号房间走去。她打开房门，走进去不紧不慢地搜点：从床上用品到立柜内的衣架，从衣箱里的食品到盥洗室的毛巾，一一清查，还打开电控柜的电视机开关看看屏幕。然后，她回到服务台前，对陈先生说："先生，您现在可以走了。"陈先生早就等得不耐烦了，听到了她放行的"关照"，更觉恼火，待要发作，或投诉，又想到要去赶火车，只得作罢，带着一肚子怨气离开宾馆。

讨论：请点评案例中涉及的两位服务员的错误做法会导致的后果，并请分析此案例产生的原因。

拓展训练

某酒店老总的朋友晚上22：00左右来到前台声称有预订，要求入住，前台服务员查其客史的房价为200元，但查了当日订房却无该客人的预订。

请根据这一提示，分组辨析演绎前台服务人员与订房客人的后续情节发展，并对此结果撰写一份分析报告。

第十二章 旅游产品售后服务心理

学习目标

1. 认识售后服务是现代社会大生产的一个重要环节，旅游服务行业也不例外。

2. 了解妥善处理旅游投诉对旅游企业有举足轻重的意义的基础上，掌握处理投诉的原则和方法。

3. 认识做好积极售后服务，可以争取回头客，扩大旅游企业的知名度和美誉度。

案例导入

不放过任何一位老顾客

2002年农历九月初九，广东的一家飞马旅行社组织了一个夕阳红团到广西贺州去玩。他们的旅程安排是到了贺州之后先去爬姑婆山，然后到山下的路花温泉泡温泉。时间来回为一天。这个团的游客平均年龄都在60岁左右。所以这对于飞马旅行社来说是一项艰巨的旅程。他们不仅要考虑到旅客的安全，还要让旅客过上一个愉快的重阳节。在飞马旅行社周密谨慎的旅游计划安排下，使得这个旅程能够顺利结束。

但这并不意味着飞马旅行社的服务结束了。

九月初十，飞马旅行社负责售后服务的工作人员一一给参加旅游的游客打电话，向他们问候。顺便还咨询了游客对他们服务的有关意见。而且还寄去了节日礼物。这让游客非常满意，觉得没花错钱。

飞马旅行社旅行社每年都举行一次“飞马节”。旨在邀请一些有代表性的游客参加他们免费组织的持续三天的有意义的旅行。而这些游客都曾经参加过飞马旅行社所组织的旅游，是飞马旅行社的老顾客。而能成为这样的游客的条件是：在一年中参加飞马旅行社的次数不低于4次，且在每次的旅行中的表现都是比较好的。飞马旅行社的这一举措实行以来收到了很好的效果。争取了不少的回头客，同时也引来了若干的新顾客。

飞马旅行社的服务宗旨是：“顾客满意至上！尽量争取新顾客，不放过任何一位老顾客！”

第一节　旅游投诉心理

旅游投诉是指游客因为对产品质量问题、服务态度等各方面的原因，向上级行政管理部门反应情况，检举问题，并要求得到相应的补偿的一种手段。投诉处理需要了解游客投诉原因、投诉心理，熟悉受理投诉的步骤，这样才能妥善处理好投诉事件。

一、仔细了解游客投诉的原因

景区服务内容丰富、涉及面广，因此要充分了解游客投诉景区的原因，便于在旅游景区服务时预先估计可能发生的问题，重视会令游客不满的部门和环节，尽量减少游客的投诉，努力做好防患于未然。游客对旅游景区的投诉原因主要包括：对旅游景区人员服务的投诉（服务态度差、服务技能有待提高等）、对景区服务产品的投诉（价格、质量、服务等）、对景区硬件及环境的投诉等。

二、认真分析游客的投诉心理

了解和认识游客的投诉心理有助于正确处理旅游的投诉。游客投诉的心理主要包括：求尊重的心理、求平稳的心理、求补偿的心理。

三、执行受理投诉的步骤

受理投诉是解决问题、促进景区发展的外在动力，是景区改进发展的方向。旅游景区要正确把握处理投诉的原则，要真心诚意地解决问题，不可与游客争辩，同时应切实保护旅游景区的利益不受损害。

（1）倾听游客诉说，保持沉默，避免使用过激的语言，保持眼神交流，让游客感受到你的倾听。

（2）表达歉意需发自内心，体现出诚意，同时还要对游客的遭遇表示同情与安慰。

（3）真诚地与游客交流，理解游客，同时了解游客需要解决的问题。适当时提出问题，获取客人的需求信息，用自己的话重复、确认游客所遇到的问题，并适时做好记录。

（4）明确游客的问题之后，需根据景区的实际情况，客观对待问题，通过补偿性服务来弥补游客所遭受的损失。补偿性服务通常包括：打折、送赠品（包括礼物、商品或服务）、个人交往等。

（5）解决问题的方案需要通过双方协商、认可确认之后形成最终的方案。在确定解决问题的方案的时候，既要维护游客合法、合理的权益，又要维护旅游景区的合法权益。

（6）通过后续跟踪服务，进一步向游客了解旅游景区的解决方案是否有用、是否还有其他问题，如果有不尽人意的地方，可继续寻求更好的解决方案。后续跟踪服务的方法通常包括：电话、电子邮件、信函等。

四、善后处理事宜

受理投诉的人员应记录投诉处理的全部过程，将投诉事件整理成报告并存档，同时对投诉进行统计，分析投诉的原因，总结投诉解决的方法，特别对典型问题产生的原因和相应的解决措施进行分析，不断改进服务水平。

旅游景区服务人员要明白客人投诉不是绝对的麻烦事，首先客人投诉是对你的信任，相信你能把事情解决好；其次客人的投诉是对景区工作人员的鞭策，是改进服务质量的利器。此外，妥善地处理投诉能使投诉变为好事情，提升顾客的重视度。

第二节 旅游安全事故的处理

一、旅游安全事故

（一）旅游安全事故的概念

旅游安全事故是指在旅游活动的过程中，由自然或人为原因所引起，造成旅游者人身或财产损失，并由此导致有关当事人承担相应法律责任的事件。

（二）旅游安全事故的等级

旅游安全事故从程度上可分为轻微、一般、重大和特大事故四个等级。

（1）轻微事故是指一次事故造成旅游者轻伤，或经济损失在1万元以下者。

（2）一般事故是指一次事故造成旅游者轻伤，或经济损失在1万元至10万元（含10万元）者。

（3）重大事故是指一次事故造成旅游者重伤或死亡，或经济损失在10万元至100万元（含100万元）者。

（4）特大事故是指一次事故造成旅游者死伤多人，或者经济损失在100万元以上者，或者性质特别严重产生重大影响者。

二、旅游安全事故的处理

（一）旅游安全管理工作方针

旅游安全管理实行“安全第一，预防为主”的方针。

1. 安全永远处于首要地位

在旅游活动中，安全处于首要地位，旅游经营者和从业人员都必须自始至终把安全工作放在首位，丝毫不得懈怠。

2. 防范工作做在先

对于旅游活动中可能发生的安全事故，一定要把防范工作做在先，“预防为主”方针必须贯穿旅游活动的始终和旅游接待的方方面面。

3. 严格按照旅游安全规章制度行事

建立健全旅游安全规章制度，旅游经营者和从业人员必须严格按规章制度行事，增强风险防范意识，切实消除一切安全隐患。

（二）旅游安全事故的处理原则

旅游安全事故发生后，导游人员与有关人员应全力以赴，进行救援，采取一系列可能的手段，尽最大的努力减少人员伤亡和财务损失，把事故造成的不利影响降低到最低程度，保护旅游者的基本权益，维护我国旅游业的声誉。

在旅游安全事故的善后处理工作中，应恪守保护旅游者的基本权利和利益为第一位的原则，在具体工作中，要遵循下述基本原则。

（1）迅速处理原则　旅游安全事故发生后，报告单位应立即派人赶赴现场，组织抢救工作，保护事故现场，并及时报告当地公安部门。

（2）属地处理原则　旅游安全事故发生后，原则上由事故发生地区政府协调有关部门及事故责任方及其主管部门负责，必要时可成立事故处理领导小组。

（3）妥善处理善后原则　旅游安全事故发生后，要积极处理善后事宜，尽量避免事故造成的损失进一步扩大。

（三）旅游安全事故处理的一般程序

（1）立即报告　旅游安全事故发生后，带团的导游人员应立即向所属旅行社和当地旅游行政管理部门报告。当地旅游行政管理部门接到一般、重大、特大事故报告后，要及时上报国家旅游行政管理部门。

（2）保护现场　一旦发生旅游安全事故，现场有关人员一定要配合公安机关或其他有关方面，严格保护事故发生地现场。

（3）协同有关部门进行抢救、侦查　当旅游安全事故发生后，地方旅游行政管理部门和有关经营单位和人员要积极配合公安、交通救护等方面，查清事故原因，组织对旅游者进行紧急救援并采取有效措施，妥善处理善后事宜。

（4）有关单位负责人应及时赶赴现场处理　旅游安全事故发生后，有关旅游经营单位和当地旅游行政管理部门的负责人，应及时赶赴现场，组织指挥，并采取适当的处理措施。

发生重大旅游安全事故和特大旅游安全事故时，导游人员必须立即报告，尽力保护事故现场并在领导指导下做力所能及的事。

第三节　旅游售后服务心理

一、旅游售后服务

旅游企业的售后服务是指旅游者离开饭店或结束旅游之后，仍与旅游者保持经常性的联系，由旅游企业向旅游者继续提供的一系列服务。

知识链接

调查表明，老顾客不再光顾旅游企业的主要原因有：

（1）其他旅游企业的产品价格更便宜，服务更好。

（2）顾客投诉没有得到处理或没有得到令人满意的处理。

（3）旅游企业缺乏售后服务，使顾客觉得他是否继续购买该旅游企业的产品或服务，对自己或对该企业都无所谓。

（4）经朋友建议，转而购买其他旅游企业的产品或服务。

二、旅游售后服务的方法

售后追踪是在旅游者消费完旅游企业提供的旅游服务以后，旅游企业对旅游服务质量信息进行收集整理的过程。它是旅游企业售后服务的一项重要内容，常见的表现形式有问候电话、意见征询单等。

（一）问候电话

在旅游者结束旅程返回家中的第二天，旅游企业给客人打电话表示问候。问候电话通常会使客人感觉旅游企业售后服务周到细致，充满人情味，给圆满的旅程画上一个温馨的句号。而旅游企业则可以通过问候电话了解客人旅途中的情况，及时掌握可能遇到的麻烦和可能提出的投诉，主动做出处理，争取早日解决问题。通过良好的沟通和对问题的及时处理，可以帮助旅游企业吸引更多游客。

（二）意见征询单

在旅程结束后，旅游企业可以通过给每位客人寄送意见征询单来进行信息的追踪和反馈。意见征询单既可以向客人传递问候，又可以让他们对此次旅行发表意见和建议。意见征询单应设计合理，便于客人填写，并附上回寄信封，方便客人回信，提高回收率。

（三）邮寄服务

旅游企业可以通过给游客写亲笔信或寄送明信片的方式与他们保持联络。旅游企业给游客写亲笔信突出了业务关系中人与人的直接交往，使游客备感亲切，愿意再次购买该旅游企业的产品。与写亲笔信相比较，更简捷的方式是给游客寄送问候性或促销性的明信片。问候性明信片通常附有旅游企业的社徽、地址、电话等内容。促销性明信片则是旅游企业工作人员在考察旅游胜地时向游客寄送的当地风光明信片。一旦游客接到明信片后与旅游企业联系，旅游企业则可向他们推销新的旅游产品。许多西方旅游企业还通过对游客档案的查询，在游客生日或节日之际向游客表示祝贺。这些祝贺使游客在惊喜之余觉得旅游企业与他的个人关系很亲近，从而愿意购买该旅游企业的产品。此外，旅游企业还可以向一些老顾客寄送报纸影印材料或旅游企业报等。报纸影印材料通常是关于旅游见闻的文章或游客感兴趣的旅游胜地的报道；旅游企业报则是旅游企业自己编辑的介绍旅游知识和经济的内部报纸。寄送这些也已经成为旅游企业与游客经常保持联络的有效手段。

（四）游客招待会

旅游企业可通过在社内或饭店内举办风景点幻灯片欣赏活动及旅游者招待会等方式，来与顾客进行面对面的直接接触。这些活动不仅能使旅游企业与顾客的联系更密切，还能有效提高旅游企业的知名度和威信。被邀请的旅游者通过对幻灯片和照片的欣赏及彼此间的相互交流，可能会欣然订购自己感兴趣的旅游产品。此外，西方一些以散客业务为主的旅游企业还通过举行招待会、野餐会或狂欢节舞会的方式，为独来独往的游客提供互相认识与互相推荐旅游线路的机会。这种做法使得顾客同旅游企业的联系犹如一个大家庭的联系那样轻松自然，从而给旅游企业的推销工作带来诸多益处。

（五）旅游企业开放日

为了使和顾客的联系更密切，西方旅游企业每年都例行举办一次旅游企业开放日活动，有针对性地邀请一些顾客到旅游企业参观及观看录像，并向他们介绍有名望的顾客、旅游专家、飞机机长、旅游新闻工作者或旅游题材的作家。通过此类活动，可以让顾客了解旅游企业的设备及社会联系，使顾客坚信这家旅游企业有能力为他们提供良好的咨询和服务，也使更多的顾客愿意购买该旅游企业的产品。

本章小结

本章研究的出发点是游客投诉，通过对游客投诉的心理分析，得出游客投诉处理的一般原则，然后从游客的视角阐述了旅游事故处理的原则和程序，最后，结合实际，阐述了游客售后服务的方法。

思考与练习

1. 广义的售后服务和狭义的售后服务有什么区别？这种划分有什么意义？

2. 旅游售后服务的具体方法有哪些？

案例分析

小尧是刚从旅游学院毕业的大学生，分配到某酒店房务中心是为了让他从基层开始锻炼。今天是他到房务中心上班的第二天，轮到值大夜班。接班没多久，电话铃响了，小尧接起电话："您好，房务中心，请讲。""明天早晨5点30分叫醒。"一位中年男子沙哑的声音。"5点30分叫醒是吗？好的。没问题。"小尧知道，叫醒虽然是总机的事，但一站式服务理念和首问负责制要求自己先接受客人要求，然后立即转告总机，于是他毫不犹豫地答应了。

当小尧接通总机电话后，才突然想起来，刚才竟忘了问清客人的房号！再看一下电话机键盘，把他吓出一身冷汗——这部电话机根本就没有号码显示屏！小尧顿时心慌，立即将此事向总机说明。总机告知也无法查到房号。于是小尧的领班马上报告值班经理。值班经理考虑到这时已是三更半夜，不好逐个房间查询。再根据客人要求一大早叫醒情况看，估计十有八九是明早赶飞机或火车的客人。现在只好把希望寄托在客人也许自己会将手机设置叫醒。否则，只有等待投诉了。早晨7点30分，一位睡眼惺忪的客人来到总台，投诉说酒店未按他的要求叫醒，使他误了飞机，其神态沮丧而气愤。早已在大堂等候的大堂副理见状立即上前将这位客人请到大堂咖啡厅接受投诉。原来，该客人是从郊县先到省城过夜，准备一大早赶往机场，与一家旅行社组织的一个旅游团成员会合后乘飞机出外旅游。没想到他在要求叫醒时，以为服务员可以从电话号码显示屏上知道自己的房号，就省略未报。

酒店方面立即与这家旅行社联系商量弥补办法。该旅行社答应让这位客人可以加入明天的另一个旅游团，不过今天这位客人在旅游目的地的客房订金270元要由客人负责。接下来酒店的处理结果是：为客人支付这笔订金，同时免费让客人在本酒店再住一夜，而且免去客人昨晚的房费。这样算下来，因为一次叫醒失误，导致酒店经济损失共计790元。

试分析此次损失产生的主要原因是什么？如何避免此类事件再次发生？

拓展训练

两人一组模拟游客投诉解决情景，一人扮演游客，另外一人扮演旅游从业者。

第十三章
旅游服务中的人际关系

学习目标

1．了解个人对于人际关系的需求，并形成属于个人的人际关系基本倾向。

2．认识人际关系形成和发展过程中的三个基本因素：认识、情感和行为。

3．理解人际关系在旅游企业管理中的重要作用。

案例导入

梁太太说话真管用

小张带的来自中国台湾的旅游团原定在杭州游览后直飞广州，由于台风的影响，原先从杭州飞广州的航班现已改为从上海飞广州，为了准时抵达上海机场，这个团在杭州的游览就不得不减少半天。尽管小张作了周密的计划和安排，杭州的景点还是要减少一个。

领队是一个新手，听完小张的情况介绍后，六神无主，只好说："你看着办吧！"小张想把计划变动的情况直接告诉全团的游客，但是，一想到上一次改变日程、减少景点而遭到全团游客一致反对的情景便心生畏惧。小张于是打电话向赵先生请教。

赵先生问："这个团有没有团长？""没有。"小张答道。

赵先生又问："客人中有没有比较活跃，又喜欢向你提意见和建议的？"小张说："从这半天的游览来看，有两位客人比较活跃，也喜欢提意见。"赵先生接着问："他们提的意见都与旅游团的活动有关吗？有没有给全团带来好处？"

"不一样。那位姓张的校长，讲的都是有关个人的生活和发展的；那位梁太太倒是几次对我说游览应该怎么怎么安排，怎样安排才能让大家既轻松，又愉快……"

"这位梁太太对大陆的情况了解吗？"

"她是宁波人。在宁波保税区投资了一个公司。据她自己说，她每年都要来大陆旅游两次。"

"太好了！小张，你听着。"赵先生高兴地说，"你找个机会，单独向梁太太介绍一下台风的情况，然后介绍一下你的安排以及旅行社给他们的补偿。还要告诉她，这计划可以避免什么样的后果。你的态度要诚恳，要用尊重、信任她的态度和她谈话。我想，她会给你提出好建议的。最后，你可以请她把这次交谈的内容转告其他客人。等到全团客人基本上都知道后，你再出面向大家介绍情况并提出你的安排。"

小张有点为难："您是说……先跟梁太太谈一谈？可是……可是这位梁太太很厉害……别的客人还附和她呢。"

赵先生说："听你说的情况，那个梁太太实际上就是旅游团的'中心人物'。知道她的态度，也就知道全团的基本态度。再说她的话比你的管用，一定要先跟她谈，只要你充分尊重她，她会帮你的忙的，你想想看你事先跟她一对一地谈好呢，还是要几十张嘴都对着你一个人嚷嚷好呢？"

由于时间紧迫，小张也不能多想了，就按照赵先生的指点去做。结果还真像赵先生说的那样，在梁太太的协助下，全团平静地接受了小张的安排。

第一节 人际关系概述

一、人际关系的定义

人际关系是指人与人之间心理上的关系或者距离。它是一种个体寻求满足社会性需要的心理状态。

任何人都不可能脱离社会群体而单独存在。个体在生活和工作中都必然与周围的人发生各种各样的相互关系。我们与人交往通常会受到很多因素的影响，这些影响会使我们在心理上对对方有一个评价，比如满意或者不满意。所谓的人际关系就是人与人之间在情感上的相互联系，这种联系是人们在生活中不断培养和建立的，是人们心理上距离的一种表现。

要实现人际关系的有效管理，就要了解人际交往的一般心理特点与不同员工的人际反应倾向与风格，针对不同人的交往需要和特点采取不同的管理方法。

二、人际交往的心理需求

既然人际关系是一种心理上的关系，其中很自然地包含着人们对人际交往的心理需求。人际关系的发展取决于这种需求得到满足的程度。如果在人际交往中这种需求能得到满足，那么就能建立起接近友好、融洽的人际关系，反之，如果这种需求得不到满足，则只能形成疏远不友好直至敌视的人际关系。

心理学家舒茨（W. Schutz）认为，每个人都离不开与别人相处，与别人相处就需要建立人际关系。生活中人与人之间交往时，每个人都有不同的对待别人的态度和方式，对人际关系也有着不同的需求。舒茨将对人际关系的需求分成三个不同类型，不同的类型是不同心理需求的反映。

（一）包容的需求

表现在愿意与人交往，与人建立和维持和谐的关系。沟通、参与、互助、合作等是人们会出于这种动机而产生的行为；相反的行为是相互排斥、对立、疏远、退缩等，后者更加倾向于独处，或者在团体之外单独行动。

（二）控制的需求

表现在愿意与别人在权力、权威等方面建立并维持良好的关系。出于这种动机，人们会产生利用权力、权威或者威信去影响、支配甚至控制和领导他人等行为特征；相反的行为是屈服于威信、盲目地模仿、受他人影响和支配等。

（三）感情的需求

表现在愿意与别人保持良好的感情，进而建立人际关系。处于这种动机，人会表现出来对他人的喜欢、关心、在乎等；相反的则会表现出厌恶、疏远、反感等。

三、人际关系的心理结构

（一）人际关系的基本因素

人际关系的形成和发展离不开社会认识、人际情感和人际行为这三个基本因素。

1. 社会认识是人际关系存在的基础

人际关系的建立发展和调节都离不开人们相互的感知、识别和理解。素不相识不可能建立人际关系，相互间有偏见和误解，人际关系就有障碍。要建立良好的人际关系，首先要具有正确的社会认识。

2. 人际情感是人际关系形成的动力

光有认识而缺少了情感，也是难以形成和谐稳定人际关系的原因。在人际关系中，人们总是在心理上形成喜爱或者厌恶，满意或者不满意的情感状态特征，进而可以形成亲近的或疏远的人际关系。没有情感参与调节的人际关系是不可想象的。一般而言，情感因素水平越高，调节作用就越大。

3. 人际行为是人际关系发展的途径

人们在交往中表现出来的言语、表情、举止、风度、态势等外部行为，是建立和发展人际关系的主要途径。交往水平越高，人际关系越深化，相互间的心理相容的水平越高，人际关系越巩固。人际关系的发展又会反过来促进人们的接触交往行为。所谓交往水平，是指彼此间联系的深度、广度和频率。但是交往的广度和交往的频率与形成的人际关系的深度并不存在正比关系。

（二）人际关系的类型

由于人际交往的社会认识、人际情感、人际行为不同，人际关系会表现出不同的发展水平。

（1）利用型的人际关系　建立在个人利益的需求和相互利用的基础上的人际关系，是一种低级庸俗的人际关系。

（2）感情型的人际关系　建立在个人爱恨、喜怒等感情基础上的人际关系，在思想基础方面薄弱、肤浅。

（3）行为规范型的人际关系　建立在有共同的追求和目标，并具有一定行为规范基础之上，是较高水平的人际关系。

（4）科学认识型的人际关系　建立在对自然和社会发展的一般规律有着一定科学认识的基础之上，是一种高水平的人际关系。

四、现代人际交往的特点

现代社会变化发展日新月异，与现代社会需要相适应的新思维、新观念及处理问题的新方法，使现代人际交往出现新的心理特点，主要表现在以下几个方面。

（一）互惠性

互惠性是指在交往中，交往的双方都可在精神上或物质上有所收获。在商品经济的历史阶段，注重实际、互惠互益是现代交往的重要特点。人们之间大部分交往取决于对方能否给自己提供帮助，同时自己也可以回报对方。假如对方出现长时间无论在物质上或精神上都不能为自己提供帮助和收益时，双方的交往关系就会逐渐淡化，最终停止交往。

人际关系意味着相互之间有所要求和期待，关系越密切，要求愿望就越高、越全面，相互间就越信任和依赖。但是，当感到对方的期待过高，是一种难以承受的负担时，交往关系就可能会疏远。

（二）广阔性

广阔性是指人际交往具有范围宽广、视野开阔的特点，现代人的信息交流更为密切，会与各界人士建立人际关系，愿意通过与社会上各种职业、各个层次的人交往以更好地获取各个方面的信息。

（三）短暂性

短暂性是指人际交往的对象变化频率高，这是现代社会的一种新观念。现代社会都市化程度高，人员的流动性大。随着人们交往的范围扩大，又使人际交往呈现出短暂性。一段时间内，只能与少数人保持密切的联系，而对多数人只能维持一定的、短暂的联系。短暂交往的出现使得人际关系的建立有了更大的自由度，能够在一定程度上减轻人与人之间相互的责任期待和由此带来的负重感。

（四）坦诚性

现代人际关系顺利与否，很大程度取决于双方能否坦诚。现代人的思想较少陈旧的框框和不变的格局，思考积极，畅所欲言。同时现代人又具有乐于接受新事物、吸收新经验的特性，所以在人际交往中对不同意见甚至反对意见都能听得进去和给予尊重。

（五）强烈的效率性

现代人珍惜时间，注重效率，表现在人际交往中常常是目的有明确性，讲话开门见山，迅速切入主题，注重交际的功效，很少进行漫无边际的马拉松式谈话。

综上所述，注重效益，博采信息，态度坦诚，目的明确，是现代人交往的突出的特点。这些特点在日常工作中和管理工作中表现得十分明显。

五、影响人际关系的因素

在一个群体中，人与人之间总会建立各种各样的关系。有的彼此之间成为莫逆之交，有的仅有点头之谊，有的甚至没有交往或成为敌对关系。根据社会心理学家的研究，影响人际关系的亲疏与好坏的因素，可归纳为以下几种。

（一）仪表

仪表主要包括长相、打扮、仪态、风度等外貌特征。仪表在人际吸引中的作用是非常重要的，它常常在人们第一次见面时，给人留下深刻的印象，即第一印象。但是随着人际交往的不断深入，仪表的作用会有所减弱。

我们都愿意与仪表招人喜欢的人交往，这是人之常理。好的外貌条件能帮助我们留下更好的第一印象，也能引起“晕轮效应”。人与人交往的初期，仪表对人际关系的影响是巨大的，这在异性之间表现得尤为明显。但是拥有漂亮的外表却没有美丽的心灵，反而会使得别人更加厌恶。

（二）人格吸引

我们和别人交往时，别人表现得真诚、正直、友善、和蔼会更让我们喜欢，让我们更愿意与他们交往；相反，别人表现得自私、虚伪、浮躁就会让我们心生厌恶，逐渐就会和他们保持距离。由此可见，正面积极的个性有利于建立人际关系，而不良的个性则会让人交不到朋友。这种不良的个性、人格特征会让别人感受到不愉快甚至受到攻击。以下就是常见的不良人格特征以及其对他人的影响。

（1）做人虚伪　这种人会让人们没有安全感。

（2）自私自利　这种人为了自己，甚至会剥夺他人的利益，会让人们在精神和物质上都受到损失。

（3）目中无人　这种人以自我为中心，常常会伤害人们的自尊心。

（4）报复心强　这种人不能接受自己吃一点亏，凡事都要回击，会让人们在不经意间就遭受到报复。

（5）嫉妒心强　这种人见不得别人好，眼红、记恨别人，让人们感受到不安全。

（6）猜疑心重　这种人不会相信别人，难以从内心与之接近，会让人们受到冤枉和委屈。

（7）苛求于人　这种人对别人要求严格，会让人们压力倍增，严重的会自尊受挫。

（8）过分自卑　这种人常给人的感觉是能力不足，与这种人交往心理负担较大，交往过程中十分沉闷。

（9）骄傲自满　这种人使人感到备受威胁，人们往往难以信任他们。

（10）孤独固执　这种人自我防御心理太强，往往使人感到很难与他们交往，即使交往也觉得很累。

（三）心理的相似性

人们彼此之间某些相似的心理特征是导致互相吸引的一个主要因素。这种相似的范围很广，主要包括态度、信仰、爱好、兴趣、价值等方面。人生态度、价值观的相似性在这当中显得尤为重要。研究和生活经验都告诉我们，人生态度和价值观相似，即便在其他方面不太合意的情况下，也能产生吸引力。

在生活中，经常出现交往的两个人一见如故，相互吸引，产生相见恨晚的感觉，就是因为双方感受到了彼此心理的相似性，相似的程度越高，对对方的好感就越多。人们相类似的心理特征主要有共同的语言、兴趣爱好、教育水平、年龄、职业、社会阶层等。

美国社会心理学家纽科姆（T. M. Newcomb）曾在1967年做过一次研究。他为17名大学生提供四个月免费的住宿，期间会定期和他们进行谈话。这些测试对象在进入宿舍之前都接受了测试，记录了他们在经济、政治、审美、人生态度和价值观方面的看法。然后将这些特征相似和不相似的研究对象分别安排在几个宿舍。四个月的住宿期间，他们被问及宿舍中谁喜欢谁等问题，结果显示，在入住的初期，人际的吸引力主要由空间位置因素决定，而到了入住后期，人生态度和价值观在人际吸引力中起决定性作用。

（四）需要的互补性

在人际交往中，人们虽然喜欢与各方面都和自己相似的人在一起，但是也非常喜欢交到可以“互补”的朋友，因为彼此可以取长补短、各得其所。每个人总会缺少一些特质，如果这个人特别想拥有这些特质，就会十分喜爱和钦佩具有这些特质的人。可见互补往往以满足某种需要为前提，如果交往双方的需要都能得到充分的满足，就容易形成良好的人际关系。

心理相似的人会互相吸引而建立良好人际关系，然而，有时心理不相似的人却因为交往时能获得更多的补偿而相互吸引。这说明有时交往的双方能在需求上相互满足，也会产生对彼此的吸引力，促进两人发展良好的人际关系。

罗伯特·温奇首先提出了这个问题。他对已婚和订婚的若干对伴侣的个性特征做了详尽的研究后发现，在某些条件下存在着互补性吸引，也就是说，人们往往选择那些能弥补自己不足之处的人作为伴侣。比如，强硬的男性和温柔的女性往往可以很好地相处；外向的女生可以和一个安静的男生生活得幸福。这种互补关系的利用还可以表现在其他方面。比如，在一对成功的经营伙伴中，其中一个擅长管理金融事务，另一个则擅长于市场销售、公共关系和革新，他们之间可能合作得很好。

（五）距离的远近与交往的频率

在人们交往的早期阶段，空间位置上越接近的人，越容易建立良好的关系。怀特在1956年发现，住在同一个地区的人中，住所相邻的人成为朋友的概率会更高。费斯廷格等人也做过类似的研究，结果表明，同一栋楼内的邻居，地理位置越近，越容易建立起友谊关系。住在同一楼层的人比住在不同楼层的人结成朋友的可能性更大。甚至住在同一栋楼，两家相距6米和相距26米的空间差别，也会导致他们形成的友谊关系上的差别。归根到底，这是因为空间距离的远近影响着双方的交往频率。费斯廷格证实，交往频率随着居住距离的增加而降低。

一般来说，人们之间交往的频率越高，越容易形成友好的人际关系。在交往的早期更是如此。然而不应当夸大交往频率对发展人际关系的作用。实际中存在着这样的情况，有些人虽然交往的次数不多，但他们相互交流很诚恳，很快就发现彼此心理上有着某种难得的相似。从而成为至交。所谓相见恨晚，就是由此而来的。

在时间和空间上更接近，是建立良好人际关系的重要因素。虽然这并不能评判人际关系到底是好是坏，也不是决定性因素，但是却无疑是与他人友好相处的有利条件。除此之外，交往的频率也很重要，频率越高意味着交往次数越多，与别人的了解程度越高，是人际关系的建立中不可或缺的一环。

但是对于素不相识的人来说，在时间和空间上更为密切，虽然能在人际关系形成的初期有作用，但是随着关系的深入，这方面能发挥的积极作用就会减少。而当双方的关系不那么融洽，甚至很紧张时，在空间和时间上的接近会使关系变得越来越差。

（六）相悦性因素

所谓相悦，主要是指人们之间在情感上的相互接纳和肯定。当人们彼此从对方的言行举止中感到对方能接纳自己和喜欢自己时，就容易产生巨大的相互吸引力，从而建立起良好的人际关系。在人际交往中，人们往往喜欢那些喜欢自己的人，而对那些讨厌自己的人敬而远之。

（七）利益驱使

有些时候，人们的交往是基于功利的、经济的、现实的目的，双方由于利益问题联系到一起，构成利益共同体。在现实生活中，确实存在这样的一些人，他们沽名钓誉、攀附权贵、巴结他人，一旦对方失势，就会离他们而去。

六、研究人际关系的意义

研究群体的人际关系，揭示人际关系形成和发展规律，对建立旅游企业组织内的良好人际关系，在组织内更加充分地调动员工的积极性，进而实现组织的目标具有重要的意义。人际关系在旅游企业管理中有重要作用，具体表现如下。

（一）人际关系影响群体内聚力

建立良好的人际关系是使一个群体具有内聚力的重要基础。一个团队、一个部门乃至一个企业内人际关系的状况是影响员工工作热情和工作积极性的重要因素。如果一个组织内部的人际关系良好，会使得员工之间感情融洽，相互配合，内聚力增强。反之，人际关系紧张，则会削弱组织内聚力，破坏团结。

（二）人际关系影响工作效率

在良好的行为规范型和科学认识型的人际关系氛围中，员工之间和睦相处，心情舒畅，产生合力，能充分发挥员工的积极性和创造性，提高工作效率；而人际关系紧张，员工往往相互猜疑，彼此戒备，内耗必然会降低工作效率。

（三）人际关系影响员工的成长

企业需要为员工提供发展进步的平台和条件，让员工之间能够相互合作，公平竞争，而前提就在于企业内部的人际关系必须良好。在众多企业类型中，旅游企业拥有更多的青年员工，此时企业内部良好的人际关系对青年员工的健康发展就具有积极意义：为青年提供学习融入社会的好环境；培养青年的集体意识；让青年获得对社会的洞察力和理解能力；传授青年在社会中与人交往的经验；让青年感受到归属感。

（四）人际关系影响身心健康

拥有良好的人际关系，会使人的心情更加舒畅，对人的身心健康能够起到促进作用。相反，紧张的人际关系则会对身心健康造成不好的影响，甚至引发各种疾病。根据统计，不良的情绪会降低脑力工作者的工作效率，使得效率只有原来的30%。如果人长期处于一种不良人际关系的环境中，会出现饮食失常、神经衰弱的情况，严重的甚至会产生偏头痛、血压高、胃炎、胃溃疡等疾病。

七、人际关系的测量

（一）社会测量法

社会测量法是一种测试团体中人际关系以及人际关系影响的方法，由心理学家莫里诺提出，在小团体中的测试效果尤为显著。首先，团体成员之间在工作中和心理上都会存在不同程度的相互作用，在这种相互作用下，成员根据自己与别人之间不同的关系和情感而形成一种非正式的组织，组织所反映出来的相互喜欢或者相互厌恶的关系会对团体成员关系的建立和工作效率产生影响。这种方法是对社交测量法得到的数据资料的统计分析，具体通过人际关系矩阵和人际关系图来进行。

（二）参照测量法

这种方法旨在揭示人们相互选择情绪倾向背后的原因。具体步骤如下。

第一，要求旅游团体成员以文字形式对其余成员全部进行评价；

第二，把每个成员得到的评价集中在一处；

第三，告知全体成员，他们可以有选择地看三四个人对自己的评价，但不能全看，让其提出想看哪几个人对自己的评价，并写下来；

第四，研究被团体成员提名者，从中可以发现团体中哪些人最博得大家的信赖和尊重，他们的意见最受大家重视。

（三）关系分析法

关系分析法的具体测量步骤如下：首先举出你所喜欢的人；其次举出你认为喜欢你的人；再次推测群体中谁喜欢谁；最后推测群体中谁被谁喜欢。

研究可以得出这样的结论：在人际关系中会存在一种相互适应的知觉现象，就是会主观认为自己喜欢的人也喜欢自己。实际在人多的群体之中，人缘好的人不会觉得有这么多人喜欢自己，人缘差的人也不会觉得这么多人不接受自己。对自己评价比较准确的是人缘中等的人。每个人都会主观地高估自己喜欢的对象的人缘，觉得肯定也有很多人喜欢他。

这些方法，一方面，有助于了解一个团体中成员间的吸引与排拒心理，了解不同成员在团体中人际关系的地位。另一方面，有助于了解团体的特性与结构。

第二节 旅游企业中的人际交往心理

人际关系是人与人之间在社会交往的过程中形成的一种相互影响、相互依存的联系。旅游业的特点之一，就在于它是一个“高接触”的行业，无论是选择在一线服务还是当管理，频繁地接触他人，与他人交流都是不可避免的，因此也会不可避免地会遇到各种方面的人际关系问题。旅游企业人际关系主要包括员工之间的关系、上下级关系和客我关系等。就工作而言，人际关系问题处理得好，能促进旅游服务质量和旅游企业管理效能的提高；就个人而言，每天都能从人与人的交往中获得心理上的满足。

对于管理好一个旅游企业，首先要学会处理两大人际关系，即企业外部人际关系和企业内部人际关系。外部人际关系主要包括：企业与旅游者之间的关系，企业与行业链中各个部分的关系，企业与政府部门的关系，企业与社区、社会各界的关系，企业与其竞争者的关系，企业与社会大众的关系。内部关系主要包括：企业与投资人的关系，企业内各个职能机构的关系，企业与员工的关系，不同员工之间的关系。

一、人际交往中的心理效应

（一）首因效应

首因效应是人与人之间留下的第一印象，我们需要在与人交往时给人留下一个好印象，为自己在建立人际关系的初期打好基础，这也是生活中对首因效应最常见的运用。我们要学会利用首因效应，在交朋友、参加面试、商业会谈时，首先给人留下好的第一印象，在日后的交流中会为自己提供便利。

（二）近因效应

与首因效应相反的是近因效应，是指在人际交往中与别人最后的一次见面给对方留下的印象，这个印象是对方对你最后的记忆，也会在很长时间内影响对方对你的评价。你回忆一个很久没见面的朋友时，在你脑海中的，就是你们临别时的场景。所以我们也要学会利用近因效应，在与人分别时同样留下好印象，美化你在对方心中的形象，让对方记住你们良好的关系。

（三）光环效应

当你对一个人有强烈好感的时候，他的形象就像是被光环围绕，他的缺点会被你无意中忽视掉，这就是光环效应。光环效应常常让我们对一个人失去防备意识，难以分辨善恶、真伪。我们说“害人之心不可有，防人之心不可无”，就是指要时刻具备设防意识，否则就容易在光环效应的作用下上当受骗。

（四）设防心理

在人际交往的过程中，人总会有不同程度的“设防心理”，这也就是为什么人与人之间总是会有隔阂。在与人相处时，我们很自然地就会产生防范心理。比如，在人多的场合会感到没有属于自己的空间，担心自己的物品被偷走；不会把心里话全告诉别人，不会完全信任别人。设防心理是交往中必要的，但是过度地设防就会阻碍与他人的交流，要学会适度。

二、建立良好人际关系的原则

（一）真诚原则

我们与别人交往时，必须做到胸无城府，真诚地对待他人，才能与他人在感情上产生共鸣，才有机会建立真正的友谊。不真诚的人终究会在人际交往中失利，因为没有人愿意与虚情假意的人交往。

（二）换位原则

换位原则即将心比心原则，是指在人际交往过程中要想象一下，如果置于别人的位置，将如何处理。换位原则告诉我们，要设身处地为别人着想，站在对方的角度考虑问题。以求彼此心灵的相通，在旅游活动过程中，很多情况下旅游者与旅游企业服务人员是站在不同的立场上的，旅游企业人员应该主动站在旅游者的角度上思考问题、看待具体事例，而不是在出现问题时抱怨旅游者不理解、不配合，同时应引导部分旅游者也要将心比心，与旅游企业服务人员换位思考，而不是一遇到问题就一味抱怨、指责、要说法。

（三）互尊原则

尊重既要尊重他人，也要学会自尊。尊重他人表现在方方面面，特别是细节之处，尊重别人的说话方式、生活习惯、信仰、价值观和人格，都是对别人的尊重。而自尊就是要看得起自己，不能让人践踏自己的尊严，要有自己的底线。我们在得到别人的尊重之前，学会自尊和尊重对方都是必不可少的，任何人的人格和价值都不可侵犯，千万不能攻击他人的自尊心。

（四）理解原则

理解原则即指人们在人际关系交往中，能够充分地了解和体谅对方的心理和境遇。首先，理解是要懂得和尊重别人的想法，要去了解别人的处境和难处，设身处地地为别人思考，才是真正理解对方。在人际交往中，尤其在旅游活动过程中，由于旅游活动本身具有复制性和突发性的特点，有不愉快的事情发生，甚至出现争执等矛盾冲突，都是十分正常的。所以，学会宽容别人，不要锱铢必较，无论是旅游者还是旅游服务人员都应该做到的，我们千万不能因为一些小事而陷入了不必要的人际关系纠纷中。

（五）平等原则

每个人都是生来平等的，不能因为相貌、地位、权力、财富、背景而将人与人区分开来，而要一视同仁。我们要想得到别人的平等对待，必须先做到平等对待他人。

（六）信用原则

信用在古往今来的人际交往中都极为重要，古人讲诚信，且时常将其作为评论个人品德的一个重要方面。在现代社会的旅游活动中，旅游企业人员、服务人员与旅游者之间的关系如何，往往取决于旅游企业团队人员的信用如何，是否言行一致、说到做到，特别是在给旅游者介绍旅游产品时，旅游企业人员应当将真实情况实事求是地反映给旅游者，避免言行不当给旅游者造成上当受骗的感觉。

三、影响人际关系的不良心理

良好人际关系的建立，有助于增强集体的凝聚力，对实现团体和个人的目标都有积极促进作用，也有利于自己身心健康的发展。但是，一些常见的不良心理因素会使良好人际关系的建立受到严重阻碍，具体如下。

（一）个性障碍

兴趣反映一个人的个性倾同性，它把人的行为引向某一事物或某一活动。兴趣窄的人往往更容易产生人际关系的心理障碍。性格是人各方面表现出来的心理特征，自私自利、狭隘虚伪、软弱无能的性格会阻碍自身的人际交往。

（二）嫉妒心理障碍

由于文化、经济水平、权力、社会地位、生理条件、家庭背景等方面的差距，交往双方均有可能产生嫉妒心理。具有攻击性、隐蔽性和报复性是嫉妒心理的明显特征，嫉妒心强的人，往往不能真心诚意地与人交往。

（三）逆反心理障碍

逆反心理的人总是过分标新立异，不管别人言论是非曲直，都不会予以赞同，反而总是抬杠，唱反调，所以逆反心理会让人难以分辨对错，失去判断力，还会招来别人的厌恶。

（四）自私心理障碍

人有了自私心理，就会有目的性地与他人建立人际关系，并完全以功利的眼光来衡量人际交往。他们把人际交往当成满足个人私欲的手段，认为人际交往只是一种在价值上互相利用的关系罢了。所以这样的人只会建立和利用对他们有用的人际关系，这是一种扭曲的交往方式。

（五）猜疑心理障碍

具有猜疑心理的人总是戴着假面具与人交往，他们经常怀疑他人，不会轻易地讲真心话，对一切人和事物都有戒备心理。长久以往，这种心理会让人没有朋友，越来越孤独，甚至变得虚伪起来。积极消除猜疑心理，建立良好人际关系，才是心理健康的人应该做的。

（六）羞怯心理障碍

羞怯心理是人们或多或少都具有的心理。受这种心理的影响，人会羞于在人多的地方说话，害怕受到关注，会因为紧张而引起过分的担心和焦虑，严重的会影响人的正常工作和心理健康。如果一个人在很长时间都有羞怯心理，会对他正常的人际交往造成不利影响。

（七）自傲心理障碍

自傲心理障碍的人往往会把自己看得太重，自命不凡，过分地吹嘘自己，会高估自己的能力，同时还会看不起别人，认为自己永远在他人之上。这样的人难以建立良好的人际关系，因为人们与其交往时总会觉得不踏实，而且有种不安全感，有时自尊心还会受到打击。

（八）排他心理障碍

人类已有的知识、经验以及思维方式等，需要不断地更新，否则就会失去活力，严重的甚至会影响人的发展。排他心理就是对新知识、新事物的排斥，会使人待在自己的舒适区故步自封，拒绝更新和拓展自己的思维，陷入自我封闭的狭小空间。

（九）自卑心理障碍

自卑心理的形成是人在与人交往的过程中，对自身的不自信产生的。自卑心理的人最大特点就是瞧不起自己，认为自己比不上别人，否认自身的能力和价值，与人交流也是缺乏自信而显得不自然。自卑心理的形成原因可以分为主观和客观，个人的受教育程度、成长的环境、经历的事情是客观原因；主观原因主要是自我的认知问题。

（十）代沟障碍

代沟障碍指的是年龄有明显差距的两代人之间交往时出现的不同程度的心理障碍。两代人生活的环境和经历的不同是产生代沟障碍的主要原因，他们所接受的社会文化是不一样的，由此产生不一样的生活方式、价值观念和人生态度。当社会发展的速度加快，外来文化输入的速度也加快，两代人接受的文化差距就越大，最终导致人际交往的代沟障碍也越大。除此之外，不同年龄段的人在生理上也会有差异，这也是引起不同心理特点的原因。

四、改善人际关系的途径

（一）从管理者角度

1. 组织一个有执行力并善于调节人际关系的领导班子

领导班子首先要有优良的生活作风、工作作风、思想作风。作为领导者，能够做到密切联系群众、做事公平公正，整个企业的人际关系就会变得和谐起来。如果领导者都不团结，甚至拉帮结派，可想而知，下属必然“上行下效”，彼此对立。

2. 建立合理的组织机构，采取必要的组织措施

一个旅游企业拥有合理的组织结构，得力的组织措施，能很好地调动员工的工作积极性、改善员工的人际关系、加强员工之间的信息沟通。反之，则会因为员工职责分工不明确，组织的结构设置不合理而产生纠纷。

3. 推行员工参与管理的民主化建设

如果员工能参与到企业的管理之中，则会使其主人翁意识得到增强。员工会更能感受到自己带来的价值和自己肩负的责任，同时满足感和幸福感也会得到增加。另外，员工参与企业管理能

增强他们之间的理解和信任，有利于他们之间沟通和意见交换，因此，员工消极被动的情绪和抱怨不满的心理状态也会得到减少。

4. 培养员工的集体意识和归属感

团队成员有了集体意识，就能够思想统一、情感融洽、行动协调，他们对于团队的归属感、自豪感和责任感就会加强。

5. 加强团队的信息交流和意见沟通

为了增强旅游企业团队员工之间的彼此了解，信息交流和意见沟通就显得尤为重要。拉近员工之间的距离，促进团队合作，提高管理工作的透明度，能在很大程度上帮助成员之间建立和谐的人际关系。

（二）员工个人心理方面

1. 加强自我意识修养

员工要学会正确地认识和评价自己，较好地调节和控制自我，从而在人际交往中摆正位置、端正心态。

2. 重视个性的锻炼

良好的个性特点能帮助员工更好地建立人际关系，我们要保持开阔的心胸，开朗的性格，严于律己，宽以待人，这会为我们提供良好的心理条件。

3. 不断提高自己多方面的素养

一个人要成功地与不同类型的人打交道，与不同的人说不同的话，并能赢得别人的敬意，需要具备多方面的素质，久经世事锤炼的有学识、有阅历、有涵养的人使我们仰慕，但是，做一个能使别人因与我们的交往而受益的人，意味着我们要广泛涉猎，不断学习，丰富知识，充实头脑。

4. 提高人际交往的技巧

人与人之间的交往，也需要一些方法和技巧，如认真学习和研究相关的案例，要留心观察生活中人们的交往，在性格上要学会遇事冷静，独立思考，不要受一时冲动的影响，也不要带有主观偏见；让他人愿意接近自己，需要保持心理状态的健康，培养自信心，但同时也要学会自我批评，要有自知之明；最后我们要达到能够因地制宜地处理人际关系中的问题。

5. 学会与不同的人交往

第一，我们要正视交往对象的个体差异性。从交际的角度来说，没有不好的性格，只有不好的交往方法。因为每个人看问题的角度不同，所以我们能做的是坚持以真诚打动人。但又不能因“一团和气”而丧失原则。

第二，针对不同的人采取不同的交往方式。有的人个性比较内向，孤僻固执，而且疑心太重，不善于理解他人，易产生对立情绪。对这类人，最好准确地把自己的思想表露出来，不要拐弯抹角。在工作生活中亲近他、关心他，给他更多的鼓励；在关系较疏远时，做好听众，不要轻易表达异议。要与各种类型的人打交道，关键还在于能理解对方，包容一切，把不愉快的、不满意的东西撇在一边不能斤斤计较，即使提意见，也要从善意的角度、从维护彼此关系的角度委婉地提出。

第三，要善于寻找改善双方关系的切入点。与对方共同讨论或实践他所感兴趣的活动，往往能很快促进良好人际关系的建立。多找对方的优点，看看对方有哪些地方值得自己学习，虚心向对方请教，这会使对方觉得你看重他，也乐于和你接近。

第四，要多关心他人。多留意日常生活中的细节，如看到对方心事重重，推测对方可能遇到麻烦，应及时与对方交流，但不要摆出一副救世主的悲天悯人的态度。细微之处的关怀往往感人至深，这会成为改善人际关系的起点。

本章小结

良好人际关系是人们的一种普遍心理需求，社会变化发展使现代人际交往出现新的心理特点，发展的关键是个性的自我暴露。良好人际关系的发展一般经过四个阶段。

思考与练习

1．影响人际关系的因素有哪些?

2．联系实际谈谈怎样改善人际关系?

3．旅游服务人员在工作中怎样贯彻旅游服务人际交往的原则?

案例分析

某饭店的客房服务员胡小姐用工具车往客房送水，当她从125房间送水回来时，发现123房间的王老先生把自己房间的暖瓶往地毯上一放，然后从车上拿了一个暖瓶转身就走。由于匆忙，再加上岁数大了，腿脚不灵活，结果王老先生将自己放在地毯上的暖瓶碰倒了，不过没有摔坏。胡小姐马上叫住正要回房间的王老先生，开始训斥:“站住!把暖瓶扶起来!看你这样也像是个当干部的，你在你们单位是怎样教育你的职工的?你知不知道这是我们饭店的财产?如果是你个人的东西，你会这样吗?”王老先生被胡小姐训斥得面红耳赤、张口结舌，连忙返回来从地上捡起暖瓶放好，灰溜溜地走了。而服务员胡小姐则得意扬扬，面带胜利者的笑容。作为服务员，这位胡小姐的做法是让客人难以接受的。别看她得意扬扬，一副胜利者的姿态，殊不知她已经严重伤害了客人的自尊，损害了饭店的利益。当然，最终受害的还是她自己。

请对此案例中胡小姐的态度进行点评，分析员工行为对企业的影响。

拓展训练

分析班上各种人际关系情况?并讨论如何处理好老师与同学、同学与同学之间的人际关系。

第十四章 旅游从业人员的职业心理

学习目标

1．掌握心理素质相关概念。
2．理解旅游服务质量与职业心理素质的关系。
3．掌握旅游职业对服务人员职业心理素质的要求。
4．掌握旅游职业心理素质的培养方法。

案例导入

问候的风波

早上七点半，住在浙江某四星级酒店的美国客人珍妮收拾好文件，提上公文包，锁上房门，准备到公司驻本地办事处上班。她经过服务台时，一位女服务员正在值台服务，女服务员见有客人过来，便热情地打招呼并用中文问候道："小姐，早上好，您出去啊？"珍妮由于长期在中国工作，对中文比较熟悉，听到此话，便停下脚步问："你是新来的？"服务员点了点头。珍妮接着问："这中文'小姐您好'，我懂。但是'您出去啊'是什么意思啊？"服务员看到客人面带严肃，意识到自己的话可能中伤了客人，忙解释道："在我们中国，平时遇到朋友，都习惯问'您出去啊？您去上班呀？您去哪里？'表示对别人的关心，没有其他意思。"听到此话，珍妮说："没别的意思？我懂中文，你不用说了，我懂！"女服务员听到珍妮的话，又微笑着解释了一遍，可珍妮还是不理解。联想到本公司驻地办公室工作时，主任约翰经常怒气冲冲地指着下属说"你出去"，珍妮认定这位服务员是在骂她，是要她滚出这家酒店。她越想越恼火，准备发作，又想到要去上班，只好作罢。临走时，她愤怒地对女服务员说："不听你解释了，我要去上班，回来投诉你。"说完就匆匆走了。

第一节　职业心理素质概述

一、心理素质

心理素质是指以生理条件为基础，将外在获得的刺激内化为稳定的、基本的、内隐的，具有基础、衍生和发展功能的，并与人的行为密切联系的心理品质。它是个体在长期社会生活中形成的心理活动的积淀，是一个人在思想和行为上表现出来的比较稳定的心理倾向、特征和能动性。

二、职业心理素质

职业心理素质是指与人所从事的职业相匹配的心理素质的总和，包括职业意识、职业兴趣、职业气质、职业性格、职业能力等。旅游职业心理素质指旅游服务人员从事旅游服务工作应具备的各种心理品质素养的总和。

旅游服务人员并非单纯指服务员，它包括服务员、领班、主管等基层管理人员，大堂副理、餐饮部经理等在一线工作的管理人员，还包括导游陪同、景点场馆的讲解人员等。

三、旅游服务质量与职业心理素质的关系

当今时代，社会经济发展速度不断加快，全球化与现代化的进程不断深化，旅游已经突破以往存在的种种限制，进入大众旅游时代。旅游市场规模不断扩大、层次不断拓展，旅游者的复杂性成为大众旅游时代的重要特征之一，由于旅游者性别、年龄、民族、受教育程度、宗教信仰、收入水平等方面存在的显著差异，旅游需求呈现出多元化、复杂化、个性化的特征。

在面对如此复杂多变的服务对象时，旅游服务相关企业要想更好的生存与发展，就必须提供让旅游消费者更加满意的服务，这对旅游服务人员提出了更高、更严格的要求。一方面，由于旅游服务的特殊性和服务对象的多变性，旅游服务人员要事先做好有针对性的服务准备，只有具备高水平职业心理素质的旅游服务人员才能够顺利完成纷繁复杂的旅游接待服务；另一方面，旅游业销售的主要是以无形服务为主的旅游产品，这种产品的生产和销售工作都是由旅游服务人员在宾客在场的情况下完成的，而且多数情况下是由个人单独完成的，这也对旅游服务人员职业心理素质提出了很高的要求。由此可见，职业心理素质与旅游服务质量关系十分密切，职业心理素质水平的高低直接影响到旅游服务质量的高低，服务人员的职业心理素质直接关系到其生产和销售的旅游产品的质量及旅游企业的名誉，最终影响到整个旅游业的持续健康发展。

四、旅游职业对服务人员职业心理素质的要求

（一）对旅游服务人员气质的要求

气质是指某个人典型的表现于心理活动过程的速度和稳定性、心理活动过程的强度以及心理活动的指向性特点等综合方面的特点，即个体的典型的、稳定的心理特点。在旅游服务接待工作中，不同气质类型的服务人员在面对同类服务时所展现出的情绪反应是不尽相同的，情绪反应有强有弱、有快有慢。

气质本身无好坏之分，但旅游接待服务职业存在一定的特殊性，因此对旅游服务人员的气质

有一定的要求。

1. 要有较强的忍耐性

忍耐性是指个体在受到各种外部刺激和压力时所展现出的主观心理承受能力。旅游服务人员经常要面对不同类型的服务对象（旅游者），旅游旺季时还有可能会遇到短时间内的高强度工作，且工作内容常年都不会有太大变化，长时间持久单一的工作势必会给服务人员带来巨大的生理和心理上的压力，因此，只有不断提升自身克服和调节压力的能力与本领，增强自身的忍耐性，才能够更好、更顺利地完成相关的日常接待服务工作。

2. 要有适当的感受性

感受性是指能够引起人们反应的外界刺激所达到的强度。作为旅游服务人员，在日常工作中所面对的服务对象是多变的、复杂的，工作环境也会随着服务对象的变化而不断变换。在服务过程中，一方面，如果服务人员的感受性过高，一个很小的外部刺激就会使得服务人员产生强烈的反应，这样势必会造成精神过度紧张，导致精力不能集中，甚至还有可能会造成不必要的误会，让游客感到不满意；另一方面，如果在某些场合，感受性太低，即使外界已经出现了很强的刺激，如游客出现情绪激动、场面混乱等，服务人员仍然对此熟视无睹，这样也会导致怠慢游客，让游客感到非常不满。因此，旅游服务人员要培养和控制自身的感受性，做到合理适当，才能更好地完成服务工作。

3. 要有较强的可塑性

可塑性是指服务人员对服务环境中出现的各种情况及其变化的适应程度。旅游服务接待工作一般都是要在游客在场的情况下完成，且接待服务对象和工作环境也会随时产生变化，这就要求旅游服务人员的接待服务工作要因人而异、因时而变，要对不同的服务对象、不同的工作环境以及可能会出现的突发状况有较强的适应能力。

（二）对旅游服务人员情绪情感的要求

所谓情绪情感，是个体对客观世界的一种特殊的反映形式，是人对客观事物是否符合自己需要的态度的体验。随着对客观事物的认知的加深，人们会产生情绪情感的体验，而情绪情感也会反作用于认知。

作为旅游服务人员，应当具备以下几个方面的情绪情感心理素质。

1. 要有良好的情感倾向性

良好的情感倾向要求旅游服务人员对工作要有深厚的情感，在工作过程中要始终充满热情，始终保持积极的心境，只有这样，旅游服务人员才能激发出自己的巨大力量，不因少数旅游者的不恰当语言、态度和要求所影响，才能不因工作、事业、身体、环境、人际关系等诸因素的变化产生消极的心境，进而影响自己的工作。

2. 要有较高的情感效能

较高的情感效能要求旅游服务人员要有适当的激情，激情是一种多因突发性重大事件而引发的强烈、迅速、爆发式，但短暂的情感体验。适当的激情能够使人产生较高的情感效能，但处于过度激情的人容易产生理解力、判断力和自制力严重下降的情形，不利于更好地完成旅游接待服务工作。

3. 要有可控的应激

应激是决策心理活动中可能产生的一种心理因素，是由危险的或出乎意料的外界情况的变化所引起的一种情绪状态或情感体验。一旦进入应激状态，作为旅游服务人员，如果头脑不够清醒，出现过度的情绪情感反应，可能会导致不知所措、方寸大乱；如果在面对意外或危险情况时，能够保持冷静清醒的头脑，则可能化险为夷，圆满解决问题并完成工作任务。

（三）对旅游服务人员能力的要求

能力是指完成一项任务或达成一项目标所展现出的综合素质。在完成任务或目标的过程中，人们所表现出的能力有所差异，旅游服务人员的能力直接影响旅游服务质量和服务效率，最终也会影响到旅游者的满意度和认可度。对旅游服务人员能力层面的要求主要包括以下几个方面。

1. 要具备较强的感知能力

旅游服务人员在日常的接待服务工作实践中应当努力培养自己的感知能力，提升感知的敏感性，在面对不同的服务对象和不同的工作情境时，要学会察言观色，要善于观察、善于倾听，善于发现旅游服务设施的不足，发现服务需要改进的地方，发现旅游者不完全表现出来或潜在的各种需要，增强工作主动性，不断提升服务质量。

2. 要具备良好的记忆力

在实际工作中，由于旅游者的需求存在差异性，为了能够更好地提供个性化服务，就需要在短时间内记住每一位旅游者的信息和需求特点，只有具备良好记忆力的旅游服务人员才能胜任此项复杂困难的工作，另外，旅游服务的程序也需要旅游服务人员牢牢记住，这也要求旅游服务人员要具备良好的记忆力。

3. 要具备良好的注意力

注意是指人的心理活动指向和集中在一定的事物上的现象。作为旅游服务人员，应当时刻保持对工作的专注度，时刻保持注意力相对稳定，强化自身的抗干扰能力。

4. 要具备敏锐的思维能力

当今时代，旅游已经进入大众旅游时代，旅游需求也逐渐多元化、个性化，在面对纷繁复杂的旅游者时，准确识别旅游者信息，提供更好的个性化服务，这些都要求旅游服务人员要具备敏捷的思维力、果断的判断力，需要旅游服务人员发散思维、开动脑筋，迅速做出正确的行为决策。

5. 要具备良好的综合能力

良好的综合能力包括良好的语言表达能力、人际交往能力、随机应变能力等。

（四）对旅游服务人员意志的要求

意志是人的意识能动性的集中表现，是人类特有的心理现象，是人们为了实现预定目标而自觉努力的一种心理过程。旅游服务人员要不断提高服务质量，就应当有克服困难的勇气和锲而不舍的努力，不断增强意志品质。

对旅游服务人员来说，必须具备的意志品质有以下四种。

1．要具备一如既往的自觉性

旅游服务人员应当自觉地确定工作目的，并以此来支配自己的行动，克服困难，最终实现预定的目标。

2．要具备当机立断的果断性

旅游服务人员在处理接待服务工作中出现的各种问题或突发状况时，应当从整体全局出发，审时度势，权衡利弊，果断迅速做出处理，切忌犹豫不决、举棋不定、瞻前顾后或冲动鲁莽、草率大意。

3．要具备泰然自若的自制力

旅游服务人员要在实践工作中不断培养和强化自制力，只有具备强大的自制力，才能更好地控制、支配和约束自己的行为，更好地驾驭自我，抑制欲望和排除不良情绪的干扰。

4．要具备百折不摧的坚韧性

坚韧性是指一个人以坚忍不拔的毅力、顽强不屈的精神，克服一切去执行决定。旅游服务人员在日常工作中，很容易受到诸多主客观因素的干扰，比如畏惧和懈怠心理、贪图享乐心理、工作困难等。旅游服务人员只有具备强大的坚韧性，才能够排除一切不利因素，克服一切困难险阻，坚定方向，高质量完成旅游服务接待工作。

（五）对旅游服务人员品德的要求

品德是个体依据一定的道德行为准则行动时所表现出来的稳固的倾向与特征。对旅游服务人员品德的要求主要有以下几点。

1．要有诚信之心

无论是对待工作还是对待旅游者，旅游服务人员都应当诚实守信，讲实话、办实事，要实事求是，不掩饰、不遮盖工作中的失误，要讲信誉，说到做到。

2．要有善良之心

旅游服务人员对待游客要有一颗善良的心，善待游客，真正地为游客着想，帮助游客解决难题。

3．要有自重之心

旅游服务人员在工作中要自尊自爱，尊重自己的人格，谨言慎行，严守底线，不做有损国格、人格的事。

4. 要有尽责之心

旅游服务人员要时刻保持着对工作的强烈责任感，对待游客要负责，主动维护游客合法权益；对待工作要认真负责、恪尽职守；对待企业要甘于奉献、尽心尽责；对待社会要敢于担当，维护社会和谐稳定。

5. 要有敬业之心

只有热爱自己的职业，乐业敬业，才能够全身心地投入到旅游服务工作当中，才能出色完成各项工作任务。

第二节　旅游职业心理素质的培养

一、良好注意力的培养

注意是心理活动对一定对象的指向和集中，常常伴有特定的生理变化和表情动作。注意按照注意时有无目的和意志努力，可以分为有意注意和无意注意。注意力因人而异，有好有差，但注意力是可以培养的，只要正视自身的弱点，自觉坚持锻炼，形成良好的注意品质，就能够提升注意力。良好注意力的培养可以从以下几个方面入手。

（一）努力提高注意的稳定性

注意的稳定性指注意保持在同一对象或同一活动上所能持续的时间。要提高注意的稳定性，第一，要不断加强锻炼，提升自身的环境适应能力，培养坚定的意志，克服内部与外部的干扰；第二，合理安排工作、生活和休息的时间，避免过度紧张或过度疲劳而不能集中注意力的现象，保证能够有充沛的精力投入工作；第三，要明确完成工作或任务的意义，只有深刻理解工作的意义所在，才能够产生强烈的完成工作任务的意愿，才能更加集中注意力；第四，培养对工作的兴趣和热爱，树立爱岗敬业的观念，对工作的极大兴趣，可以鼓舞服务人员努力完成任务。如果对自己所从事的工作不感兴趣，就很难高度集中注意。

（二）努力扩大注意的范围

注意范围也称注意广度，指在同一时间内个体能清晰把握注意对象的数量多少。一方面，注意的范围和个体的知识水平和经验有密切关系，对注意对象越了解，注意范围就越大；另一方面，注意的范围和任务要求也有一定关系。扩大自身注意的范围，对旅游服务工作非常重要，对提升整体的旅游服务质量和水平有很大的促进作用。作为旅游服务人员，由于面对的是众多不熟悉的游客，工作要求比较高，只有不断努力扩大注意的范围，才能够在工作中准确、全面的掌握每一位游客的信息，正确定位每一位服务对象的个性化需求，才能够及时看到游客细微的表情和手势变化、听到游客细微的话语，并迅速做出反应，及时、主动的提供游客所期望的服务。如果旅游服务人员的注意范围狭小，就会很容易忽视游客一些不易被察觉的服务要求，导致游客心生不满，甚至投诉。

（三）注重培养合理的注意分配

注意分配是指在同一时间内把注意力分配到两种或两种以上的不同对象上。要做到注意的合理分配，需要注意以下几点：第一，在所指向的不同对象或活动中，个体必须对其中某个对象或活动具备非常高的熟悉程度；第二，同时进行的不同活动之间应当是有一定关联的，否则就无法达到注意的分配。因此，作为旅游服务人员，要将注意分配的合理，首先，要立足本职，加强对专业知识与技能的锻炼，使自己对专业知识与技能达到十分熟练的水平，这样才能够在工作中合理分配注意，避免出现顾此失彼的现象；其次，要避免同时进行两种毫无关联的活动，对待工作要专注，要专注于有关联的活动或对象，只有这样才能够做到合理的注意分配，避免出现工作的失误或过错。

二、良好思维能力的培养

思维是人脑以已有的知识为中介，对客观事物间接和概括的反映。思维是在感知觉的基础上形成的，同时又指导着个体的感知活动，属于认识过程的高级阶段。

一般来说，思维能力的水平是由思维的品质决定的，包括思维的广度和深度、思维的独立性和批判性以及思维的灵活性和敏捷性。

通常，解决问题的思维过程可以划分为发现问题、分析问题、提出假设和检验假设四个阶段。对于旅游从业人员，培养良好的思维能力，应从以下几个方面着手。

（一）养成分析和综合的习惯

分析和综合对于解决生活和工作中的问题非常重要。在日常生活工作中，既要学会把事物的整体或整体和个别特征分解出来，也要学会把事物的各个部分或个别特征联系、结合起来。作为旅游服务人员，要养成分析和综合的习惯，就应当在工作中多思考，主动多去问为什么，善于分析和总结，仔细分析游客的心理，综合全面的考虑问题。只有这样，才能够在工作过程中及时发现问题，了解游客的心理需要，为游客提供更周到、体贴的服务。

（二）学会运用比较的方法看待事物

比较是确定事物之间相同点和相异点的思维方法，它为客观全面地认识事物提供了一条重要途径。所谓比较，是指对比事物彼此之间的异同、高下。运用比较的思维方法分析客观事物，能够有效地深化对客观事物的认识和理解，提升自身的认识能力。

通常，比较可以分为横向比较和对照比较。横向比较也称顺序比较，即同一事物在不同的时间节点上所表现出的异同；对照比较则是指两个或两个以上的事物之间所呈现的异同点。作为旅游服务人员，要学会运用比较的思维方法来认识客观事物，要学会比较同类游客在不同时间所展现出的异同，分析其情绪变化，也要学会对比同类型游客之间的异同，分析总结每一类游客的特点，全面了解游客的需求特点及其变化规律，以便更有针对性的提供旅游服务。

（三）培养抽象和概括的能力

抽象与概括是指从具体共同性的事物中揭示其本质意义的两种思维活动。抽象是指抽取客观事物的一般的、本质的属性的思维方法；概括是指把抽象出来的个别事物的本质属性连接起来，推及到其他同类事物上去，从而归结全类事物的共性的思维方法。抽象和概括都要在分析与比较的基础上进行。

作为旅游服务人员应当在日常的工作中培养抽象和概括的能力，首先，要认真观察不同国家、地区、性别、年龄、职业及性格特点的旅游者，形成对不同类型旅游者的初步认识；其次，通过将某类旅游者共同的、本质的特点抽象出来，对这些本质的、共同的特点加以概括，形成这一类旅游者的共性特征；最后，在日常服务工作中，以抽象和概括出的不同类型旅游者的共同特点为基础，指导旅游服务人员的接待服务工作。旅游服务人员如果拥有良好的抽象和概括的能力，有利于其更好的针对旅游者特点调整服务内容、服务节奏、服务要求，满足不同特点旅游者的要求。

（四）培养良好的思维品质

良好的思维品质主要包括思维的广度和深度、思维的独立性和批判性、思维的灵活性和敏捷性几个方面。作为旅游服务人员，需要具备思维的广度与深度、独立性与批判性、灵活性与敏捷性等良好思维品质，要善于提出问题，从客观问题的各个角度各个层面分析思考问题，深入问题的根源与本质，善于独立思考，善于分清真伪对错，要善于随机应变、当机立断，找出解决问题的最佳方法。

良好的思维品质的培养可以从以下几个方面着手：第一，要树立辩证唯物主义世界观。世界上的一切事物都是互相联系、互相制约、不断变化发展的。要从实际出发，以发展、联系的眼光看待问题，培养自身的批判性的思维，对待问题要随机应变、当机立断，拓展思维的广度与深度；第二，作为旅游服务人员，应当以自身职业为中心，努力学习旅游服务相关的知识与技能，充实头脑，积累经验，全面深刻的思考认识问题；第三，提高语言文字能力，包括语言表达和文字书写能力，在日常工作中要不断提升自身的语言文字修养，做到语言组织有序、语义表达清楚、用词准确得当，从而才能高质量地完成服务工作，提升客人的满意度与认可度。

三、良好记忆力的培养

记忆是过去经历过的事物在人脑中的反映。记忆的基本过程包括识记、保持、再认和回忆。

它们是一个彼此联系紧密的完整过程，其中，识记和保持是“记”的过程，是外界信息在大脑中贮存、编码的过程；再认和回忆则是“忆”的过程，是在大脑中提取信息的过程。因此，“记”是“忆”的前提，“忆”是“记”的结果和检验。

良好的记忆力对学习、工作和生活十分有利，从事旅游服务工作也应当要具备良好的记忆力。随着旅游业的快速发展，各个旅游部门对旅游服务人员的要求也越来越高，良好的记忆力就是其中的重要组成部分，比如，导游要记住每一位旅游者的信息、要熟知各地旅游景点、风土人情等，餐厅服务员要熟悉每一种菜品、熟记常用外语的日常用语，酒店客房服务员要记住每一位宾客的样貌，记住每一位宾客委托代办的事物等。良好记忆力的培养应当注意以下几个方面。

（一）要有明确的识记目的、任务及记住的信心

只有有了明确的目的和任务，才能够有的放矢，少走弯路，才能够进一步提高记忆的效率。只有企图记住的东西，才容易为我们所记住。要把任务具体化，将识记任务、目的与工作紧密联系起来，不能所有的内容都去识记，这样有利于长久的记住所要识记的内容。同时，要树立记住的信心，只有有了信心，才能激发识记的积极性，使注意力进一步集中，最终完成识记的任务和目标。

作为旅游服务人员，首先，应当明确识记的目的和任务，根据旅游服务工作的内容，将工作任务进一步具体化；其次，树立记住的信心，转变态度，激发积极性，使自己的注意力高度集中。只有这样，才能够不断培养自身良好的记忆力。

（二）合理分配复习时间

首先，根据遗忘规律的原理，熟记之后遗忘就开始了，且呈现出先快后慢的规律性，因此，识记之后要及时进行复习，能够有效地预防遗忘；其次，采取分散复习能够有效保持记忆，使记忆保持的更长久、更深刻，因此，应分散进行记忆，避免集中复习；最后，复习次数要遵循先多后少的原则，初次复习的时间要相对安排的多一些，时间间隔应短一些，后面的复习可以逐渐缩短，间隔也可以逐渐延长。

（三）运用合适的记忆方法

1. 多感官并用记忆法

在进行识记时，最好能够调动多个感官同时活动，在人脑中形成多方面的联系，在识记时做到“五到”：眼看到、口读到、手写到、耳听到、脑记到，这样能够使注意力得到高度集中，所记忆的内容也能够在大脑中留下更深刻的印象，不断提高记忆的效果。

2. 分段记忆法

通常情况下，旅游服务人员所面对的工作内容与工作流程都较为繁多和复杂，短时间内很难对整个内容识记清楚，因此，可以将整体分割成几个有联系的部分，分段进行记忆，将每一个部分熟记之后，再将几个部分综合起来进行记忆，这样能够有效提高记忆的效率，取得良好的记忆效果。

3. 列表对比记忆法

可以将所要识记的内容，按照其结构与联系的特征，采用绘图、制表的形式进行归类、对比，将识记内容进行系统化归类，一方面可以在绘制图表的过程中进行识记，另一方面，绘制图表进行对比记忆，能够更加清晰直观的展现出所要识记的主要特点，有助于提高记忆的针对性，提升记忆力。

4. 发掘特征记忆法

在日常工作和生活中，旅游服务人员要面对众多不同类型的旅游者，准确识记每一位旅游者的特征、需求等信息，对旅游服务质量有着至关重要的影响，因此，在对不同人物进行识记时，可以通过观察每一位旅游者与众不同的显著特点，采用挖掘特征的记忆方法来记住每一位旅游者。

除了以上几种记忆方法，还有很多比较实用的记忆方法，如趣味记忆法、联想记忆法、自编顺口溜记忆法等，这些记忆法对提高旅游服务人员的记忆能力与效率，培养其良好的记忆力均有积极的作用。

知识链接

记忆的黄金时间

研究结果表明，一天内有四段高效的记忆时间。

第一个时间段是清晨起床后一个小时左右，大脑处于新的活动状态，非常清醒，这段时间比较适合学习一些难记忆但必须记忆的东西。

第二个时间段是早上八点至十点左右，在这段时间里人的精力上升，处于旺盛期，记忆的效果比较好、容量也比较大。

第三个时间段是傍晚六点至八点左右，这段时间也是人精神状态比较好的一段时间。

第四个时间段是晚上临睡前的一个小时左右。

四、高尚社会情感的培养

高尚的社会情感有助于调节、控制和消除不良情绪，培养和发展积极的情绪，培养高尚的社会情感是道德品质发展的重要途径之一。

高尚的社会情感与人的社会需要紧密联系，主要包括道德感、理智感和美感。

1. 旅游服务人员高尚道德感的培养

道德感是个体根据一定的社会标准，在评价自己或他人行为举止、思想言论和意图时产生的一种情感体验，它反映求善的需要。社会主义社会中，道德感表现为热爱祖国、热爱社会主义、热爱党和人民、热爱集体、责任感、自尊感、友谊感等。一个人如果具备高尚的道德感，很容易得到他人的尊重、敬佩、欣赏，反之，则会受到蔑视、鄙夷。作为旅游服务人员，应当不断提升自身的道德认识，以严格的标准要求自己，强化道德修养，立足本职工作及社会生活实践，努力形成高尚的道德感。

2. 旅游服务人员理智感的培养

理智感是指人们对认识活动成就进行评价时产生的情感体验，反映求真的需要，与好奇心、求知欲、追求真理等联系紧密，如人们在探索真理时产生的求知欲，在了解认识未知事物时产生的好奇心，在解决疑难问题时的苦恼与迟疑以及问题解决后的喜悦、兴奋与自豪等。理智感是人们进一步探索未知、追求科学和真理的强劲动力，理智感产生于学习中，也需要在学习中进一步培养。因此，作为旅游服务人员，一方面，要努力学习，敢于探索新的领域、学习新的知识、积累新的经验，保持旺盛的求知欲，在学习工作中积极培养自身的理智感；另一方面，要用理智感来指引自己的行动，指导自己日常的旅游服务工作，指导相关问题的认知与解决，使自身的理智感在实践中又不断得到巩固和升华。

3. 旅游服务人员美感的培养

美感是对美的感受和体会，是一种赏心悦目、怡情悦性的心理状态，是人对美的认识、评价与欣赏，反映求美的需要。美感是通过客观事物的外部形态（客观形态和文化形态）特征表现出来的。高尚、正确的美感对丰富生活、促进工作学习的积极性、主动性有着十分重要的意义，因此，培养高尚的美感对旅游服务人员非常重要，也非常必要。培养高尚的美感可以从以下几个方面考虑：第一，审美观念要端正，要区分美好的事物和低俗、丑恶的事物之间的区别，追求美好事物，摒弃丑恶、低俗事物；第二，可借助优美自然景色、淳正的社会风气、美好的文化艺术等，亲身感受和体验各种美好的事物，使自己得到熏陶和陶冶，培养自身高尚的美感。

总而言之，旅游服务人员在日常工作和学习中，应当自觉用理智、道德和美来引导生活和工作，积极主动去感受、体验真善美，追求真善美，远离虚假、丑陋、邪恶的事物和思想，树立正确的人生观、价值观和世界观，培养丰富健康、文明高尚的社会情感。

本章小结

心理素质是指以生理条件为基础，将外在获得的刺激内化为稳定的、基本的、内隐的，具有基础、衍生和发展功能的，并与人的行为密切联系的心理品质；职业心理素质是指与人所从事的职业相匹配的心理素质的总和，包括职业意识、职业兴趣、职业气质、职业性格、职业能力等。旅游职业心理素质指旅游服务人员从事旅游服务工作应具备的各种心理品质素养的总和。

本章涉及旅游职业心理素质的相关概念、职业心理素质与旅游服务质量的关系、旅游服务人员职业心理素质的要求与培养等。只有注重良好注意力、思维力、记忆力以及高尚社会情感的培养，才能有效提升旅游服务质量，更好地为旅游者提供旅游服务。

思考与练习

1. 什么是心理素质？职业心理素质与旅游职业心理素质的含义？
2. 简述旅游服务质量与职业心理素质的关系。
3. 旅游服务工作对服务人员所具备的能力有哪些要求？
4. 高尚的社会情感包括哪些？如何培养旅游服务人员高尚的社会情感？

案例分析

汤为何变味了

某天中午，一位客人来到某高级酒店的西餐厅，坐下后双眉紧皱，闷了好一阵，才点了一个行政套餐，然后从提包里掏出一叠厚厚的文件闷头看起来。第一道牛尾汤上来后，客人一尝，满面怒容，把服务员叫过来，抱怨道："这里的牛尾汤我已喝过很多次，今天味道怎么变了，这么咸，是不是换厨师了？"

服务员及时将此事告知领班，领班将汤送到厨房，厨师检查后认为不咸，且味道与以前相比也没有什么变化。于是领班和服务员将汤端了回来，并十分认真地向客人解释，确认此牛尾汤与以前所喝的出自同一厨师之手，属于正常口味等。然而领班和客人各抒己见，引来了周围诸多客人的好奇的目光。这时客人的脸色越来越难看，气愤的请领班当场喝一口汤试试看，结果领班真的当着客人的面品尝了一匙汤，并再次确认自己的观点。客人见此，勃然大怒，认为酒店不信任他，当着众多客人的面，让其出了丑，拒绝付账，并扬言以后都不会来此餐厅消费了，对酒店声誉造成了极坏的影响。

分析：

（1）案例中的客人为什么会勃然大怒？

（2）你认为案例中领班的做法对吗？如果你是领班，你会怎么做？

拓展训练

以小组为单位，自选酒店、景区或景点，对其旅游服务人员的职业心理素质进行实地调研，并撰写一份纸质调研报告。

第十五章 员工的激励

学习目标

1. 了解激励的概念、类型。
2. 熟知激励几大要素。
3. 学习了解较有代表性的几种激励理论。
4. 明确激励的原则，能将理论知识运用到实际案例中进行分析。

案例导入

美国西南航空的内部杂志经常以“我们的排名如何”这个部分让西南航空的员工知道他们的表现如何。在这里，员工可以看到运务处针对准时、行李处置、旅客投诉案等三项工作的每月例行报告和统计数字。并将当月和前一个月的评估结果做比较，制订出西南航空公司整体表现在业界中的排名。还列出业界的平均数值，以利员工掌握趋势，同时比较公司和平均水准的距离。西南航空的员工对这些数据具有十足的信心，因为他们知道，公司的成就和他们的工作表现息息相关。当某一家同行的排名连续高于西南航空几个月时，公司内部会在短短几天内散布这个消息。最后，员工会加倍努力，期待赶上人家。西南航空第一线员工的消息之灵通是许多同行无法相比的。

激励是管理心理学的核心问题，现代管理理论把激励作为管理的最主要功能之一。作为现代旅游企业的管理者，为了实现既定目标，应当把激励贯穿整个企业管理过程，以达到激发他们的工作动机，充分调动积极性和创造性的目的。

第一节　激励概述

一、激励的定义

从字面意思来看，激励可理解为激发、鼓励的意思，就是通过某些刺激使人发奋起来。在管理心理学中，激励主要是指调动人的积极性，激发人的动机，是人们朝向某一特定目标行为的倾向。其实质即是通过采用能满足人需要的诱因条件，引起行为动机，从而推动行为发生。在管理上，激励的目的在于激发人的工作动机，调动人的工作积极性，充分发挥人的潜在能量（生理和心理的），极大地提高人的工作效率，完成和达到既定的组织目标。激励问题已经为越来越多的组织和管理人员所重视，作为旅游企业的管理者，为了实现既定的目标，就应该激励企业员工，充分调动其积极性和创造性。

二、激励的类型

（一）物质激励与精神激励

根据激励物的形式，可分为物质激励和精神激励两种类型。物质激励是指运用物质的手段使受激励者得到物质上的满足，从而进一步调动其积极性、主动性和创造性，即以物的形式满足人对物质层面的需要，如奖金、奖品等。精神激励则侧重于心理方面，满足人的精神追求，它是管理者用思想教育的手段倡导企业精神，是调动员工积极性、主动性和创造性的有效方式。

（二）内激励与外激励

根据激励产生作用的来源，激励可以分为内激励和外激励。内激励是指由工作任务本身所带来的，它与工作任务是同步的，如工作进行过程中追求成长、锻炼自己、获得认可、实现自我而获得的满足感。外激励是指工作任务完成之后或在工作场所以外所获得的满足感，它与工作任务不是同步的，如薪资、津补贴等。

三、激励的过程

激励过程是从人们的某种需要出发，加强、激发、推动人的希望、欲望、动力等内心奋发状态的过程。一切行为都是受到激励而产生的，而需求是产生行为的原动力。激励从个人需要出发，需要会激发动机，而动机则会引起行为，行为则是指向于满足需要的目标的。这时，需要所引起的被激励状态随之解除。随后又会有新的需要激励人去进行新的指向目标的行动（图15–1）。

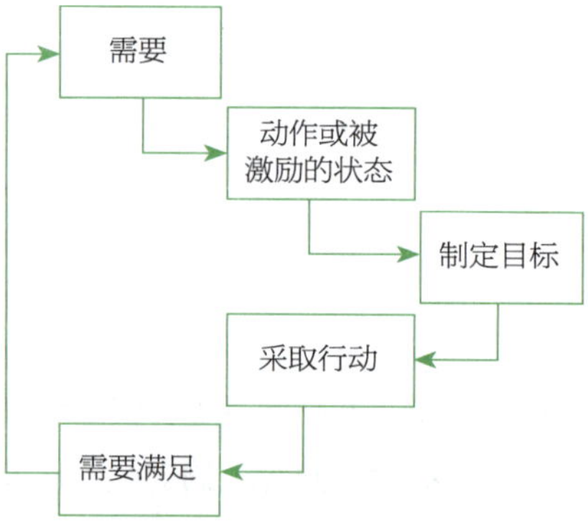

图15-1　激励的过程

四、激励的关键要素

激励因素是指那些能带来积极态度、满意和激励作用的因素。这些因素起着关键性的作用，且对激励的效果起着直接作用，因此，认识和掌握这些关键性因素，非常有益于员工激励工作。

（一）激励时机

激励时机是指为取得最佳的激励效果而进行激励的时间。激励时机适当，才能有效地发挥激励的作用。激励时机可进行如下分类。

（1）根据时间快慢可将激励时机分为及时激励和延时激励。

（2）根据时间间隔可将激励时机分为规则激励和不规则激励。

（3）根据工作周期可将激励时机分为期前激励、期中激励和期末激励。

激励时机是非常重要的，选择得当才能有效地发挥激励的作用，激励在不同时间进行，其作用与效果是有很大差别的。因此，在管理过程中应当学会灵活变通，具体问题具体分析，根据客观条件的不同，灵活掌握激励的时机，切勿机械地只侧重于某一种激励，而更应该综合的运用多种激励方式。

（二）激励频率

激励频率指的是在单位时间内进行激励的次数，通常以工作周期为时间单位。激励频率的高低由次数决定，次数多则频率高，次数少则频率低，但应该注意的是，激励频率与激励效果之间并不一定存在高的正相关。

激励频率受多种主、客观因素的制约，这些因素包括工作的内容和性质、任务目标的明确程度、激励对象的素质情况、劳动条件和人事环境等，但都可视为任务的相对难度，比如工作复杂、难度高，或者人员对工作不熟悉，环境不好则应该选择高频率的激励。反之，简单、人员熟悉、环境良好的任务，则可选择低频率的激励方式。如对于工作复杂性强，比较难以完成的任务，激励频率应当高；对于工作比较简单、容易完成的任务，激励频率就应该低。对于任务目标不明确、较长时期才可见成果的工作，激励频率应该低；对于任务目标明确、短期可见成果的工作，激励频率应该高。对于各方面素质较差的工作人员，激励频率应该高；对于各方面素质较好的工作人员，激励频率应该低。在劳动条件和人事环境较差的部门，激励频率应该高；在劳动条件和人事环境较好的部门，激励频率应该低。

（三）激励程度

激励程度是指激励量的大小，即奖赏或惩罚标准的高低。它是激励机制的重要因素之一，与激励效果有着极为密切的联系。激励程度过高或过低，都未必能起到激励作用，甚至适得其反。比如，过分优厚的奖赏，会使人感到得来轻而易举，逐步丧失发挥潜在能力的积极性；反之，过分严厉的惩罚，可能会导致人的破罐破摔心理，使员工失去上进的勇气和信心。奖赏如果太小，让人觉得不公平、得不偿失、徒劳一场，提不起工作干劲；惩罚如果过轻，可能导致人的无所谓心理，起不到警示作用，反而变本加厉。

第二节 激励理论

20世纪20年代以来，研究者从管理学、心理学、社会学等角度对激励进行了大量的研究，并提出了名目繁多的激励理论。

一、马斯洛需要层次理论

该理论是由美国行为科学家亚伯拉罕·马斯洛提出的。马斯洛认为，人们首先追求满足较低级别的需要，如生理上的需要和安全上的需要。当一个人满足了较低的需求之后，才能出现较高级的需求，即需求层次。但当较低级的需要受到威胁时，会暂时放弃高级别需要的追求。通常，已满足的需要不会再对人们起积极的激励作用。

任何事物都是在不断运动变化、发展，人的需要也随着个体年龄和地位、社会经济水平的变化而不断变化、发展。一方面，就个体发展而言，在婴幼儿时期，人的需要主要表现为生理需要，随着年龄的不断增长，生理需要强度会越来越小，高层次需要强度逐渐增加。随着社会地位的上升和收入的增加，高级的需要也越显重要；另一方面，就社会经济发展而言，在经济发展水平低的社会阶段，生理需要和安全需要成为主流需要，人们总是在为温饱而奔波劳碌。随着社会经济发展水平的不断提高，衣食、安全等较为基础的需要已得到满足，人们开始追求更高级别的需要。

二、“ERG”理论

1969年，奥德弗在马斯洛需要层次理论的基础上提出“ERG”理论，将人的核心需要分为三大类。

（1）存在需求（Existence） 这类需求与人们基本的物质生存需要有关，即生理和安全需求（如衣、食、行等），关系到人的存在或生存，这实际上相当于马斯洛需求层次理论中的前两个需求，即生理需要和安全需要。

（2）关系需求（Relatedness） 指人们对于保持重要的人际关系的需求。这种需求通过工作中的或工作以外与其他人的接触和交往得到满足，与马斯洛的社会需要和自尊需要分类中的外在部分是相对应的。

（3）成长需求（Growth） 个人对自我发展和自我完善的需求，这种需求通过创造性地发展个人的潜力和才能，完成挑战性的工作得到满足，这相当于马斯洛需求层次理论中第四、第五层次的需求。

此外，“ERG”理论还提出了一种称作“受挫—回归”的思想。当个体较高层次的需要受到挫折，很有可能产生退而求其次的心理，进而增加对某一较低层次的需要。

马斯洛需要层次理论认为，个体的需要是遵循一定顺序层次的，而“ERG”理论则认为存在需要、关系需要和安全需要并不一定遵循层次顺序，认为当个体某种需要得到较少满足，一般不会减弱需要的强度，反而会产生更加强烈的需要。

生存需要、人际关系需要和成长需要的满足对于调动员工积极性方面有着重要的促进作用。作为企业管理者，要想对员工进行有效的激励，提高企业运作的有效性和高效性，就要将满足员工需要所设置的目标与企业的目标密切结合起来，应当要全面了解员工的信息，包括其家庭背景、受教育水平、性格、年龄以及价值观念等，综合分析每一位员工的特点，有针对性的满足他们的不同需要层次。

三、双因素理论

20世纪50年代，美国行为科学家赫茨伯格提出了“双因素理论”，他把企业中有关因素分为两种，即满意因素和不满意因素。满意因素是指可以使人得到满足和激励的因素，即激励因素。不满意因素是指容易产生意见和消极行为的因素，即保健因素。因此该理论又被称作“激励—保健理论”。

与传统的满意对立面就是不满意不同，赫茨伯格认为满意与不满意之间应该有两个中间的状态，即没有不满意和没有满意，满意的对立面是没有不满意，不满意的对立面是“没有满意”。

赫茨伯格认为，保健因素的存在不会直接引起员工的不满，只有在保健因素低于员工可接受的限度时才会引起不满情绪；当保健因素改善时，员工的不满会消除，但是不会产生积极性后果，员工只是处于一种既非满意、又非不满意的中性状态。只有激励因素才能使员工产生满意的积极效果，才能起到对员工直接激励的作用。因此，在激励的运用上，首先要注意提供“保健因素”，满足人们对“保健因素”的需要，以便消除人们这方面不满意的情绪；其次，要充分运用、提供激励因素，使工作内容丰富化，为员工提供有挑战性的工作，以激发人们的工作热情。

通过上述分析可发现，赫茨伯格提出的两类因素与马斯洛的理论存在一些相似之处（图15-2）。

在实际的企业管理当中，企业管理者要正确认识企业员工，分析企业员工的激励因素和保健因素，分别进行量化分析，满足保健因素，强化激励因素。

四、期望理论

期望理论（Expectancy Theory）是美国管理心理学家弗鲁姆在批评赫茨伯格的双因素理论基础上于1964年提出来的，简称为“VIE”理论。经过其他人的发展和补充，期望理论得到不断完善，逐渐显示出广泛的适用性和有效性，成为最具有使用价值、最流行的激励理论之一。

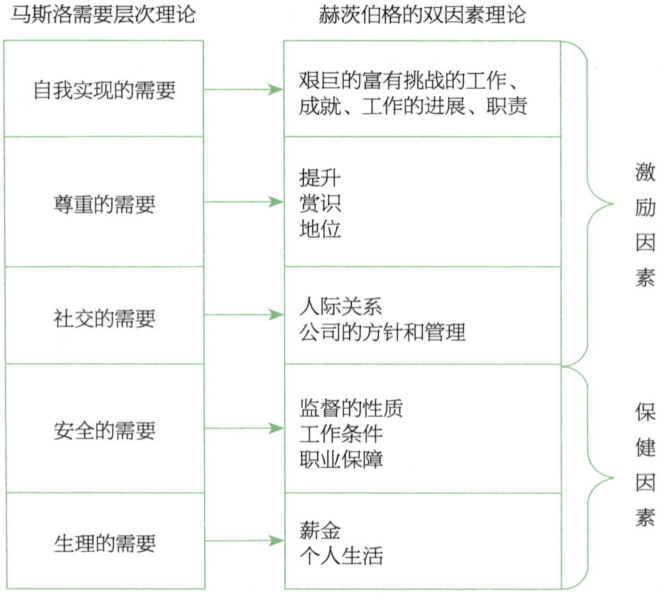

图15-2 需要层次理论与双因素理论对比图

期望理论认为，个体所从事某项活动的激励大小，取决于“该活动所产生成果的吸引力大小”（效价）和“该项成果实现概率的大小”（期望值）两个因素。可以用一个公式来表示：

$$M = V \times E$$

式中：V是效价，E是期望概率，M是激励力。

效价（Valence）即某项活动成果的吸引力，一般是指被激励者所预计的行为结果所带来的满足和不满足的程度。

期望概率（Expectancy）指被激励者对于经过努力能够达到某种目标的可能性，也即员工对某项活动所获取某一成果的可能性的判断。弗鲁姆认为，目标价值大小直接反映人的需要动机强弱。期望值的取值范围为$0 \leqslant E \leqslant 1$。$E$越接近1，表示实现某一目标的把握性越高，反之，则把握性越低。

在管理工作中若能处理好以下三个变量的关系，就能增强激励的力量。

第一，员工个人努力与工作成绩的关系——提高工作目标的期望值。管理工作应加强员工对自身能力的认识，提高自信心和能动性。同时，也应该从多方面考虑，对目标进行合理分解，增强实现目标的把握。

第二，工作成绩与奖励之间的关系——增加媒介性。员工通过努力取得一定成效、达到目标时，应该获得一定的奖励，包括物质奖励和精神奖励。

第三，奖励与个人需要的关系——提高效价。管理者能根据员工的需要结构，把奖励与个人需要结合起来，增强工作的成就感，促进员工自我价值的实现，从而提高效价。

五、公平理论

公平理论（Equity Theory）是由美国心理学家亚当斯在《工人关于工资不公平的内心冲突同其生产率的关系》等著作中提出的。该理论认为报酬的绝对数量会影响员工的工作积极性，但是员工主观感受到的分配的公平合理对积极性的影响更为重要，这种公平是在比较中产生的。大多数人往往喜欢不断地在生活中和“他人”和“制度”以及和自己的过去进行比较，并对公平与否的程度做出判断。从某种意义上来说，工作动机激发的过程，实际上就是人与人之间进行比较、做出判断，并据以指导行动的过程。这一理论，可用下列公式表示：

$$\frac{O_A}{I_A}=\frac{O_B}{I_B}$$

$$\frac{O_A}{I_A}>\frac{O_B}{I_B}$$

$$\frac{O_A}{I_A}<\frac{O_B}{I_B}$$

公式中：

A——感受到公平或不公平的个体。

B——与A有某种关系或A与之相比较的个体，或A的过去。

O（Outcome）——个人从事某项工作所得的报酬，或所得的结果（产出）。一般指工资、奖金、地位、提升或对工作的兴趣等。

I（Input）——一个人对该项工作所付出的努力或代价（投入）。一般包括年龄、性别、所受的教育和训练、所具有的经验和技能、资历、职务、社会地位、对组织的忠诚、做出的努力程度、过去和现在的工作绩效、其他无形损耗等。

O_A/I_A与O_B/I_B——分别表示个体A与B的“投入”与“产出”之比率。

公式显示了A与B相比较后所出现的三种基本心理状态：其一，两者比率相等，即报酬相当，个人感到公平；其二与其三，比率不等（过小或过大），即报酬不足或过高，个体产生不公平感。

应当指出，“投入”和“产出”的比较全凭个体的主观感觉。这种个人主观感觉到的比较，如果比率相等，会产生公平感，产生激励；当个体主观上感到“不公平”时，也会产生一种力图恢复“公平”的愿望。尽快消除这种令人不安的刺激所产生的驱动力，就成了另一种“激励”，可能导致从思想意识中寻找“合理”解释或在行动上求得新的“公平”，其强度与个体所感受到的不公平程度成正比例。亚当斯指出，这样一种激励可以表现出几种形式，如试图改变其“投入”或“产出”，有意或无意地曲解自己或他人的“投入”与“产出”，或竭力改变他人的“投入”或“产出”等。当今企业内的消极怠工、吃大锅饭、制造矛盾或跳槽就是其中一些表现形式。

六、强化理论

强化理论是由哈佛大学的心理学家斯金纳（B.F. Skinner）所提出的一种有趣的、但有争议的激励方法。强化理论又称“行为修正理论”，认为当行为的结果有利于个体时，这种行为就有可能重复出现，反之则会消退或终止。

斯金纳通过实验，认为人的行为可以分为两类，第一类是应答性行为，这种行为是人的本能反应，是与生俱来的，不需要通过学习就可以获得；第二类是操作性行为，即必须通过后天学习才会发生的行为。两者最主要的区别在于反应与环境之间的关系，应答性行为是环境作用于人之后所引起的一系列反应，而操作性行为则是人们为了达到某种目的而作用于环境的行为。斯金纳认为，人的行为作用与环境所产生的结果一旦使得他们的需要得到满足，那么这种行为出现的频率就会越来越高，这就是我们所说的强化，强化有正负之分。任何一种能够增强反应强度的刺激物，都被称为强化物。在应用强化理论时应注意以下几个方面。

（1）准确识别不同个体的性别、年龄、受教育程度及其社会经历等方面的信息，有针对性地选择其强化的方式和强化物。

（2）目标明确而具体，才能够强化。首先要明确规定和表述所期望取得的工作成效和目标，其次采取小步子策略，将总体目标分阶段设立，形成多个可量化的小目标，并用明确的语句简单说明。每完成一个小目标，就对其进行正强化，逐步推进，最终实现总体目标。目标设置应将企业目标和个人目标，最终目标和阶段目标结合起来。

（3）应注意及时反馈。强化的一个重要形式就是对工作结果的反馈，也即是以某种形式，传递领导的关注，将任务完成情况及时传达给员工，这样也能够起到正强化的作用，同时能够使员工及时总结自己本阶段工作的经验教训。

（4）应尽量采用变化时间强化和变化比例强化来维持和巩固期望发生的行为。在此形式下员工不知道何时会出现强化，而又期待着强化出现。

（5）多使用强化的手段，尽量少采取惩罚措施。在企业日常管理中，管理人员应多使用强化方法与手段，尽量减少惩罚措施的使用。一方面，惩罚只能暂时降低不期望结果的出现概率，一旦惩罚失效或者被撤销，可能之前的行为依然会出现；另一方面，惩罚对员工可能带来其他的负面的心理效应，比如人际关系、自尊等受到影响，当然在不得不使用惩罚时，一定要对象明确、公正合理地进行。

第三节　激励理论的运用

一、激励的基本原则

（一）兼顾物质激励与精神激励

物质激励是基础，精神激励是根本。物质只是提供基本的生活保障，只是生活的一部分，也不代表员工全部的需要。根据马斯洛需要层次理论、“ERG”理论，基本生理需要在整个需要系统中处于较低层次，而获得尊重、良好人际交往则是更高层次的需要。作为企业管理人员，在管理过程中应当坚持以物质激励为基础，马斯洛、奥德弗都认为基本的生理需要只是人需要系统中较为低层次的需要，人有更高层次的需要，需要得到别人的尊重、需要良好的人际关系等。因此在管理中应将物质激励作为基础，精神激励作为根本，使两者有机结合，逐步过渡到以精神激励为主。

（二）目标结合的原则

通常，一个企业或一个组织都会制定自身发展的目标，包括具体部门的目标、长远目标和短期目标。就员工个体而言，同样也存在着不同类别、阶段的目标。激励工作成败的关键在于，使组织内部的、员工之间的，组织与员工的目标协调一致，因此，在目标设置时，必须兼顾到组织发展目标和员工需要两个方面的问题。

（三）合理性原则

激励的合理性原则包含几层含义：第一，激励的措施要适度。要根据所实现目标本身的价值大小确定适当的激励量；第二，奖惩要公平公正，公开透明；第三，激励要把握好时机和频率，视情况而采用连续性或间歇性的激励方式。

（四）按需激励原则

要想达到激励效果，首先要考虑的就是满足员工的需要。然而，员工的需要不是普遍一致的，它与员工的个性、发展阶段等关系密切，并且只有满足最迫切需要（主导需要）的措施，其效价才高，其激励强度才大。因此，企业管理者应当注重对员工的调查研究，实时了解员工需要层次和需要结构的变化发展趋势，领导者必须深入地进行调查研究，不断了解员工需要层次和需要结构的变化趋势，针对不同员工的不同需要采取个性化的激励措施，提高激励效价。

二、激励理论的运用

（一）目标激励

目标激励就是通过目标的设置来激发人的动机、引导人的行为，使被管理者的个人目标与组织目标紧密地联系在一起，以激励被管理者的积极性、主动性和创造性。适当的设置目标，能够激发人的动机，调动人的积极性。

在目标管理中有四个基本要素，即目标具体化、决策参与、目标难度适中、及时反馈。

1. 目标具体化

目标具体化是指明确、具体的描述预期的成果。目标是行动的指南，明确的目标有助于把握正确的发展方向。目标会给员工带来一定的压力，有压力则有动力，这份压力会激励着员工努力工作。为提高员工的工作效率，旅游企业可在工作有阶段性成果时，及时地将员工的工作情况进行反馈，使得员工了解到自己的努力程度。

只有明确的、具体的目标才能对员工有强大的激励作用，因此旅游企业在提出目标时应明确、具体。

2. 决策参与

决策参与即员工参与目标制定。激励工作成功与否，关键在于是否能够将企业、组织目标与员工需要紧密结合起来。为了能够更好地将组织目标与员工需要相结合，就应当让员工参与企业组织的目标制定，这样才能使企业组织目标与员工需要更加协调统一，对员工的约束力更强，且能够使每一个员工参与企业发展，准确定位自己的价值和责任，当目标达到，员工更具有成就感和满足感。

3. 目标难度适中

企业组织在设置目标时，首先要考虑到目标完成的难易程度，既不能过于困难，也不能过于容易。目标太难，员工很难企及，不会产生实际的激励价值；目标过于容易，员工不需要努力就能达到，也不会产生实际的激励价值，达不到设置目标的最终目的。此外，目标还需是员工普遍能接受的目标。

4. 及时反馈

在企业组织实现既定目标的过程中，要分阶段、不定时的向员工反馈，使其体会到被关注感，也能帮助员工及时总结工作经验和教训，不断修正员工的一些偏离的行为，保持其行为始终指向企业组织的目标。

（二）工资福利制度

金钱作为最常见的激励因素，激励作用非常大，金钱的激励主要表现在两个方面：第一，金钱可以改善人的基本生活条件，解决最基本的生理需求，从此层面看，金钱是一种物质激励；第二，更重要的一点是，金钱具有被肯定、社会地位及工作价值等层面的显著象征意义，从这个层面看，金钱是一种精神激励。因此，作为企业组织的管理者，在管理实践过程中，应充分认识到金钱这一因素的作用，应该制定合理的工资福利制度，使金钱的激励作用得到更好发挥。

制定合理的工资福利制度可以从以下方面进行考虑。

（1）采用灵活、浮动的工资制度 将工资待遇划分为两个部分，一部分由工作时间、职务职称以及资历等决定；另一部分属于奖励性工资，由绩效水平来决定，贡献越大，工资待遇水平就越高。

（2）注重技术工资的纳入 技术工资的多少，取决于员工所掌握工作技能的多少以及能够从事工作的多少。员工的专业技能越丰富，专业知识面越广，那么获得的工资也就越多。加入技术工资的待遇，能够有效鼓励员工学习更多的新技能，拓展自己的专业知识范围。

（3）灵活福利制度，丰富福利内容 企业组织在制定工资福利制度时，应当要充分考虑员工的需要，提供众多与员工切身利益和成长发展息息相关的一些福利，同时，要将制度活化，让员工能够自主选择自己需要的福利。

（三）员工参与管理

鼓励员工参与企业组织的管理，能够有效激发其聪明才智，能够让员工分担责任，增强员工在组织中的存在感，使其产生强烈的组织认同感、归属感和使命感，增强工作的自主性、积极性和对工作的掌控能力。企业组织可以通过让员工参与决策、提出建议以及成立监督检查小组等形式，参与到组织的管理当中，将员工个人的能力及需要与团队组织的目标相结合，激励员工多提建议，形成员工小组监督检查常态化机制，能够有效地激发员工的创造力与活力，有效提高工作质量，促进员工个人与组织整体的目标同步顺利实现。

（四）行为矫正

所谓行为矫正，通常是指依据学习原理处理行为问题，从而引起行为改变的一系列客观而系统的方法。行为矫正（Behavior Modification）常被称为组织行为矫正（OB Mod），是强化理论在管理实践中的应用。具体地说，要对个体开展行为矫正，必然包含四个方面的内容。

（1）观察、测量和评估个体当前可观察到的行为模式；

（2）确定环境中的先前事件和行为发生之后的结果；

（3）建立新的行为目标；

（4）通过控制所确定的先前事件和行为结果，促进新行为的学习或者改变当前的行为。

当前，组织行为矫正方法也越来越多地被运用到企业管理激励当中，一方面，组织行为矫正的运用能够有效提高员工生产力，减少错误率、旷工率、怠慢及意外事故发生率；另一方面，组织行为矫正方法的实施极大地增加了绩效反馈的次数，使管理者对待员工的态度和方式逐渐产生转变，管理者开始逐渐注重对员工的赞美、夸奖，重视物质奖励措施的运用。

但是，并不是所有人都认为组织行为矫正这种管理激励方法是积极、有效的，有部分人认为组织行为矫正与道德不符，它有意操控个体行为，使个体自由意志受到一定限制。

诚然，组织行为矫正方法的好坏仅仅是不同观点之间的碰撞，组织行为矫正方法是否有效，在目标达成后还能否继续发挥作用，这些均取决于员工个体的看法和态度。

本章小结

员工激励是旅游企业管理的核心，良好的激励能充分调动旅游从业人员的积极性，激发其创造性，提高旅游企业团队士气。本章主要涉及激励的定义、类型，激励的过程，影响激励效果的各种因素和激励的作用以及几个较有代表性的激励理论，包括马斯洛需要层次理论、“ERG”理论、双因素理论、期望理论、公平理论、强化理论。通过对激励理论的理解与学习，讨论如何将激励理论应用于企业管理实践。

思考与练习

1．简述激励的类型。

2．简述马斯洛需要层次理论。

3．目标管理包括哪些基本要素？

案例分析

小店老板的困惑

我和朋友在路边一个不起眼的小店里吃面，由于客人不多，我们就顺便和小店老板聊了会儿。谈及如今的生意，老板感慨颇多，他曾经辉煌过，那是兰州拉面最红的时候，他在闹市口开了家拉面馆，日进斗金啊！后来却不做了。朋友纳闷地问他为什么。

“现在的人心眼贼呢！”老板说，“我当时雇了个会做拉面的师傅，但在工资上总也谈不拢。”

“开始的时候为了调动他的积极性，我们是按销售量分成的，一碗面给他5毛提成，经过一段时间，他发现客人越多他的收入也越多，这样一来他就在每碗里放超量的牛肉来吸引回头客。一碗面才4块，本来就靠薄利多销，他每碗多放几片牛肉我还赚哪门子钱啊！”

“后来看看这样不行，钱全被他赚去了！我就换了分配方式，给他每月发固定工资，工资给高点也无所谓，这样他也不至于多加牛肉了吧，因为客多客少和他的收入没关系。但你猜怎么着？”老板有点激动了，“他在每碗里都少放许多牛肉，把客人都赶走了！”“这是为什么？”现在开始轮到我们激动了。“牛肉的分量少，顾客就不满意，回头客就少，生意肯定就清淡，他（师傅）才不管你赚不赚钱呢，他拿固定的工钱，巴不得你天天没客人才清闲呢！”

结果一个很好的项目因为管理不善而黯然退出市场，尽管被管理者只有一个。

讨论：如果你是这个老板，你会采取怎样的管理措施，这个案例对旅游企业的员工管理有何启示?

拓展训练

某企业内部员工因待遇福利问题出现越来越多不满的声音，假如你是该企业的管理者，结合本章知识谈谈你将如何处理。

第十六章 旅游企业员工的心理保健

学习目标

1. 掌握健康及心理健康的含义。
2. 掌握心理健康的标准及意义。
3. 熟悉挫折的含义及挫折后的主要行为表现。
4. 掌握应对挫折的正确方法。
5. 掌握旅游企业对员工进行心理维护的方法。

案例导入

我承受不了这个压力

2010年7月，中国香港女导游“阿珍”漫骂内地旅行团片段在全国电视台转载热播后，同行斥她是业界之耻，有舆论甚至称她“魔鬼导游”。事后阿珍一直“失踪”。几日后，香港媒体终于联络上她，她首度对此事件发声：“我的精神已经崩溃了，我现在无法解脱，我也不能说什么，因为我的情绪一直不稳定……这次事件发生后，所有传媒报道我，我只是一个……因为这事，我已变成公众人物，承受不了这个压力，我已经办不到了。”她以带有内地口音的广东话语气平静地向记者说。

案例评析：在激烈的市场竞争之下，导游人员承受的工作压力和生活压力越来越大。上述案例中的导游员的服务态度确实恶劣，但同时也反映出该导游员的心理问题。旅游从业者应该有健康的心理，能进行自我调适和行为控制，而不应将心理压力和不快的情绪发泄在游客身上。

第一节 员工的心理健康

一、对健康及心理健康的界定

（一）健康

“世界卫生组织”关于“健康”的定义是：健康不仅指一个人没有残缺或疾病，而是指一个人有良好的身体、精神和社会适应能力。人是一个身心统一体。一个健康的人应该包括两方面：

一方面从生理上说，他的体格是健壮的，能经得起风雪寒暑的袭击；另一方面从心理上说，他的精神是健全的，能经受各种复杂环境的锤炼。

（二）心理健康

由于人的心理活动包括认知、情感和意志三个方面，因此作为心理健康的标准，即从自己对自己的认识，自己对自己的态度，自己对自己的控制这三个方面来考察自己心理健康的状况。

从广义上讲，心理健康是指一种高效而满意的、持续的心理状态。从狭义上讲，心理健康是指人的基本心理活动的过程内容完整、协调一致，即认识、情感、意志、行为、人格完整和协调，能适应社会，与社会保持同步。如果个体能够适应发展着的环境，具有完善的个性特征；认知，情绪反应，意志行为均处于积极状态，并能保持适当的调控能力。在生活中，能够正确认识自我，自觉控制自己，正确对待外界影响，使心理保持平衡协调，就已具备了心理健康的基本特征。

二、心理健康的基本标准

（一）客观评价，认识自我

1. 生理的自我

认识自我是指人不仅能认识客观世界，对周围的人或物有反应，而且也能反观自照，把自己作为被认识的客体，对自己的身体、欲望、感情与思想有所反应。人们对世界的认识是一种智力，对自己的认识也是一种智力。人的自我意识就是自我智力的产物。自我意识又称自我概念或自我观，即自己对自己的认识，这是人类意识的最本质的特征。通常情况下，人的自我意识不是与生俱来的，而是随着个体的生理、心理的发展逐渐成熟起来的。比如由于四肢和眼耳的协调动作，人们逐渐认识了自己身体的各个部分，并对自己的身体产生占有感、支配感和爱护感。这便是人们自我意识出现的第一个阶段，主要以获得躯体观念为内容，即对“生理的自我”的认识。这种在意识上对自己和他人的区分，是人类智慧的真正开端。

2. 社会的自我

通过对语言和一些社会规范的学习，了解自己在各种场合中的角色和地位。比如性别角色、家庭角色、学校角色、团体角色等，并通过各种角色学习与他人交往参与社会生活，从而认识自己的社会特性，逐步由生理的自我向社会的自我发展，由此进入自我意识的第二阶段。

3. 心理的自我

青少年随着生理的成熟，心理也逐渐成熟。心理倾向开始由外界向内心转变，从对外在世界的认识转到对自我人格的体会，开始真正把自己作为一个认识的对象，从而产生了了解自己内心世界的愿望和对自己的思考，由此进入了“自我发现”的新时期，进入自我意识的第三个阶段，即心理的自我。此后，每个人所建立的自我观主要也是由这三个部分构成，即生理的自我、社会的自我、心理的自我。

（二）具备对自己情绪的调控能力

一个心理健康的人能控制自己，即自我控制，自我控制是心理活动最重要的调节机制，也是心理成熟的最高标志。日本排球教练大松博文曾说：对人来说最困难的莫过于战胜自己。战胜自己就是自己对于自己的一种能力，这是个人心理健康的重要标准。自我控制、自我调节一般包括三个方面。

1. 狂躁时的冷化控制

能对自己的情绪进行冷化控制，就是遇事要冷静。冷静并不是要我们无条件地抑制自己的情绪，而是要既充分、又适当地表现自己的情绪。抑制不适宜的情绪，抑制一时出现的爆发性的消极情绪。

2. 受挫时的转化控制

人生的道路不会永远是平坦的，一个人的物质或精神欲望常会因各种情况而受阻或中断。甚至还有突如其来的灾祸，心理学上统称为挫折。挫折常使人产生各种消极情绪，也会造成很多不良后果，转化控制就是利用大脑兴奋抑制的诱导规律即大脑的某一点兴奋能使其抑制，从而使消极情绪转化为积极情绪，或使原来的消极情绪，被另一种强烈的积极的兴奋性所替代，原有情绪体验被抑制而消失。

3. 惰性时的激化控制

生活和工作不能只凭一时的感情冲动，必须经常不断地自我激励和自我强化。自我激励首先要有一个明确的目标。没有目标的人，连自己要去的目的地也不清楚，是无须也无法进行自我激励的。一旦有了一个明确而又切合实际的目标，一定会同时获得一种心理的动力和生理的能量。

（三）坚定的意志力

一个心理健康的人应该具有坚定的意志力。意志是指人在有目的的做出一个动作时，脑海中产生的选择、判断、行动的心理变化。人在成长的过程中，必然会遇到各种各样的问题和阻碍，像工作不顺利、爱情不顺利等，意志力不坚定、半途而废是人们常见的心理问题之一。人们可以通过适当的心理教育锻炼坚定的意志、强化耐力，努力克服困难，实现自己的目标。

（四）具有完善的人格

一个心理健康的人应该具有完善的人格。人格通常也称个性，人格完善是指人格作为人的整体精神面貌能够完整和谐地表现出来，是个人心理健康的核心因素。一个心理健康的人应具有正确、稳定的人生观和信念，并以此为中心形成高尚的理想和远大的抱负，并将自己的需要、动机、愿望、理想、性格、能力、目标与行为统一起来，形成完备统一的人格；当遇到困难和挫折时，能够采用自己有效的方法及心理防御机制，战胜困难，消除消极情绪，保持自身人格的完整，维持心理平衡。

（五）和谐的人际关系

一个心理健康的人往往乐于与人交往，不论与家人、朋友还是同事相处，都能认可别人存在的重要性和作用，能时刻以积极的态度与他人相处，在工作和生活中有较强的适应能力和较充分的安全感。

知识链接

八个有趣的心理学小知识

1．人们大多只对有安全度的人发脾气，因为在那个安全度之内。你潜意识知道对方不会离开你。胡闹有时候是一种依赖。

2．巴纳姆效应：人们常常认为一种笼统的、一般性的人格描述十分准确地揭示了自己的特点，比如星座，心理学上将这种倾向称为“巴纳姆效应”。

3．抛硬币：当面对两个选择时，抛硬币总能奏效，并不是因为它总能给出对的答案，而是在你把它抛在空中的那一秒里，你就知道你真正想选的是什么。

4．墨菲定理：口袋装着刚买的手机，在公交车上生怕被盗，每隔一段时间就去查看手机是否还在。这一举动引起了小偷的注意，最终手机被偷走。就因为害怕发生，所以会非常在意，注意力越集中，就越容易犯错误。这就是著名的墨菲定理。

5．怀疑自己答错了，改不改答案？马上要考试了，做完答卷，检查的时候发现两个答案不知道选哪个，这时候该不该改答案？调查显示：55%的人认为改答案会损害成绩，只有15.5%的人认为会改答案；但实际的情况是：58%的人把答案改对了，只有20%的人把对的改错了，还有22%的人把错的改错了。

6．关系最好的往往是最爱损你的。最好的朋友之间是不会客气的，而是经常相互挖苦嘲讽斗嘴，甚至当面互相揭短，因为你们都知道对方是不会介意的。关系最好的，往往是最爱损你的。

7．老板效应：中国人一个弱点是特别怕老板。有多怕？研究发现，中国人甚至将老板内化为自我意识的一部分。通常在集体照中，人们能更快找到自己；可是有老板的照片存在时，却会降低找到自己照片的速度。这种“老板效应”在西方人中是不存在的。

8．怕鬼是因为看到了内心的恐惧。一个没有人形，也没有人性的鬼，只会让你感到好奇，而不是恐惧。人们之所以看恐怖片会惊恐万分，是因为你看到了一张惊恐的面孔，换句话说，你看到的是自己内心的恐惧，人类共有的恐惧。

第二节　挫折及其心理防卫

一、挫折的含义

挫折是指个人遇到无法克服的障碍或者干扰，不能实现其心理需求的目标时而产生紧张、焦虑、不安等情绪的状态。

引起挫折的因素很多，各种因素引起的挫折强度不尽相同。引起挫折的因素主要包括两类：一类是客观因素，主要包括环境、社会及个人方面的客观条件的限制；另一类为个人的主观因素，包括各种形式的内在冲突。同时来自个人的各种客观条件的限制也可能引起个体遭受挫折，比如，个人的健康状况或生理上的缺陷，不能胜任某项工作等。

二、面对挫折后的反应

一般而言，个体在面对挫折后必然会引起思想、行为上相应的消极反应，具体表现在以下几个方面。

（一）攻击行为

个体在遇到挫折后，会导致产生愤怒的情绪，从而引发攻击行为。攻击行为又分为直接攻击行为和转向攻击行为两类。直接攻击行为是指个体遇到挫折后直接攻击使其受到挫折的人或事物；转向攻击行为是一种变相的攻击行为，会产生迁怒、无名的烦恼和自我责备三种情况。比如，有人在单位因为工作原因受到领导批评，回到家对家人发火，甚至大打出手，以此来发泄自己的不满。

（二）退化行为

退化是指个体遭受挫折后，表现出与自己的年龄、身份不相符的行为，是一种反常的现象。如一位男服务员因工作失误被领导批评后当众大哭大闹，这就是行为上的退化现象。

（三）冷漠行为

当一个人受到挫折后压力过大，不能攻击或攻击达不到效果，便会将他愤怒的情绪压抑下来，采取冷漠行为和无动于衷的态度。从表面上看来，对周围事物表现的漠不关心，但其内心却痛苦不堪，严重的可能发展为忧郁型精神病人。

（四）产生幻想

个体受到挫折后，会陷入一种想象的境界中，以非现实的方式对待挫折或解决问题。比如，一位小个子的人被一位身强体壮大个子的人欺负后，便幻想找机会在某时某地将身强体壮的大个子教训一顿，从而得到心理上的满足。

（五）变得固执

当个体受到挫折以后，缺乏机敏品质和随机应变能力的人会以一成不变的方式进行反应。即使以后情况已经改变了，这种已有的刻板反应方法仍然会继续出现，使人变得特别固执。

（六）感到不安和自卑

人在遇到挫折后，自信心会受到严重打击，从而变得开始怀疑自己的各种能力，甚至怀疑自己当初的选择是否正确，表现出对未来的不安和担忧，严重的可能导致精神疾病的出现。

（七）逃避现实

现实中部分人在遭到挫折以后，开始放弃原来所追求的目标，变得不敢面对现实、正视现实，而是想办法躲开受挫的现实，退到自认为比较安全的地方去，以此来逃避现实。

三、心理挫折的预防

人的一生不可能一帆风顺，挫折往往是不可避免的。我们在日常生活和工作中要尽可能地避免不该有的挫折，同时在面对挫折时应尽可能地减少挫折对我们的不良影响。

（一）合理调节自己的需要

现实中人们的需要得不到满足就会产生挫折感，因此我们要适当调节自己的不合理要求，适当降低自己需要的强度，从意识上主动调节和控制自己的需要，以此来减少挫折的产生。同时我们要学会正确的认识自己的能力，尽量减少不切实际的抱负水准和期望值，以此来防止挫折的发生。

（二）建立和谐的人际关系

日常交往中人际冲突是产生挫折的重要原因之一，正确把握人际交往的技能，学会和谐而有技巧的处理好人际关系，建立与交往对象之间的相互理解和信任关系，以此来促进自身的身心健康，达到预防挫折的目的。在日常的人际交往中多学会理解和包容，减少误解和争执的发生，处理日常事务时多学会换位思考，理解对方的处境，减少自己的不良情绪，以此来建立和谐的人际关系，防止挫折的发生。

（三）不断完善自己的人格

个人健全的人格既是身心健康的标志，也是预防挫折、增强社会适应能力的重要基础。日常交往中努力培养自己谦虚谨慎、容忍克制的优良品质，培养自己广泛的兴趣爱好，养成实事求是的态度，努力锻炼自己坚强的意志力，形成活泼开朗的性格和乐观稳定的心境，树立自己正确的价值观和人生观。

四、应对挫折的具体策略

（一）正确认识和面对挫折

人在遭遇挫折后，心理上处于较严重的紧张、焦虑状态。要想提高承受挫折的能力，首先要正确认识挫折，树立一个正确的挫折观。在现实生活中，考试不理想、人际关系紧张、不适应环境的变化等挫折几乎每个人都遇到过。只是生活中部分人总是认为挫折、困境、失败都是消极、可怕的，受挫后往往表现出悲观抑郁，甚至丧失了生活下去的勇气。但事实上，挫折并不全是坏事，如果处理得好的话，挫折也可以成为个人自强不息、奋起拼搏、争取成功的动力和精神催化剂。现实生活中许多优秀的人就是在挫折磨炼中成长起来的。相反，过于一帆风顺的生活反而会使人安逸现状、丧失斗志，在挑战到来时显得措手不及。因此，从某些方面来说挫折也是一种机会。面对挫折，要经过积极的调整，使自己保持心理上的平衡状态，以积极的人生态度投入到新的工作和生活中。只要我们能坦然地面对挫折，树立战胜挫折的勇气和信心，就可以适应生活中的任何变化，战胜挫折。

（二）不断加强个人修养，勇于实践

为了增强个人的挫折承受能力，我们应该主动、自觉地将自己置身于充满矛盾的、复杂的社会环境中去经受磨炼，努力从生活中不断学习和自我提升，而不是一味地逃避社会。与此同时，我们还应该不断提高自身的思想、道德修养，增加自身的文化素养，培养自己冷静思考、自我分析、自我反省、自我激励的良好品质，能自觉做到积极主动的适应不断变化的环境，反复磨炼意志力，不断增强自己承受挫折、化解冲突的能力，促进自己的心理朝着健康、向上的方向不断发展。

（三）改变不合理的观念

心理学研究表明，引起强烈挫折感的与其说是挫折、冲突，不如说是受挫者对所受挫折的看法，以及所采取的态度。

1. 总是认为事情不该发生

有些人总是习惯把生活中的不顺利，学习、交往中的挫折、失败看作是不应该发生的事情。他们认为，生活就应该是愉快的、丰富的，人际关系应该是和谐的、互助的。所以一旦生活中出现人际冲突、好友负心、评优评职称不顺利等事件时，就人为的认为它不应该发生，并因此而变得烦躁易怒、束手无策、痛苦不堪、失去信心。

2. 看待事物以偏概全、以点带面

生活中人们看待事物常常喜欢以偏概全、以点带面，习惯简单地以个别事件来断言全部生活，一叶障目。例如，有人对自己不友好，就得出结论说自己人缘不好或缺乏交往能力；一次测试不尽人意，就认为自己彻底失败，丧失读书的信心；一次感情受挫就认为自己对异性没有吸引力，从而产生自责自怨、自卑自弃的心理而焦虑、抑郁。

3. 过分夸大事情的后果

生活中有些人常常因为遇到一些小小的挫折，就把后果想得非常糟糕、可怕。人为的夸大事态的严重性，从而使自己变得消沉，情绪也变得越来越恶劣，最后难以自拔。例如，工作中一件事情没有做好，就认为自己能力不行，感觉到人生没希望，生命没价值。总是自己吓唬自己，自

己给自己施加压力。所以只有我们自己学会改变不良的认知方式、纠正错误的观念，才能实事求是地评价挫折带来的后果，从困难中看到希望。

（四）采取宽容的态度

每个人应有严于律己、宽以待人的胸怀，不要计较别人的攻击行为，保持和蔼的态度。如果一定要采取针锋相对的做法来处理问题，不仅收不到好的效果，还有可能使矛盾激化，导致挫折的再次出现。

（五）掌握自我调节的有效方法

人在遭遇挫折后进行自我调节的积极方法主要有以下几种。

（1）积极补救　如果工作上有了失误、疏漏，要及时分析原因，采取妥善办法予以弥补，努力减轻不利影响或损失。这样容易获得他人的谅解，从而减轻由挫折导致的心理压力。

（2）积极转移　如果在一项工作上出现了失误，如果没有办法弥补，就全身心投入并出色地做好另一项工作，以此来减少因前项工作失误带来的挫折感。

（3）精神宣泄　人们在受到挫折后心理会失去平衡，常常是以紧张情绪反应代替理智行为，只有使他们这种紧张情绪适当的发泄出来，才能恢复理智状态，达到心理的平衡。

（六）进行心理咨询和心理治疗

心理咨询是心理学工作者运用心理学理论和方法帮助人们治疗“心病”的一种具体工作形式。心理咨询的目的主要是帮助受挫折者疏导感情，放松紧张情绪，摆脱心理压力，消除心理负担，并从理智上使受挫者端正态度，提高认识水平，养成良好的行为习惯，积极适应环境，战胜挫折。

知识链接

职场压力

1．持续的工作压力

一般人正常工作时间不能超过10小时，这是人体健康的负荷量，但成年男性的工作压力往往持续到12小时以上，造成严重的心理负荷。

2．失落感

对事业、感情等方面的悲观失望，被挫伤的自信等是笼罩着都市男性的挥之不去的阴影。

3．竞争高压

今天的白领男人生存在时代造就出的严峻竞争之中，不安全和不安定的感觉始终侵蚀人的内心。

4. 家庭危机

由于家庭成员社会价值观的不一致，感情好恶取向不同等都可能造成家庭环境的不和谐，即使是没有理由的情况下，压力也会通过父母、妻儿隐隐的传递到你的头上。

5. 疾病打击

在你承受着压力的时候，身体状态不可能旺盛，疾病随时侵入，又会加重忧虑感，而忧虑又反过来继续破坏着你本来已经非常脆弱的健康，造成恶性循环。

6. 过度欲望压力

如果对权力、金钱心存过多期望，心脑神经系统总处于紧张状态，形成与正常需要不协调的节拍，造成精力透支，早衰不可避免。

第三节 如何维护旅游企业员工的心理健康

如前所述，员工的心理健康问题不仅会对个人的工作、学习、生活产生妨碍，而且对旅游企业的持续发展也会产生许多不利的影响。因此，保证旅游企业员工身心健康，激发员工的工作热情，提高员工的工作效率，对实现旅游企业的健康、可持续发展具有十分重要的意义。

一、心理防御机制

当个体处在挫折与冲突的情境中时，往往会自觉地采用一些方法来减轻内心的不安，以此来恢复自己良好的情绪。我们将这些方法统称为心理防御机制。它是指个体在潜意识中为了减弱、回避或克服现实冲突而采取的一种防御手段，借此来保护自己。常见的心理防御机制有压抑、否认、补偿、合理化、升华、投射、反向等。

（一）压抑作用

人们对现实生活中出现的令人难堪或痛苦的经历不堪忍受时，就会产生焦虑、困扰和痛苦。此时，心理防御机制就会发生作用，将这些不堪忍受的经历压抑到无意识中去，这种形式的心理防御机制就是压抑作用，也称为动机性遗忘。

（二）否认作用

否认指拒绝接受不愉快的现实以达到保护自我的作用。当个体遇到挫折时会拒绝接受那些不愉快的现实，以此方法来达到保护自己的目的。这是一种否定存在或已发生的事实最简单、最原始的心理防御机制。这种否认式的方法可以帮助个体从难以忍受的现实中逃离出来，以此逃避内心的焦虑。

（三）补偿作用

当一个人因为自己某些方面的不足，比如身体残疾或形象不佳时，为了弥补这些不足所带来的自我价值缺失，他往往会在其他方面更加努力，希望做到出类拔萃以获得心理上的平衡，满足自我价值感，这种心理的自我防御机制，就是补偿作用。比如，一个人形象不佳，往往会在学习上加倍努力，使自己各方面都优于他人。

（四）合理化作用

合理化作用是指主体对其所遭受的挫折进行自圆其说的解释，以寻求内心的安宁。它是人们日常生活中运用最多的心理防御机制之一。现实中人们遇到不能实现的愿望、目的时，为了减轻因此而带来的痛苦及焦虑情绪而寻求合理的解释，以此来寻求安慰，即所谓的合理化作用。例如伊索寓言中所说的酸葡萄的故事，就是典型的合理化作用。狐狸想吃葡萄，但又够不着。为了避免承认自己够不着是无能的表现，从而使自己遭到否定，同时减轻由于吃不到葡萄而产生的痛苦，它只好说葡萄是酸的，自己本来就不想吃。因此合理化作用又被称为“酸葡萄机制”。

（五）升华作用

现实生活中人们对于许多社会所不允许的欲望或动机，若是直接表现，就会受到严厉的责罚和自我谴责，因此引起痛苦的情绪体验。但是，如果把这些欲望或动机以社会允许的方式表现出来，就可以受到社会的欢迎，自己的良心也不会受到谴责。这种以社会允许的方式来表现社会所不接受的欲望或动机，以此来释放心理能量逃避责罚的心理防御机制，就是升华作用。

（六）投射作用

投射作用是指把自己的不当、失误转嫁到他人身上，或把自己不能接受的欲望归结为他人的情绪体验，以此来消减自己的恐惧，寻求心理的平衡。投射也是人们经常运用的心理防御机制之一。

（七）反向作用

反向是指将自己不能接受的欲望和行为以截然相反的行为表现出来，以此来消减自己由此产生的焦虑情绪。如明明内心自卑感很重，觉得事事不如别人，但却总表现出自高自大、傲慢不羁的一面。

二、旅游企业员工心理健康的自我调节

在日常生活中，许多人虽然知道自己有一些心理上的问题，也知道这些心理问题对自己的危害，但是却苦于找不到调节的方法。具体来讲，旅游企业员工可以从以下几个方面进行自我心理调节。

（一）充分了解并接纳自己

人最需要战胜的敌人便是自己，俗话说“知人容易知己难”，所谓“知己”，就是了解自己，包括了解自己的优点、缺点、能力、兴趣等。个人对自己的一切，不但需要充分了解，还要学会坦然面对并欣然地接受，不要自欺欺人，更不能拒绝和憎恨自己，自己要学会喜欢自己，别人才会更加喜欢你。现实中有些人总觉得自己怀才不遇，因此而变得愤世嫉俗，狂妄自大，其实这些都是由于自己不能充分了解自己而造成的。要学会多方面、多途径地了解自己。在日常生活中，人们对于自己的判断和理解往往高度依赖于小范围内的社会比较和别人对于自己的评价，而实际上这样形成的自我概念有很大的片面性，它不利于人们去适应更大的生活环境。

（二）积极参与社会活动

凡是心理失常的人，都不具备和谐的人际关系，往往在行为上多表现为退缩，甚至对他人表现出仇视、怀疑、畏惧、憎恨等态度。所以，主动参与社会活动，并与他人建立良好的人际关系，是维护心理健康最有效的方法之一。

（三）正视自己的心理问题

一般人对心理疾病认识不够，不是过度恐慌，就是讳疾忌医。其实，心理疾病是可以治疗的，同时也是可以预防的，心理疾病并非可耻之病。现实生活中大多数人最多只是存在心理困惑，并不是真正存在心理疾病，所以我们需要勇敢地面对自己的心理问题。积极找到合适的途径进行调适。

（四）学会合理宣泄自己的不良情绪

合理宣泄调节就是把自己压抑的情绪向合适的对象释放出来，使情绪恢复平静。消极的情绪会使人们觉得痛苦难忍，对这样的情绪如果过分强制和压抑会引发个人的意识障碍，影响人们正常的心理活动，甚至会使人生病。这时急需找到自己不良情绪的宣泄口，比如可以向自己的亲朋好友倾诉，把自己认为不公平的事情坦率地说出来，倾诉自己的痛苦和不幸，甚至可以大哭一场，以此来平复自己的情绪。但值得注意的是，情绪宣泄要合理，要注意对象、场合和方式，不可超越法规纪律的范围。

（五）采用正当的心理防御机制

在现实生活中，人们为了摆脱由于各种内外因素所引起的焦虑情绪的折磨，必须对外部世界和内心世界中所发生的一些事件，用自己独有的方式做出自己能够接受的解释，以逃避对自我的否定，减少内心的不安，保持情绪的平衡，这就是心理防御。现实生活中当我们遇到心理上的问题时，需要采用正当的心理防御机制来帮助自己尽快走出困境，积极地投入工作和生活。

三、旅游企业对员工心理健康的维护措施

为了有效地帮助员工调节心理健康，旅游企业应做好对员工心理健康的保护工作，员工帮助计划是解决员工心理问题最有效、最全面的方法。具体来说，实施员工帮助计划主要应做好以下

几个方面的工作。

（一）积极转变观念

转变观念是旅游企业应对员工压力和心理问题的重要措施。旅游企业领导者要多站在员工的角度思考问题，理解员工的心理和个人问题，充分地认识到员工的这些问题对企业的影响，要确实把员工的心理和个人问题当成是旅游企业自身的问题，看成是旅游企业管理的重要组成部分。

（二）实行情感管理

实行情感管理，就是要认识人的情感规律，注重人的内心世界，实行人性化管理，通过管理去激发员工的积极性，消除他们的消极情绪。旅游企业管理者应尊重员工，积极与他们进行交流和沟通，能够宽容、友善的对待每一位员工，尽量满足员工的合理需求，培养员工的主人翁责任感。积极为员工创造轻松愉快的工作环境和氛围，减轻员工的心理负担，从而轻松愉快地投入工作，发挥最大的工作效能。

（三）加大投入，为员工创造良好的工作环境

旅游企业需要加大投入对全体管理者进行培训，帮助他们树立以人为本的管理理念；同时旅游企业还应加强对企业环境的建设。通过改善工作硬环境和软环境给员工提供一个健康、舒适、团结、向上的工作环境，为员工进行合理的职业规划，为员工的发展指明方向，努力培养员工职业荣誉感和忠诚度。

（四）重视与员工的沟通

有效的人际沟通是释放和缓解压力、增强自信心、营造良好的人际关系、提高团队凝聚力的一条重要途径。旅游企业应加强内部有效沟通，为员工创造轻松开放的工作环境。要实现良好的沟通效果，旅游企业需要做好两方面的工作：一是通过组织专门的培训提高管理者和员工的沟通能力和沟通技巧；二是完善企业内部的沟通机制。旅游企业应该多角度、双向的、多级的，形成管理层与部门领导、部门领导与普通员工、管理层与普通员工、普通员工之间的多层次交流对话机制，保持沟通渠道的畅通，达到企业员工与领导之间的及时上传下达，企业员工之间的及时沟通交流，提高员工工作的效率。

（五）加强职业心理健康的宣传和疏导

旅游企业可以利用海报、健康知识讲座等多种形式，加强对企业员工职业心理健康知识的宣传和培训，增强对员工心理问题的关注意识，帮助他们树立对心理健康问题的正确认识，并告知他们可以获得心理帮助的途径和方法。同时通过针对性的专题讲座，帮助员工掌握提高个人心理素质的基本方法，增强员工的心理承受能力。旅游企业还应加强对企业主管人员的培训，让他们熟悉员工心理问题的主要表现形式，并能够在工作中及时发现员工出现的各种心理问题，能够及时、科学地对员工进行缓解和疏导。旅游企业内部还应该成立专门的心理咨询与辅导机构，能够随时为员工提供舒缓压力、发泄不满的场所，给予他们足够的心理支持。

本章小结

通常而言，人的健康包括生理的健康和心理的健康。本章对健康及心理健康的含义进行了介绍，心理健康的人才能正确地认识自己，能对自己的情绪进行很好的调控，能够保持良好的人际关系，拥有坚强的意志力并且具有完整的人格。一般而言当人们遭遇挫折之后容易出现攻击、冷漠、退化等消极反应。人的心理防御机制包括合理化、压抑、补偿、升华等几种。本章还介绍了旅游企业应如何维护企业员工的心理健康。

思考与练习

1．简述心理健康的含义及标准。

2．旅游企业员工在心理健康方面存在哪些突出的问题？

3．面对生活工作中的各种心理压力，你将如何进行自我调节？

4．试述旅游企业应如何做好对员工的心理维护。

案例分析

紧张实验

老鼠实验：三组老鼠，A组听到“吱”的一声而预先知道将受到电击；B组什么也不知道就突然受到电击；C组能听到“吱”的一声，但不受到电击。结果A组溃疡最严重；B组溃疡较轻；C组没有发生溃疡病。

猴子实验：每隔20秒向A、B两只猴子进行电击。A猴可以通过操纵压杆避免电击，而B猴不能，结果A猴得了胃溃疡，而B猴安然无恙。

实际事件：第二次世界大战期间，伦敦居民胃溃疡和十二指肠溃疡患病者空前增多。因为当时德国轰炸伦敦，而当人处于惊恐状态时，会引起胃痉挛，结果使胃壁营养不良，抵抗力下降，而此时胃液分泌量加大，酸度增高，胃溃疡和十二指肠溃疡也就发生了。

请用所学知识对案例进行评析。

拓展训练

1．练习在日常生活中使用情绪控制的方法。

2．尝试用所学的心理调适方法调整自己的心理状态，并与身边的人进行分享。

参考文献

[1] 李祝舜. 旅游心理学 [M]. 北京：高等教育出版社，2014.

[2] 丁钢. 饭店服务心理学 [M]. 北京：中国劳动社会保障出版社，2005.

[3] 刘纯. 旅游心理学 [M]. 北京：高等教育出版社，2011.

[4] 爱德华·简·小梅奥，兰斯·皮·贾维斯. 旅游心理学 [M]. 张健，克孝，张丽，译. 杭州：浙江教育出版社，1986.

[5] 陈筱，袁俊. 旅游心理学 [M]. 武汉：华中师范大学出版社，2008.

[6] 甘朝友. 旅游心理学 [M]. 天津：南开大学出版社，2001.

[7] 彭萍. 旅游心理学 [M]. 重庆：重庆大学出版社，2008.

[8] 孙喜林，荣晓华，范秋梅. 旅游心理学 [M]. 北京：中国旅游出版社，2009.

[9] 王明波. 导游心理学 [M]. 北京：中国旅游出版社，2000.

[10] 吴正平，阎纲. 旅游心理学 [M]. 北京：旅游教育出版社，2003.

[11] 马义真. 消费心理学 [M]. 北京：北京经济学院出版社，1991.

[12] 高玉祥，刘玉玲. 新编管理心理学 [M]. 北京：中国青年出版社，1990.

[13] 李祝舜，郑向敏. 激励理论在中国饭店管理中的应用 [J]. 华侨大学学报，1996（4）.

[14] 吕勤. 旅游心理学 [M]. 北京：中国人民大学出版社，2001.

[15] 谢苏，王明强，汪瑞军. 旅游心理概论 [M]. 北京：旅游教育出版社，2001.

[16] 周晓虹. 现代社会心理学 [M]. 上海：上海人民出版社，1997.

[17] 李祝舜. 小议餐厅环境心理学的若干问题 [J]. 中国餐饮，2003（1）.

[18] 金盛华，张杰. 当代社会心理学导论 [M]. 北京：北京师范大学出版社，1995.

[19] 沙莲香. 社会心理学 [M]. 北京：中国人民大学出版社，2002.

[20] 马莹. 旅游心理学 [M]. 北京：中国轻工业出版社，2002.

[21] 任俊. 积极心理学 [M]. 上海：上海教育出版社，2006.

[22] 汪红烨，王立新，杜红梅. 旅游心理学 [M]. 上海：上海交通大学出版社，2011.

[23] 李灿佳. 旅游心理学 [M]. 北京：高等教育出版社，1986.

[24] 张大均. 学校心理素质教育概论 [M]. 重庆：西南师范大学出版社，2004.

[25] 孙金红. 旅游职业心理素质养成教育探析 [J]. 职业技术教育，2009（35）：83.

[26] 薛群慧. 旅游心理学理论·案例 [M]. 天津：南开大学出版社，2008.

[27] 屠如骥. 旅游服务心理学 [M]. 上海：上海科学技术出版社，1985.

[28] 魏小安. 旅游心理学 [M]. 北京：中国人民大学出版社，2006.

[29] 罗琼. 消费行为与服务心理学 [M]. 北京：中国劳动社会保障出版社，2015.

[30] 陈文生. 叫醒失误的代价 [J]. 饭店世界，2005（5）：123-124.

[31] 酒店前厅、客房部服务案例 [EB/OL]. https://wenku.baidu.com/view/3af623cb28ea81c758f57894.html.

[32] 8个经典心理学实验 [EB/OL]. https://www.docin.com/p-1955898382.html.

[33] 冯志业. 价值中国见解杂谈 [EB/OL]. https://www.chinavalue.net/MiniBlog/Comment.aspx?tid=217350，2010-11-12 23:01:13.

[34] 酒店服务心理学案例 [EB/OL]. http://www.docin.com/p-2293573685.html.

[35] 酒店客房案例分析 [EB/OL]. www.canyin168.com/glyy/kfgl/kfal/200802/9703.html.

[36] 感觉剥夺实验 [EB/OL]. https://baike.baidu.com/item/2927973?fr=Aladdin.

[37] 布恩・埃克斯特兰德. 心理学原理和应用 [M]. 韩进之，译. 北京. 知识出版社，1985.

[38] 编者. 惨痛的教训 [N]. 华西都市报，2006-3-2 (10) .

[39] 实现个人旅游需求的主观条件——旅游动机 [EB/OL]. https://wenku.baidu.com/view/.

[40] 罗伯特・麦金托什，沙西肯特・格普特. 旅游的原理、体制和哲学 [M]. 顾铮，译. 杭州大学经济系，1983.

[41] 肯尼亚树顶酒店 [EB/OL]. http://www.zglxw.com/zhinan/kenliya_794.html/.

[42] 向推销员推销 [EB/OL]. https://wenku.baidu.com/view/13de5a44be1e650e52ea99e5.html.

[43] 关于极致服务的相关规定 [EB/OL]. https://www.taodocs.com/p-203526192.html.

[44] 态度改变-糖果实验 [EB/OL]. http://baike.so.com/doc/1472370-1556812.html.

[45] A.E.Winship. Jukes-Edwards a Study in Education and Heredity [M]. Dodo Press，1900.

[46] 吕勤. 旅游心理学导论 [M]. 重庆：重庆大学出版社，2007.

[47] 2010年导游实务案例分析：饭店少给两间客房 [EB/OL]. https://wenku.baidu.com/view/c7698fe04a7302768f99398e.

[48] 旅游 [EB/OL]. https://baike.baidu.com/item/%E6%97%85%E6%B8%B8.

[49] 游旭群. 旅游心理学 [M]. 上海：华东师范大学出版社，2006.

[50] 周耀进. 旅游心理学 [M]. 桂林：广西师范大学出版社，2015.

[51] 地毯烧了一个烟洞 [EB/OL]. https://www.doc88.com/p-7734531598769.html.

[52] 赵文静. 看好大人 [N]. 泉州：泉州广播电视报，2009.

[53] 服务细节的5个真实案例，酒店人值得学习 [EB/OL]. http://www.360kuai.com/

pc/900b021a1f56f2f7a?cota=4&tj_url=so_rec&sign=360_57c3bbd1&refer_scene=so_1.
[54] 浅谈酒店管理人员的五大意识 [EB/OL]. http://www.doc88.com/p-3022261437248.html.
[55] 酒店金钥匙服务理念 [EB/OL]. https://wenku.baidu.com/view/1c5da9e8f46527d3250ce04a.html.
[56] 餐饮服务的五大要求是什么? [EB/OL]. https://wenda.so.com/q/1370266752062036.
[57] 张大均. 学校心理素质教育概论 [M]. 重庆：西南师范大学出版社，2004.
[58] 孙金红. 旅游职业心理素质养成教育探析 [J]. 职业技术教育，2009 (35)：83.
[59] 八个有趣的心理学小知识 [EB/OL]. https://m.sohu.com/a/215990676_100020832/.
[60] 紧张实验 [EB/OL]. http://www.docin.com/p-1436444970.html.